古典文獻研究輯刊

十七編

潘美月・杜潔祥 主編

第 11 冊

尤侗年譜長編

徐 坤 著

國家圖書館出版品預行編目資料

尤侗年譜長編／徐坤　著 — 初版 — 新北市：花木蘭文化出版
社，2013〔民 102〕
目 4+282 面；19×26 公分
（古典文獻研究輯刊 十七編；第 11 冊）
ISBN：978-986-322-436-5（精裝）
1.（清）尤侗　2. 年譜
011.08　　　　　　　　　　　　　　　　　102014872

ISBN-978-986-322-436-5

9 789863 224365

古典文獻研究輯刊
十七編　第十一冊　　　　　　　　ISBN：978-986-322-436-5

尤侗年譜長編

作　　者　徐　坤
主　　編　潘美月　杜潔祥
總 編 輯　杜潔祥
企劃出版　北京大學文化資源研究中心
出　　版　花木蘭文化出版社
發 行 所　花木蘭文化出版社
發 行 人　高小娟
聯絡地址　235 新北市中和區中安街七十二號十三樓
　　　　　電話：02-2923-1455／傳真：02-2923-1452
網　　址　http://www.huamulan.tw 信箱 sut81518@gmail.com
印　　刷　普羅文化出版廣告事業
初　　版　2013 年 9 月
定　　價　十七編 20 冊（精裝）新台幣 31,000 元

尤侗年譜長編

徐　坤　著

作者簡介

徐坤（1977～），女，湖北陽新人，文學博士，副教授，主要研究方向為文藝理論。多年求學，輾轉湖北與滬上，2010～2011年赴美國威斯康星大學麥迪遜分校（UW-Madison）訪問研修。自2006年於華東師範大學中文系博士畢業留校，在華東師範大學傳播學院任教至今。目前已著有《尤侗研究》、《梨花帶雨——生旦淨末丑的乾坤》（合著）等，並在《華東師範大學學報》、《求是學刊》、《當代電影》等核心期刊發表論文多篇。

提　　要

　　尤侗（1618～1704）字展成，一字同人，早年曾自號三中子，一號悔庵，晚號艮齋、西堂老人、梅花道人與鶴棲老人等，江南長洲（今江蘇蘇州）人。作為清前期頗負聲名的文壇真才子（順治帝語）與藝苑「老名士」（康熙帝語），尤侗名重一時，在詩、文、詞、曲等多個領域均有成就，現存《西堂全集》、《西堂餘集》、《鶴棲堂稿》等共一百四十二卷，「著書之多，同時毛奇齡外，甚罕其匹」（鄧之誠《清詩紀事初編》）。尤侗由明入清，一生幾乎貫穿自萬曆至康熙的六個朝代，命運遭際起伏，生平交遊廣泛，可謂明清之際朝代更迭、社會變遷與民心士風演換歷史的親歷者與見證人。尤侗有自撰之《悔庵年譜》，惜內容過於簡略，且諸多細節因其年事已高著筆等因，其中難免偶見錯訛。本年譜在編撰思路上，以《悔庵年譜》為底本，以尤侗自著為憑據，旁徵尤侗眾親友、交遊之別集、年譜，同時佐之以史書、方志、家譜等；在內容上，著重考述尤侗的家世、生平、著述與交遊，並對明清易代之時事政治狀況、士子群體面貌與複雜的社會關係等作出一定的觀照；在考證方法上，以客觀事實材料為憑據，通過對資料的彙集、梳理與排比等來說明情況，必要之處適當作以分析。

目

次

一、凡 例

1. 本年譜以尤侗自著《悔庵年譜》爲底本，以尤侗《西堂全集》、《西堂餘集》、《鶴棲堂稿》等作品爲主要資料根據，旁徵尤侗諸多親友、交遊的別集、年譜、傳略，以及史書、方志、家譜等材料。年譜中有關尤侗生平而未特加注釋之處，悉本自《悔庵年譜》，如無必要，不一一注明。

2. 本年譜以考述尤侗家世、生平、著述、交遊爲主，對涉及人物思想、生平活動的時事亦作適當關注，其餘內容不多羅列。且對於尤侗的著述，與考證譜主生平事迹、交遊往來活動相關並有具體或大致日期可考者引之，餘則從略。

3. 尤侗交遊廣泛，其年譜涉及人物眾多，其中社會地位高、影響頗大而生平事迹多處可見者，略述生平介紹，不特注明具體出處；聲名身份不甚顯著者，簡述其生平事迹及資料出處；凡生平資料難以查知者，闕如待考。

4. 在述及尤侗生平、交遊時，若所遇資料與《悔庵年譜》相牴牾，旁徵文獻再三考證以斷之，如仍難作明決，一般依《悔庵年譜》所云。

5. 本年譜以年號編次，兼標干支紀年。凡有年歲日月可考之事，均按時間先後順序排列；具體日期不詳者，置於年末；年份尤爲不詳者，略之。

6. 年譜中所徵引之原始文獻，以簡潔、明確爲要，一般按需以作詳釋；對於易見之材料，除均注明出處，引述之文力求從簡，免冗贅篇幅。

7. 本年譜意在搜檢整理譜主的生平事迹，以客觀事實材料爲憑據，依靠對資料的彙集、梳理、排比來說明情況，必要之處適當作以分析。

8. 本年譜中關於尤侗作品的出處，主要採用的版本是康熙丙寅周君卿刻本《西堂全集》、《西堂餘集》與清刻本《鶴棲堂稿》。

二、尤侗年譜

萬曆四十六年戊午年（1618）一歲

閏四月二十四日申時，侗生。

> 尤侗《悔庵年譜》卷上。尤侗《鶴棲堂稿・西堂老子生壙誌》:「父親太學遠公府君，鄉飲大賓，崇祀鄉賢，敕贈徵仕郎、翰林院檢討，妣鄭氏，敕贈孺人。兄弟七人，翁其三也，所居有『七業堂』云。翁生前明萬曆戊午閏四月二十四日申時，越今康熙己卯（1699），春秋八十二矣。」尤珍《滄湄文稿》卷六《翰林院侍講先考艮齋府君行述》亦有記載。

本年，友人欽蘭生。

> 尤侗《看雲草堂集》卷一《欽序三四十初度長歌為壽》:「與君同甲子，少君三月餘。」欽蘭長侗三月餘，可知其生日當於一月間。

施閏章生。

> 《愚山先生年譜》卷一:「前明萬曆四十六年戊午十一月二十一日辰時，先生生於雙溪里第。」

宋琬四歲。

> 據《安雅堂未刻稿》卷四《癸卯元旦（原注:余年五十）》，知宋琬康熙二年（1663）時值五十，可逆推其生於萬曆四十二年即1614年。又《清史列傳》卷七十《宋琬》:「（康熙）十二年（1673），……以疾卒，年六

十。」可證之。

歸莊六歲。

歸曾祁編《歸玄恭先生年譜》：「明神宗萬曆四十一年（1613）癸丑七月
十四日，公生。」

吳偉業十歲。

顧師軾《梅村先生年譜》卷一：「故明萬曆三十七年（1609）己酉五月二
十日，先生生。」

馮溥十歲。

毛奇齡《文華殿大學士太子太傅兼刑部尙書易齋馮公年譜》：「萬曆三十
七年（1609）己酉，先生生。」

王崇簡十七歲。

王崇簡自撰《年譜》：「萬曆三十年（1602）壬寅十月二十七日卯時，焦
夫人生予於阜成門外……。」

萬曆四十七年己未年（1619）二歲

萬曆四十八年庚申年（1620 年八月前）三歲

陝西孫枝蔚生。

孫枝蔚《溉堂後集》卷首有其子孫匡薰序。

泰昌元年庚申年（1620 年八月及後）三歲

十二月十六日，梁清標生。

李澄中《白雲村文集》卷三《保和殿大學士梁公墓誌銘》。

湯傳楹（卿謀）生。

尤侗《西堂雜組一集》卷四《湘中草序》：「湯子獨貧賤死，死年二十
五。」案，湯傳楹卒於崇禎十七年即順治元年（1644），又由卒年二十五
逆推之，湯傳楹應生於庚申年，即萬曆四十八年或泰昌元年，因具體生

辰日期闕考，故置於此。

天啓元年辛酉年（1621）四歲

宋實穎（既庭）生。

天啓二年壬戌年（1622）五歲

入小學讀《四書》，習《易經》。

三月二十三日，徐枋生。

> 羅振玉輯《徐俟齋先生年譜》：「明天啓二年壬戌三月二十三日，先生生
> 於吳趨里第。」

天啓三年癸亥年（1623）六歲

毛奇齡（大可）生。

天啓四年甲子年（1624）七歲

汪琬（堯峰）生。

> 趙經達輯《汪堯峰先生年譜》：「明熹宗天啓四年甲子正月十六日，先生
> 生於蘇城西北黃鸝坊橋之故居。」

天啓五年乙丑年（1625）八歲

侗家自斜塘遷入蘇州城內，居葑溪帶城橋宅。

> 尤侗《西堂雜組二集》卷八《募重造黃石橋》：「予家世斜塘，距城數里
> 許，……既遷葑溪，……。」《民國吳縣志》卷二十：「斜塘河在金雞湖
> 東岸，有南斜塘、北斜塘、古雞陂鴨城等處。」

天啓六年丙寅年（1626）九歲

八月二十八日，弟尤侐生。

> 《尤氏蘇常鎮宗譜》卷十二《蘇郡葑門支》載尤侐：「生明天啓丙寅八月
> 二十八日。」

天啓七年丁卯年（1627）十歲

十月二十日，湯斌生。

> 方苞考訂、楊椿重編《湯文正公年譜定本》：「明熹宗悊皇帝天啓七年丁卯，是歲十月二十日巳時公生。」

崇禎元年戊辰年（1628）十一歲

七月初八，王熙生。

> 王熙《王文靖公集》後附自著《年譜》。王崇簡自撰《年譜》：「戊辰，二十七歲，下第，梁夫人生男熙。」

家又遷至葑門內上塘新造橋宅，後世居於此。

> 《蘇州府志》卷四六《第宅園林二》：「尤侍講侗宅在新造橋。」尤侗《西堂雜組一集》卷五《遊靈巖記》：「繞城而東，至葑溪，門已闔，呼之乃啓。迨抵家則燈籬半天，月影橫斜，側聽天街已二鼓矣。」尤珍自撰《滄湄年譜》：「順治四年丁亥十月初四日未時，予生於葑門新造橋上塘之祖居。」尤珍《滄湄類稿附錄》後附《壽言》中錄張廷樞《尤謹庸先生七十壽序》：「其（尤珍）家吳之葑溪，葑溪者，城之東南葑門也。……其地近南園，半村半郭，有林木之饒，有蘭若之勝。」

崇禎二年己巳年（1629）十二歲

入家塾，厭時文，慕古學。自館課經史外，竊取《老莊》、《離騷》、《左傳》、《戰國策》、《史記》、《文選》諸書讀之。有友欽蘭比屋齊年，相與強記、辨難、對偶、射覆，間作小詩賦，大抵遊戲而為。業師吳世英（字人千）先生見而異之，向人稱「神童」云。

> 尤侗《悔庵年譜》卷上。欽蘭（1618～1677），字序三，與尤侗為童年同鄉摯友，亦乃尤侗《悔庵年譜》所載首位少年友人。關於欽蘭之生平，據尤侗《看雲草堂集》卷一《欽序三四十初度長歌為壽》：「與君同甲子，少君三月餘。一日復一日，四十入須臾。追憶平生兩童稚，比屋連床並嬉戲。」尤侗《看雲草堂集》卷八《欽序三與予齊年用前韻為壽四首》有云：「少小追隨常比肩，忽成二老興頹然。羨君多學詩餘料，愧我無官

乏俸錢。」知欽蘭乃尤侗齊年舊友。欽蘭著有《素園詩草》。《民國吳縣志》卷六十六《列傳四》：「蘭，字序三，少為諸生，有名。鼎革後，高尚不事，賣文自給，文博雅致，詩有漢魏風。性孤介，離其妻，無子，寄友人家以終。」

八月二十一日，朱彝尊生。

楊謙《朱竹垞先生年譜》崇禎二年：「八月二十一日未時，先生生於碧漪坊舊第。」

崇禎三年庚午年（1630）十三歲

崇禎四年辛未年（1631）十四歲

七月初五，李因篤生。

吳懷清《天生先生年譜》：「明崇禎四年辛未七月初五日丁丑丑時，先生生。」

十一月初二，昆山徐乾學（健庵）生。

韓菼《有懷堂文稿》卷十八《資政大夫經筵講官刑部尚書徐公行狀》。

吳兆騫（漢槎）生。

徐釚《南州草堂集》卷二十九《孝廉漢槎吳君墓誌銘》。

彭孫遹生。

崇禎五年壬申年（1632）十五歲

出應童子試，太守河南史應選奇其文，語侗父尤瀹：「此子異日必以文名世。」然院試不售，益發憤下帷矣。

尤侗《悔庵年譜》卷上。

崇禎六年癸酉年（1633）十六歲

四月二十九日，六弟尤何生。

尤侗《艮齋倦稿文集》卷八《亡弟定中行狀》。《尤氏蘇常鎮宗譜》卷十

二《蘇郡葑門支》亦有載。

九月十三日，汪與圖生。

彭定求《南畇文稿》卷七《誥封奉直大夫義齋汪太翁墓誌銘》。

崇禎七年甲戌年（1634）十七歲

正月二十六日，宋犖生。

宋犖《西陂類稿》卷四十七《漫堂年譜》：「明崇禎七年甲戌，先文康官吏科給事中犖以正月二十六日酉時生於京邸，命今名。」

閏八月二十八日，王士禛生。

王士禛《漁洋山人自撰年譜》卷上。

九月二十八日，徐元文生。

徐元文《含經堂集》附錄一韓菼撰《資政大夫文華殿大學士戶部尚書掌翰林院事徐公行狀》：「公之生也，以明崇禎七年甲戌九月辛巳，顧夫人夢神人授之玉尺，覺而生公。」此文亦可見韓菼《有懷堂文稿》卷十七。

是年，龔鼎孳中進士。

《明清進士題名碑錄》。

崇禎八年乙亥年（1635）十八歲

補長邑弟子員。

《艮齋倦稿詩集》卷八《元旦》：「七十八年一艮齋，逢場作戲亦奇哉。……今朝攬鏡還堪笑，面目依然小秀才（原注：前乙亥予十八歲始入學）。」

深秋入冬之際，隨父兄因事途經虞山。

尤侗《西堂雜組一集》卷五《遊虞山記》：「憶乙亥歲，予有江上之行，從父兄便道登此。時背秋涉冬，萬象蕭瑟，陰風怒號，野鳥悲鳴，游子淒然有故鄉之思。未半道，足力苦煩，竟掛帆而去。」

是年，與章在茲交。

> 《西堂雜組三集》卷八《祭章素文文》：「予年十八始出交友，以漸識天下之士，然總角同好，不過數人。數人中，或中道夭折者無論，其他諸子多後先捷去，登仕籍，有致身卿相者。即最不肖如僕，亦嘗備朝廷之末吏。盛名之下，賦士不遇者，獨素文耳。」蓋因尤侗於是年始補弟子員，故自云其時始交友。章在茲，字素文，江南吳縣（今江蘇蘇州）人，順治十四年副榜，生平事迹見《清詩別裁集》卷五、《長洲縣志》卷二十五《人物四》。

七弟尤倬生。

> 《尤氏蘇常鎮宗譜》卷十二《蘇郡葑門支》載倬：「生明崇禎乙亥。」

徐釚生。

崇禎九年丙子年（1636）十九歲

與同里諸子陸壽國等結文社，始交湯傳楹，賦詩贈答，篇什日多。

> 《悔庵年譜》卷上。陸壽國（？～1642），字靈長，號孝簡子，陸壽名之兄。有遺著《嶺雲集》。生平事迹見尤侗《西堂雜組一集》卷三《告陸靈長文》、《長洲縣志》卷二十四《人物三》等。湯傳楹（1620～1644），字卿謀，明代諸生，與尤侗情深意篤。甲申崇禎駕崩，湯卿謀痛哭三日，歸而病歿，夫人丁氏越宿而亡。後其女嫁婿徐元文。湯傳楹卒後，尤侗刻其遺著《湘中草》六卷，附於《西堂全集》之後。

秦松齡生。

崇禎十年丁丑年（1637）二十歲

冬赴昆山應院試。聞祖母李氏之喪，奔歸。念祖母撫侗素篤愛，哭之慟，將婚遂止。

> 《悔庵年譜》卷上。

崇禎十一年戊寅年（1638）二十一歲

四月初八新婚，娶曹令為妻，時令年十八。令父應旌以例監仕至咸陽知縣。

> 尤侗《艮齋倦稿詩集》卷十一《思舊二首》，題下自注：「崇禎戊寅四月初八日，予新婚，迄今戊寅已六十年矣。尤侗《西堂雜組三集》卷七《先室曹孺人行述》：「吾妻曹氏諱令，字淑真。父應旌例監仕至咸陽知縣，母朱氏。少讀書，以疹疾未卒業，然深明書義，針指尤工。年十八歸予，蓋端莊淡靜人也。」

崇禎十二年己卯年（1639）二十二歲

八月，與陸壽國、徐卿鄂（陸壽國妻舅）同舟赴南京鄉試，不第歸。

> 尤侗《西堂秋夢錄・哭陸靈長文》：「己卯夏，予與卿鄂、靈長同舟赴鹿城試，對床數日，復並載而歸。」《西堂秋夢錄・哭陸靈長八首》一云：「回首舊遊真一夢，難尋李郭共仙舟（原注：己卯夏，予與卿鄂、靈長同舟赴鹿城試，對床數日，復並載而歸）。」

九月九日，與諸子過虎溪，感發落第之失意。

> 尤侗《西堂剩稿》卷上《九日同諸子走虎溪（原注：己卯）》中有云：「秋聲一鳴蕭然薄，千岩萬壑愁如削。僕本恨人不可聞，聞之搗出心頭惡。」

應詔習騎射。

> 《悔庵年譜》卷上。

崇禎十三年庚辰年（1640）二十三歲

四月二十四日生日，作《自祝文》。

> 尤侗《西堂雜組一集》卷三《自祝文》：「四月二十四日，予生日也，家人買一瓣香，雜以蔬果，為祀星官。予乃作小文，再拜神前而告之。告罷，遂酌酒以自勸。噫嘻，爾今春秋二十有三，視溫子昇之射策已多一載，去鄧仲華之封侯僅少一年。」

秋，與匡社諸子盟於滄浪亭。

　　《悔庵年譜》卷上。關於匡社，清顧軾編、顧思義訂《吳梅村先生年譜》
　　卷一：「崇禎之初，嘉魚熊開元宰吳江進諸生而講藝於時，孫淳孟樸結吳
　　曾羽扶九、吳允夏去盈、沈應瑞聖符等肇舉復社於時。雲間有幾社，浙
　　西有聞社，江北有南社，江西有則社，又有歷亭席社、昆山雲簪社，而
　　吳門別有羽朋社、匡社，武陵有讀書社，山左有大社，僉會於吳，統合
　　於復社。」

時與湯傳楹同病，作《賓病秋箋倡和集》。

　　尤侗《西堂剩稿》卷下《哭湯卿謀》一注云：「庚辰秋，予與卿謀同病，
　　有《賓病秋箋倡和》。」案，《賓病秋箋倡和》集子未見。

是年，長女瓊華出生。

　　尤侗《西堂雜組一集》卷三《戲冊莊女九錫文》。

周亮工中進士。

　　《明清進士題名碑錄》、周亮工《賴古堂集》附錄《年譜》。

崇禎十四年辛巳年（1641）二十四歲

三月，同沈磐、章在茲、湯傳楹赴常熟臨社，與黃淳耀、陸圻、
夏雲蛟、吳羽三、錢安修、侯元涵、侯玄汸諸子盟於拂水岩，
遊玩虞山。

　　尤侗《西堂雜組一集》卷五《遊虞山記》：「辛巳暮春，錢子方明有臨社
　　之盟，期於拂水岩。十五之夕，予與沈子石均、章子允（素）文、湯子
　　卿謀買一葉，鼓行而東。……座上客為西泠陸麗京、嶁城黃韞生、夏啟
　　霖、侯記原、研德、松陵吳羽三。……斯遊也，友不過四人，時不過三
　　日，地不及百里。而對床風雨，並馬高丘，有賓朋之樂焉，有山水之適
　　焉，有羈旅邂逅、歡愁離合之殊焉。昔七賢鄴下，子桓歎斯樂之難常；
　　三月蘭亭，逸少悲陳迹之不再。吾輩他日登車作客，拔劍出門，千里相
　　思，十年不見，回首今日之遊，風流雲散，邈若山河，不重可念耶？」
　　《西堂雜組一集》卷四《露文序》有云：「辛巳晤麗京於虞山。」又尤侗
　　《于京集》卷一《挽侯記原二首》一云：「憶昔虞山會，東風拂水時。淒

涼點鬼簿，惆悵紀遊詩。家世三年血，文章兩鬢絲。五侯今已矣，地下可連枝（原注：識記原在辛巳春虞山臨社，坐中如黃韞生、夏啓霖、錢方明、湯卿謀、章素文及研德皆亡矣）。」證實了崇禎十四年春諸子的結社活動。沈磐，字石均，木瀆人，明諸生。《民國吳縣志》卷六十六《列傳四》載其：「少爲文文肅、楊忠節所器，事母以孝謹稱。鼎革後，以詩名吳下，著有《宛陵》、《吳門》兩集。沈德潛訂其稿刊之，與同里張錫祚、黃子雲、盛錦稱『靈巖四詩人』。」黃淳耀字韞生，號陶庵，私諡貞文，嘉定（今屬上海）人。崇禎十六年進士。著有《陶庵集》、《山左筆談》。生平事迹見《四庫全書總目》卷七七、《大清一統志》卷七一、《光緒重修華亭縣志》卷十七《人物》等。陸圻（1614～？）字麗京、景宣，號講山，錢塘（今浙江杭州）人。明貢生，入清爲僧，法號今竟。著《威鳳堂文集》、《從同集》、《詩禮二編》等。生平事迹見《四庫全書總目》卷一二五、《清史稿》卷四八四、孫靜庵《明遺民錄》卷四三、《明詩綜》卷七七、《國朝先正事略》卷三七、《杭州府志》卷一四五、全祖望《鮚埼亭集》卷二十六《陸麗京先生事略》。夏雲蛟，字啓霖，嘉定（今屬上海）人。明諸生。家貧，篤行好學，與黃淳耀齊名，抗清爲士卒所殺。吳惠羽，字羽三，一字松岩，江南吳江（今屬江蘇）人。著《梅花草堂詩集》，生平事迹見《江蘇詩徵》卷十一、《蘇州府志》卷一○六。錢安修，字方明，諸生，常熟人。幼好讀書，遊於張溥之門，所爲古文詞堅古峭拔，一時名士皆與之遊，年二十九卒，生平事迹見《光緒常昭合志》卷三十《人物九》。侯元涵（1620～1664），本名泓，作侯涵，字研德，號掌亭，嘉定（今屬上海）人。明諸生。著《掌亭集略》、《玉臺金鏡文》、《燕喜樓日記》等。生平事迹見《江南通志》卷一六八、《清詩別裁集》卷六、《明遺民詩》卷十五、《國朝耆獻類徵初編》卷四六六。侯玄泛又作侯泛，字記原，嘉定（今屬上海）人。明諸生，生平事迹見《江南通志》卷一五九。

六月十三日，妝觀音大士香，像成作《懺愁文》。

尤侗《西堂雜組一集》卷三《懺愁文序》：「昭陽大荒落之歲，六月十有三日，敬裝觀音大士像成。乃延茝蒭、設香花諸供，讚歎作禮，命懺悔一切罪業。某稽首曰：『弟子生平不作罪業而受諸惡報，惟愁心種種未能

除耳。繇此一念,即是罪業根苗,願仗佛力開解此結。』於是手疏此文,
再拜而告。」

秋,大旱,作《田夫禱》、《問雨師》文。

尤侗《西堂雜組一集》卷七《田夫禱序》:「辛巳秋七月,大蝗食苗幾
盡。田夫持傷禾告,予曰:『曷不殺之?』曰:『神怒,禍且不測。』
予曰:『然則禱於神而後加誅焉,可乎?』曰:『可。』遂代作文以獻。」
《西堂雜組一集》卷七《問雨師》有云:「今日之旱三者,何居其為天
旱。」同卷七又有《五禽言(原注:憂旱)》、《二禽言(原注:喜雨)》
記此次旱情。

自名其室曰:西堂。

尤侗《西堂雜組一集》卷六《西堂銘》。

崇禎十五年壬午年(1642)二十五歲

元旦有雪,賦詩記之。

尤侗《西堂剩稿》卷下《壬午元旦見雪》。

春,與湯卿謀送人赴任,遊武陵。

尤侗《西堂雜組一集》卷五《六橋泣柳記》:「猶記壬午春,與亡友湯卿
謀再送人,遊武陵,賦詩。予顧語之曰:『但見送人作郡,不見送汝作郡,
西湖有知,不且揶揄吾輩殺風景乎?』」具體所送何人不詳。

七八月間,赴科試不錄,遺試又不錄。

尤侗《西堂秋夢錄·棄置復棄置二首》序云:「予失意後再走江上,已沉
船破釜,甑斷歸思,而十上不行,三黜仍去,命也。」又《西堂秋夢錄·
夜行》:「慚魂無處去,不敢夢歸家。」《西堂秋夢錄·入門》:「莫言淪落
苦,且慰別離思。」

歸而患河魚疾,病臥在床,輯著《西堂秋夢錄》。

《悔庵年譜》卷上。尤侗《西堂秋夢錄·病信》序云:「今年春夏可幸無
恙,入秋旬餘,遂得河魚疾。」案,當年立秋在七月十三,「入秋旬餘」
則時至七月下旬,可推知尤侗乃於此時食魚患疾。尤侗《西堂秋夢錄》

題下自注：「壬午七八九月之作。」又《西堂秋夢錄‧和江月詩五首》序
云：「予八月中放廢家居，頗似閒人，抱文園之疾，足不出外戶。」知時
閒居家中，著《西堂秋夢錄》遣愁緒。

八月九日，陸壽國遊金陵雨花臺，弔方孝孺祠。

尤侗《西堂秋夢錄‧哭陸靈長八首》一云：「雨花臺上謁荒祠，破蘚曾題
懷古詩（原注：八月九日，陸子游雨花臺，弔方正學，自此絕筆）。孝友
文章君不愧，山川草木我重悲。江潮咽盡招魂賦，野鳥啼殘墮淚碑。地
下若逢諸義士，為言有客弔湘累（原注：今春，予作《壬午諸臣論贊》，
陸子以建文書法致予備考）。」

其後陸壽國以疾卒於江干舟次，年僅二十六。因病送櫬不及，與卿謀望空酹酒，哭於其室，並作文弔之，刻其遺稿《嶺雲集》。

尤侗《西堂雜組一集》卷二《悲秋風》題序注云：「哀陸靈長也。」《西
堂雜組一集》卷三《告陸靈長文》：「仲秋二旬，予病臥荒廬，客有南中
歸者，以陸子訃音告。初聞驚悵，未敢信也。越二日，病少間，遽走詢
之，則櫬達墓門矣，一慟而返。又三日，與湯卿謀哭之其室，擬抽管陳
詞，淚潸潸下，投筆而止。延至明月，乃敘一言以告吾友，……未有如
君之德而才，才而貧賤，貧賤而僅二十六年，二十六年而僅六日之疾以
歿，歿而又離家五百里之外。」《西堂秋夢錄‧哭陸靈長八首》一云：「悲
哉四子只存三（原注：予與卿謀、二陸盟四子社），編曲彈琴益不堪。野
樹獨憐左伯死，竹林誰共阿戎談（原注：辛巳春，七子游虞山，嘗戲陸
子為阿戎）。叩棺何及思懸劍，漬酒空然愧脫驂。他日墓門重執紼，北邙
松柏一時南（原注：陸子櫬至河干，予尚未知，不及素車奔喪，僅與卿
謀望空酹酒，哭之其室）。」湯傳楹《湘中草》卷四《哀江頭》：「自靈長
之歿，吾輩各天相弔，不言神傷。……予悲悼之餘，情不能已，聊復賦
此以誌感懷略同，名曰『哀江頭』，蓋陸子卒於江干舟次，爰借杜陵之淚，
敬弔湘累之魂云爾。」

九月，卿謀寄詩感懷。

尤侗《西堂剩稿》卷下《哭湯卿謀》一云：「揖青亭上望平疇，曾背奚囊

一網收。今日招魂魂可至，月明同醉蓼花洲（原注：予始病起，登揖青亭。壬午秋，卿謀寄懷予詩云：『昨夢亦園秋色好，揖青亭上望平疇』）。」湯傳楹《湘中草》卷二《暮秋寄懷展成》：「伊人遠在水中洲，搴袂從之狎海鷗。臨鏡珮環朝粉豔，隔簾眉黛晚峰愁。靜聞落葉添詩料，遙數歸雲下酒籌。昨夢亦園秋色好，揖青亭上望平疇（原注：展成家有亦園，揖青亭園中最勝處）。」

十月九日，陸壽國將葬於鳳凰山之麓。前一日，與卿謀、沈磐、馮六皆等往弔之，又順訪靈巖，登涵空閣。

湯傳楹《湘中草》卷六《同社送葬奠別陸子文》。尤侗《西堂秋夢錄·哭陸靈長墓二首》一云：「鳳凰山上煙茫茫，白日之下飛青霜。大鳥朝鳴弔鶴死，孤桐夜嘯哀琴亡。」又云：「慷慨悲歌此杯酒，送君永歸青松堂。……我銘石碣秋風裏，當與日月爭滄桑。」尤侗《西堂雜組一集》卷五《遊靈巖記》：「玄黓敦牂之歲，陽月九日，故人陸子靈長將窆於鳳凰山之麓。前一日，予與馮子六皆、錢子鍊百、湯子卿謀服朋友之服，馳往赴之。」此處所說「玄黓」指壬，「敦牂」指午，謂壬午之年；「陽月」指十月，可知陸靈長爲壬午十月九日入葬。尤侗《西堂剩稿》卷下《哭湯卿謀》一云：「蓾縷同掛古靈巖，百步階前倚碧杉。留得猊床花一束，西施收拾舊妝函（原注：壬午秋，予與卿謀登靈巖，曾折花供佛）。」尤侗《西堂秋夢錄·登涵空閣二首》一云：「我夢曾登此，如浮震澤舟（原注：……予少夢登山見日月二井，今至靈巖，恍若舊遊……）。」《西堂秋夢錄·登靈巖二首》一云：「山中暮氣出，石逕杳然涼。萬樹涵湖白，孤鴉帶日黃。人同秋色靜，心入梵聲長。欲問興亡事，愁煙沒大荒。」湯傳楹《湘中草》卷五《靈巖懷舊記》：「今紀其時，則歲在玄黓敦牂之陽月八日也；紀其地，則一山之中，有所謂琴臺、響屧廊、採香逕，畫船湖者未歷也；紀其人，則馮子六皆、錢子鍊百、尤子展成、益予而四，而又得山中主人沈子石均爲之導也；紀其事，則以故人陸子靈長將窆於鄧尉之墟，吾等執紼送之，先一日，泊於茲山之涯也。然則回首斯遊，百感交集，以視舊遊之意氣浩然，其所得爲孰多耶？其能不始於相樂而終於相悼耶？若乃一日之言，五君之迹，與夫賓主酬答，唁弔聚散之情，則尤子敘之詳矣，予故不復云。但敘其時、其

地、其人、其事之由，以志同一靈巖而兩遊之不同蓋如此。」另湯傳楹《湘中草》卷二《秋杪登靈巖，展成得句云『山中暮氣出』，遂用其語爲賦》、《眺震澤》、《聞梵》、《登涵空閣》等均爲時所作。可知，尤侗與湯傳楹等此次爲陸子送葬，路途順遊靈巖、登涵空閣，並有唱和。《民國吳縣志》卷十九：「靈巖山在赤山、焦山南，距城西南二十五里，高三百六十丈，一名硯石山。……其陽爲涵空閣，西南石壁峭拔，曰佛日巖，其中平坦處即靈巖寺。」馮六皆（1616～？）乃馮勗之父，江南長洲（今江蘇蘇州）人。尤侗《艮齋倦稿文集》卷十三《馮勉曾六十壽序》對馮六皆事迹有載。錢鍊百生平事迹不詳。

崇禎十六年癸未年（1643）二十六歲

讀書王復陽如武園。

尤侗《悔庵年譜》卷上。王復陽，字禹慶，益州（今四川成都）人，生平事迹待考。

秋，患疾，與卿謀賦詩唱和。

尤侗《西堂剩稿》卷下《哭湯卿謀》一云：「漫言無病不成秋，君病誰歸僕病留。夜雨半床詩訊少，藥煙影裏泣西州（原注：癸未秋，予柬卿謀云：『有詩即過日，無病不成秋。』卿謀答云：『有詩應羨子，無病益愁予。冷淡知秋意，吟來定不如。』蓋予病而卿謀無病，故孰知今日不惟無病不可得，即長病亦不可得，悲夫）。」

歲暮，偶為扶鸞之戲，得遇唐孫過庭真人，請為《西堂秋夢錄》作序，又請為亡友陸壽國招魂。

尤侗《悔庵年譜》卷上、《西堂詩集·西堂秋夢錄》前有署孫過庭者《解夢語》。尤侗《西堂剩稿》卷下《哭湯卿謀》一云：「欲賦天邊第幾樓，問奇應侍上真遊。人間書穴都搜遍，此夜青藜重照劉（原注：客冬，予召孫真人過庭，自云掌天上筆箚，卿謀賦詩贈之）。」又一云：「華亭鶴唳不堪聞，惆悵初逢李少君。又拆一行飛雁去，招魂空叫楚天雲（原注：壬午陸靈長歿，予懇孫真人招魂來歸。卿謀亡，而真人去矣）。」孫過庭（648～703），字虔禮，關於其籍貫，一說陳留（今河南開封）人，一說富陽（今杭州西南部）人。一般均稱富陽人，然其自稱吳郡（今江蘇蘇

州）人。孫過庭乃唐高宗、武則天時人，官右衛冑曹參軍、率府錄事參
軍。博雅能文，擅長書法和書法理論，真行草書尤工。傳世作品有《書
譜》、《千字文》、《景福殿賦》等等。此處所云孫過庭事乃尤侗扶鸞占卜
活動而生，實託其名而為之。

有感夢瑤臺仙女之事，賦詩詞以記，託孫過庭之名題曰《沙
語》。侗又作小傳並《落花賦》弔之。

《悔庵年譜》卷上。《西堂雜組二集》卷六《瑤宮花史小傳》：「歲癸未，
予讀書王氏如武園，偶為扶鸞之戲，得遇瑤宮花史云。花史何氏，……
王母憐其幼敏，錄為散花仙史，此掌文真人唐孫過庭告予云。」尤侗《西
堂雜組一集》卷一《落花賦（原注：弔瑤宮花史也）》、《西堂雜組二集》
卷七《戲與瑤宮花史啟》，又《西堂剩稿》卷上《太華行（原注：掌文真
人孫過庭降乩云：元日同湘江諸子遊太華山樂甚，命予與花史作長歌記
之）》、《西堂剩稿》卷下《贈瑤宮花史和降乩韻》等皆為是次扶乩所作。

是年，二女瓊瑩生。

崇禎十七年甲申年（1644）二十七歲

春，與湯卿謀遊虎丘，聯詩題壁。

尤侗《西堂剩稿》卷下《哭湯卿謀》一云：「春風兩度白公堤，空想紗籠
壁上題（原注：今春予與卿謀至虎丘聯詩題壁）。他日再來惟一哭，直教
古鶴盡哀啼。」

父淪葺亦園，命作《亦園賦》。賦文有云：「百年之後，此園之
為桑田乎？滄海乎？又非主人所得而保也。」竟為讖語。

尤侗《西堂雜組一集》卷一《亦園賦》末云：「予作賦時，在甲申之春，
初不覺末語為讖也，亡何北都之變聞矣。」

三月十八日，李自成兵破京師，崇禎自縊於煤山。

《世祖實錄》卷四：「順治元年四月，吳三桂遣使來言：『李自成已陷燕
京，崇禎帝后俱自經，自成於三月二十二日僭稱帝，國號大順，改元永
昌。』」王先謙《東華錄》順治元年載：「是月（三月），流賊李自成陷燕

京，明主自經，自成僭稱帝國，號大順，改元永昌。」

四月初一，湯卿謀過亦園，餞春小飲。

尤侗《西堂剩稿》卷下《再哭湯卿謀十首》一云：「爲問春風胡不歸，落花依舊故人非。孤亭獨上杳如夢，空見滿園蝴蝶飛（原注：四月朔，亦園晚眺，憶去年今日，卿謀過此餞春小飲）。」

聞京師之變，湯卿謀移住村莊，遂成長別。

尤侗《西堂剩稿》卷下《哭湯卿謀》一云：「避秦何處問桃源，滿眼兵戈各淚痕。今後佳城一片地，應無風鶴驚幽魂（原注：自四月間聞京師之變，傳言流寇長驅，卿謀移住村莊，遂成長別）。」

二十四日生日，賦詩感懷。

尤侗《西堂剩稿》卷下《甲申生日感懷再用星字韻》有云：「北去狼峰驚上谷，南來鶴唳到新亭。迎神自引壺中酒，獨枕離騷不敢醒。」記載時局世勢變遷所感。

二十九日，李自成於京師即位，國號大順，改元永昌。次日即撤離京師。

五月，清兵佔領京師。

《世祖實錄》卷五：「順治元年甲申五月……己丑，師至燕京，故明文武官員出迎五里外，攝政和碩親王進朝陽門，老幼焚香跪迎。」

五月五日，湯卿謀留絕筆。

湯傳楹《湘中草》卷二《午日（原注：絕筆）》：「卷卻離騷不忍言，榴花飛血濺湘沅。百年眾醉蛟龍怒，萬戶荒燐猿鶴冤。續命祇應憑涕淚，辟兵遮莫向村原。可憐蒲酒無情物，此日能招何處魂。」

十五日，福王朱由崧於南京即帝位，是爲明安宗。

二十七日，祖父尤挺秀卒。一時家國之痛，百感交集，賦詩誌悼，並草文祭先帝。

《悔庵年譜》卷上。尤侗《西堂剩稿》卷下《哭湯卿謀》一云：「國喪家

難一時並（原注：予於五月二十七日遭先王父之變）」，又云「卻將離黍西京曲，譜入廣陵散裏彈（原注：予自五月中草文祭先帝）」。挺秀字實甫，以孝行著鄉里，生平事迹見《長洲縣志》卷二十四《人物三》。

六月六日，湯傳楹病歿，年二十五。越宿，湯傳楹妻丁夫人亦亡。侗往哭之，撫其孤子阿雄，許以婚姻。作《哭湯卿謀文》，序湯之遺集《湘中草》，又作祭文挽詩若干，名《焚琴駙馬》。

尤侗《西堂雜組一集》卷三《哭湯卿謀文》：「崇禎十七年三月十九日，賊陷京師，皇帝崩。越兩月，哀詔下，吾友湯子卿謀哭臨三日，歸而病，以六月六日酉時卒。其明日，侗聞訃，往哭之。是夜，嫂丁夫人在病中，一慟而亡。侗又往哭之，歸而病，病幾死。至晦日少間，又往哭之，以一尊酒奠焉。時侗肝腸斷絕，不能成聲，至七月二十六日，又隨同社諸子往奠哭之，則七七之期盡矣。」尤侗《西堂剩稿》卷下《哭湯卿》一云：「忠愛平生似少陵，一朝杜宇泣多青。騎箕還喜歸行在，闕門前謁帝靈（原注：卿謀哭臨三日，憂勞成疾）。」《湘中草》卷首載宋實穎《湘中草序》：「湘中草者，余友湯子卿謀之所著也。……自甲申三月以後，忽忽不自得，生平善病，至夏遂爾長逝，嫂夫人亦從之，距今壬子蓋二十有九年矣……。」宋既庭生於1621年，卒於1705年，故而所署「壬子」當為康熙十一年（1672），由此亦可證實湯傳楹卒於距康熙十一年之二十九年前的1644年。另，尤侗《西堂雜組一集》卷三《再哭湯卿謀文》、《西堂雜組二集》卷六《湯卿謀小傳》、《重題湯卿謀遺像贊》、《艮齋倦稿文集》卷十一《亡友湯卿謀墓誌銘》及尤侗《西堂剩稿》卷下組詩《哭湯卿謀（原注：九十首，今刪存六十首）》等均為悼亡所作。

時南朝新建，端憂抱病，憔悴不堪，友陸壽名亦患病在身。

尤侗《西堂剩稿》卷下《哭湯卿謀》一云：「同病無人病益愁，西風何處遞詩郵。鮑家墳上吟魂在，獨對青楓唱曉秋（原注：……今秋，予病而卿謀亡矣）。」又一云：「王楊盧駱舊文壇，半臥床頭半蓋棺。地角天涯生死隔，青衫有淚各偷彈（原注：予與二陸、卿謀結四子社，二子歿，而予與處實皆病甚）。」陸壽名（1620～1671）字處實，號芝庭，江南長洲（今江蘇蘇州）人。順治九年進士，改寧國教授。後丁憂歸。有《芝

瑞堂古文》、《詩稿》、《續太平廣記》。生平事迹見《民國吳縣志》卷六十八《列傳六》、《蘇州府志》卷八八、尤侗《艮齋倦稿文集》卷八《陸芝庭墓誌銘》、彭定求《南畇文稿》卷十《誥贈奉政大夫陝西提學道按察司僉事前進士改寧國府儒學教授芝庭陸先生行狀》等。

七月初六、初七，憶及湯卿謀夫婦。

尤侗《西堂剩稿》卷下《哭湯卿謀》一首云：「一月杳如一歲長，君亡我病兩茫茫。相思誤驚經旬別，欲寫秋書到草堂（原注：初六日憶亡友忌辰）。」又一云：「生別何如死別愁，天河瀉作淚痕流。當年乞巧人安在，猶有雙魂上彩樓（原注：初七日憶亡嫂忌辰）。

七月二十三日，值湯卿謀七七之日，道場設於南樓，同社諸子為之禮懺。二十六日，又與諸子哭於靈前。

尤侗《西堂剩稿》卷下《哭湯卿謀》一云：「懺罪云何只懺愁，西方何處更悲秋。生前綺語還宜戒，文冢詩飄一筆勾（原注：二十三日同社諸子為亡友禮懺）。」一云：「素車白馬赴山陽，蕭索閒庭足斷腸。一滴酒漿千點淚，哭聲遙雜梵聲長（原注：二十六日，予隨諸子奠哭靈前，是日佛事迴向）。」一云：「一別房櫳無見期，空床倒掛舊羅幃。九原魂魄猶無恙，可憶南樓風月時（原注：是日登南樓，其故房也）。」又一云：「鐵馬悲嘶銅雀臺，玉簫聲去暮鐘催（原注：道場即設樓中）。」

二十七日，登吳山，感念舊遊。

尤侗《西堂剩稿》卷下《哭湯卿謀》一云：「遂使吳山作峴山，山靈墮淚水潺湲。行人莫上磨盤嶺，秋草離離恨血斑（原注：二十七日，登吳山，感念七子舊遊磨盤山當日飲酒處）。」《民國吳縣志》卷十九：「吳山為橫山南出之支，在石湖濱，吳越廣陵王子文奉建吳山院於此，故名。」

九月，清世祖自盛京（今瀋陽）遷都京師。

九月十三日，過訪湯子定，見卿謀遺孤阿雄，淒然有感。

尤侗《西堂剩稿》卷下《哭湯卿謀》一云：「可憐未解悲風樹，嬉笑依然學大家（原注：十三日，予過子定，抱阿雄出見，不勝淒然，下羊舌之

淚）。」其後又一云：「百日光陰轉眼間，斯人一去幾時還（原注：十五
日，亡友棄世已百日矣）。」案，湯卿謀卒於六月六日，其百日乃於九月
十五日，故可知所云十三日亦在九月，為九月十三日。案，《悔庵年譜》
順治十八年：「嫁女於湯氏婿萬焞，庠生，比部雲洲公孫、文學子定子，
卿謀猶子也。」可知，湯子定為卿謀手足。

王復陽載往千畝潭，採芙蓉，飲酒持螯，以咨慰藉。

《悔庵年譜》卷上。尤侗《西堂剩稿》卷下《哭湯卿謀》一云：「扁舟
偶放百花潭，一曲春風記酒酣。欲採芙蓉何處贈，雁飛今不到江南（原
注：是日，泛千畝潭，看芙蓉，憶去歲卿謀寄箚語）。」案，湯傳楹《湘
中草》卷二《暮秋寄懷展成》有句「臨鏡珮環朝粉豔（原注：憶池上芙
蓉也）」。

十一月十二日，完成《讀東坡志林二十則》，並自識之。

尤侗《西堂雜組一集》卷八《讀東坡志林》：「今冬羈棲千畝潭，案間適
有《志林》，信手翻閱，偶有所得，捉筆書之。」文末題：「甲申十一月
十二日也（原注：自識）。」

是年，吳雯生。

翁方綱《蓮洋吳徵君年譜》。

清順治二年乙酉年（1645）二十八歲

正月，豫親王多鐸率兵破西安，移師江南。

春，葬祖父祖母於官山祖墳，舉襄事。

《悔庵年譜》卷上。《民國吳縣志》卷四十：「處士尤聰墓在官山蔡店，
子旌表孝義挺秀、孫贈檢討淪等均附。」

三月，王簡為繪小像。

《西堂雜組一集》卷六《自題小影贊二首》末道：「乙酉暮春，王子維文
為予作此圖，未及百日，遽遭喪亂，倉皇出奔。兵燹之餘，金石盡毀，
而此圖巋然獨存。」王簡字維文，吳縣人。簡精於寫真，下筆鬚眉逼肖，
康熙初召入供奉，恩賞甚渥。生平事迹見《民國吳縣志》卷七十五《列

傳藝術一》。

十八日，登黃山，祭弔卿謀。

尤侗《西堂剩稿》卷下《再哭湯卿謀十首》一云：「三年重客到黃山，謝
眺驚人在此間。借得江潮千里慟，一江春水半江殷（原注：三月十八
日，登黃山，憶壬午舊遊同卿謀有作）。」距壬午已三年，可知時爲乙酉
年。《民國吳縣志》卷十九：「黃山在茶磨北四里，胥塘之北，諸峰高下
相連，俗稱筆格山。」

十九日，登君山，弔先王又弔卿謀。

尤侗《西堂剩稿》卷下《再哭湯卿謀十首》一云：「鼎湖龍去恨如何，獨
倚江樓涕泗多。還憶青華香案吏，春風重唱故宮歌（原注：十九日登君
山，哭先帝，遂哭卿謀。時有降乩者云：先帝本青華帝君，湯子侍書金
童也）。」《道光江陰縣志》卷三：「君山在澄江門外二里縣治直北，以春
申君得名，舊名『瞰江山』，俯臨大江，北眺淮揚，南挹姑蘇，東望海虞，
西眺京口，洵一邑之雄勝也。」

刻卿謀之《湘中草》十二卷，四月間為序。

尤侗《西堂雜組三集》卷五《湘中草跋》：「亡友湯卿謀所著《湘中草》
十二卷，歲在乙酉，刻之中山氏者。」尤侗《湘中草·原序》後落款爲：
「乙酉孟夏書於西堂。」故知是時爲四月間。

二十五日，多鐸率清兵破揚州，屠城。五月，福王出奔，南中大亂。

《世祖實錄》卷一五：「順治二年四月十八日，大軍薄揚州城下，招諭其
守揚閣部史可法、翰林學士衛允文及四總兵官二道員等，不從。二十五
日，令拜尹圖、圖賴、阿山等攻克揚州城，獲其閣部史可法，斬於軍前，
其據城逆命者並誅之。五月初五日，進至揚子江，……初十日，聞福王
率馬士英及諸太監潛遁。」蔣良騏《東華錄》卷五對此亦有記載。

奉父母渡金鏡湖，避地斜塘舊莊。湖寇猝發，烽火相望，寢食不寧。

尤侗《西堂雜組一集》卷一《亦園賦》末：「予作賦時在甲申之春，……

其明年，大兵渡江，予倉皇出奔。」尤侗《年譜圖詩》之《斜塘避難圖》：「傷亂也，乙酉五月，予移家斜塘。八月，仍入城。」尤侗《西堂小草・避地斜塘》：「江關鼙鼓壓城闉，水竹村南問卜居。十里鏡湖非詔賜（原注：渡金鏡湖），數間草屋即吾廬。相看雕甲爭馳馬，自著羊裘學釣魚。」

五月九日，彭定求（訪濂）生。

彭定求《南畇老人自訂年譜》：「順治二年五月初九日亥時，生於里第。」彭定求《南畇文稿》卷十二《五十生日謝客約》：「定求生於五月初九。」《南畇詩稿》卷首楊瑄撰《彭南畇先生墓表》載彭定求：「生順治乙酉五月九日。」彭定求《南畇文稿》卷九《生壙誌》：「定求生於順治二年五月九日，王師方傳檄江南，城居震動，先妣分娩三日，倉皇裹兒避兵。」又《南畇詩稿》卷二《宿峋裏山房三日追感先君於定求乙酉初生時避兵來此曾賦抱子詩七言百句而遺稿淪失尚記詩中有山緣夙結他年好之語因用爲韻書懷七首》，等等，可知彭定求生於順治二年乙酉（1645）年五月九日。

六月六日卿謀忌日，作《反招魂》記之。

尤侗《西堂雜組一集》卷二《反招魂》：「乙酉六月六日，卿謀忌辰也，亂深矣，將安歸，命巫陽辭焉，而今而後，哭則不敢。」

七月初一，洪昇生。

丁丙《武林坊巷志》中引姚禮《郭西小志》云：「稗畦生於七月一日。……康熙甲辰，二十初度，友人爲賦《同生曲》。」案，康熙甲辰乃康熙三年即 1664 年，由此逆推，知洪昇生於 1645 年，即順治二年。詳情可參見章培恒《洪昇年譜》。

八月入城，應歲考，縣令沈以曦、郡守丁允元俱拔第一，督學陳昌言取第五，餼於庠。又赴江寧應省試，不第歸。

尤侗《悔庵年譜》卷上。沈以曦，臨湘（今屬湖南）人，《湖廣通志》卷五六載其：「由進士爲常熟令，遷蘇州司理。」又據《江南通志》卷一〇七載，沈以曦於順治二年「任長洲知縣」。丁允元字右海，山東日照

人。崇禎四年進士，授中書舍人，據《民國吳縣志》卷六十四，丁允元「順治二年以前工科給事中改知蘇州府」，又《大清一統志》卷五五：「時定鼎之初，庶事草創，允元練習典故，因事釐政，綱紀粲然，尤加意人才，所識拔多知名士。」後起榆林道不赴。生平事迹見《大清一統志》卷五五、《江南通志》卷一一三、《蘇州府志》卷七十、《民國吳縣志》卷六十四《名宦三》。陳昌言字禹前，號道莊，山西澤州人。崇禎七年進士，順治二年曾任蘇州府督學。生平事迹見《山西通志》卷一三八等。

作《追薦諸亡友啟》，悼陸壽國、湯卿謀等亡友。

尤侗《西堂雜組一集》卷六《追薦諸亡友啟》：「陸子靈長，華亭唳鶴，一去三秋；湯子卿謀，簫館飛鸞，雙歸二載。淚碑猶濕，笑石難逢，業中之七子奄然，林下之五君盡矣。」

是年，少女瓊英生。

順治三年丙戌年（1646）二十九歲

正月，王崇簡考授內翰林國史院庶吉士。

王崇簡自撰《年譜》。王崇簡（1602～1678）字敬哉，直隸宛平（今屬北京）人。崇禎十六年進士，選庶吉士。順治二年入都補官，累升至禮部尚書，以疾告休，卒諡文貞。著《青箱堂詩集》、《文集》。生平事迹見《碑傳集》卷九、《清詩別裁集》卷二、《全清詞鈔》卷一、《清畫家詩史》甲上等。

秋，再行鄉試，得太倉州守李作楫薦卷，主司則以文太奇乙之，中副榜。

尤侗《悔庵年譜》卷上。李作楫字盈公、辛水，孝感（今屬湖北）人。崇禎三年舉人，天性孝友，時稱為「真孝廉」，巡方使遵例舉薦，授太倉州知州。生平事迹見《湖廣通志》卷四十七等。

時亂未定，一日數驚，里中細人訛傳侗已死，家人不勝悲駭。亡何歸，聞以笑之曰：「坡公有言：『臣亦自厭其餘生矣。』」作

詩云：「原無自祭辭陶令，遂有招魂弔屈平」。唁者笑而去。

> 尤侗《西堂雜組三集》卷七《先室曹孺人行述》：「丙戌之役，南中小警，有訛傳予兇信者，婦悲駭欲自引決。」尤侗《西堂小草‧秣陵遊歸人傳已死漫引坡句自解並示家人》：「飄零亦自厭餘生，慚愧諸君詛遠行。烽火天連家萬里，刀鐶信斷夢三更。原無自祭辭陶令，遂有招魂弔屈平。今夕束薪殊可賦，挑燈卻話石頭城。」

徐元文時年十三，來從遊。

> 尤侗《悔庵年譜》卷上。徐元文（1634～1691）字公肅，號立齋，昆山（今屬江蘇）人。順治十六年狀元，官授翰林院編修。康熙初又遷國子祭酒，充經筵講官。康熙十八年，監修《明史》，後擢升左都御史，遷刑部、戶部尚書、文華殿大學士，兼翰林院掌院學士，以結黨營私被劾解職。工文辭，與兄徐乾學、弟徐秉義以文名顯於時，世稱「昆山三徐」。著有《含經堂集》、《含經堂書目》等。

是年，掌明隆武朝政大權的鄭芝龍降清，其子成功不從，走入海。

> 潘耒生。

順治四年丁亥年（1647）三十歲

春，海寧范驤舟至虎溪，與侗、曹爾堪諸子觴於君子亭，時曹爾堪與顧大申將聯十郡之盟。

> 尤侗《西堂雜組一集》卷四《露文序》：「丁亥春，文白忽駕一葉至虎溪，六橋佳氣，挾以偕來。晤對之間，覺十年舊夢，忽忽復作。時鶴湖曹子顧、冶城范赤生亦在，與同社諸子觴於君子亭。……子顧與雲間顧震雉（大申）將聯十郡之盟，以湖上為葵丘。予願文白提牛耳登壇，吾輩雖執鞭所欣慕焉。」可知此次聚會擬欲結社之事。清初此類文人結社活動甚為頻繁，范驤是重要的參與者之一，據《海寧州志稿》卷十三：「《桑梓錄》云：『國初海昌文社最盛。』丹六（袁袾）等為觀社十二子，實主東南壇坫，今無能舉其姓名者矣，因備錄之：葛定遠（辰嬰）、葛定象（大儀）、葛定廠（爰三）、朱嘉徵（岷左）、朱昇（方庵）、朱一是（近修）、朱永康（石磐）、范驤（文白）、袁袾（丹六）、查詩

繼（二南）、梁次辰（天署）、張華（書乘）。」范驤字文白，號默庵，浙江海寧人，《海寧州志稿》卷十三：「（文白）性孝友，工書法，環堵蕭然，日以經學自娛。順治甲午以賢良方正舉，不就。晚因史案被逮，已而釋歸，志氣如常。卒年六十八，門人私諡曰：清獻先生。」著有《十三經評注》、《古韻通補》、《海寧縣志稿》、《愛日堂文集》、《得閒草》。顧大申字震雄，號見山，初名鏞，江南雲間（今屬上海）人。順治九年進士，授工部主事，後出為陝西洮岷道僉事，卒於官，生平事迹見《光緒重修華亭縣志》卷十六《人物》。曹爾堪（1617～1679）字子顧，號顧庵，浙江嘉善人。順治九年進士，改翰林院庶吉士，授編修，遷侍講又升侍講學士，以事罷歸。善詩文，工詞，與王士禛、宋琬、施閏章等唱和，一時目為「海內八大家」。著《杜鵑亭稿》、《南溪文略》及《南溪詞》等。

至太倉謁見吳偉業等，引為忘年交。又與周肇（子俶）、王摋（端士）、王昊（惟夏）、王曜升（次谷）等飲酒賦詩觀樂，五旬乃返。

尤侗《悔庵年譜》卷上：「至太倉謁李夫子、太史吳梅村先生，引為忘年交。」尤侗未詳名李夫子為何人，此處將李夫子置於吳梅村之前，知其應年長於吳偉業，時在太倉又被尊稱為李姓「夫子」者，可能的人物之一為李明睿。李明睿（1585～1671），字太虛，南昌人。乃譚元春、吳偉業座師，亦為明末清初頗有影響的詩人、史學家及社會活動家。尤侗詩文集中並無與李明睿的交往記載，而且據施祖毓《李明睿鈎沉》（《復旦大學學報》（社科版）2002 年第 5 期）載述，李明睿其時應在南昌老家，是否有可能至太倉會友亦未可知，姑錄此存疑。《西堂小草》中有《夜集周子俶宅同吳駿公太史萬考叔沈荷百王曦白次谷徐校書盧小史得六十句用正韻》：「古樹繞林屋，清溪界石橋。……南鄰來錦里（原注：太史比鄰），北渚出離騷（原注：考叔楚人）。入座知昭略，吹笙遇子喬。紅參小史豔，粉掃念奴嬌。拂塵連三倒，投壺盡百饒。」又按《梅村先生年譜》，吳偉業生於萬曆三十七年（1609）己酉五月，順治四年（1647）吳偉業三十九歲，長尤侗近十歲，故有「忘年交」之稱。周肇（1615～1683）字子俶，江南太倉（今屬江蘇）人。順治十四年舉人，

晚得青浦教諭，又升新淦知縣。著有《東岡文稿》、《東岡集》。生平事迹見《國朝先正事略》卷三八、《國朝詩人徵略初編》卷一四、《江蘇詩徵》卷八一、《清詩別裁集》卷十四。王揆（1619～1696）王時敏次子，字端士，一字芝廛，太倉（今屬江蘇）人。順治十二年進士，以推官用，不就；康熙間薦鴻博，力辭。著《芝廛集》，生平事迹見《清史列傳》卷七〇、《江蘇詩徵》卷四六、《清詩別裁集》卷四等。王昊（1627～1679）字維夏，江南太倉人。少而能文，聲名頗傳，康熙十八年舉博學鴻儒，命下而昊已卒。著《碩園詩稿》、《當恕軒隨筆》。生平事迹見《清史稿》卷四八四《文苑》、《清史列傳》卷七十、《民國太倉州志·文學》卷二十、《清詩別裁集》卷十二、《全清詞鈔》卷五。王曜升字次谷，太倉（今屬江蘇）人。明諸生，著有《東皋集》。生平事迹見《江蘇詩徵》卷四八、《清史列傳》卷七〇、《清詩別裁集》卷十四等。萬考叔與沈荷百生平事迹待考。

書坊聘選丁亥房書，侗題名曰：真風，戊子、己丑皆因之。

尤侗《西堂雜組一集》卷四《丁亥真風序》、《戊子真風序》、《己丑真風序》。

十月初四，長子尤珍（謹庸）生。

《悔庵年譜》順治四年：「十月，舉長子珍。」尤珍自撰《滄湄年譜》：「順治四年丁亥十月初四日未時，予生於葑門新造橋上塘之祖居，在七業堂東偏內室，先大人命名曰珍。」

是年，馮溥、宋琬（荔裳）、蔣超（虎臣）中進士。

《明清進士題名碑錄》。

姜實節生。

《國朝耆獻類徵初編》卷四七一。

順治五年戊子年（1648）三十一歲

科試，督學蘇銓拔侗為第一。省試復不第，詔以首名拔貢，明年四月試於廷。

《悔庵年譜》卷上。蘇銓，字次公，河北交河人，崇禎十年進士。順治四年起，任蘇州督學，著有《驚儀齋集》，生平介紹見《江南通志》卷一〇五、《民國交河縣志》卷六《選舉志》等。

刻歷年試卷，名曰：小草。

《悔庵年譜》順治五年：「科試，督學蘇次公先生銓拔第一，省試復不第，詔以首名拔貢，明年四月試於廷。予刻歷試卷，名曰『小草』，蓋取謝公語『殆將出也』。」案，《世說新語・排調》三二：「謝公始有東山之志，後嚴命屢臻，勢不獲已，始就桓公司馬。於時人有餉桓公藥草，中有遠志。公取以問謝：『此藥又名小草，何一物而有二稱？』謝未即答。時郝隆在坐，應聲答曰：『此甚易解。處則為遠志，出則為小草。』謝甚有愧色。桓公目謝而笑曰：『郝參軍此過乃不惡，亦極有會。』」尤侗「小草」之意，殆取於此。

順治六年己丑年（1649）三十二歲

沈以曦夫子以蘇州司李左遷北上，侗因拔貢應試，同行之。

《悔庵年譜》卷上。《同治重修臨湘縣志》卷十一《人物志》：「沈以曦字仲朗，由進士為常熟令，遷蘇州司理。有松商被誣為盜，昭雪之。緣事降知山東博興縣，恤貧急病。友人某妻被掠，稱貸贖還；有王承祥者，負戴某金，投環幾死，亦為貸償之。所著有《惕先堂文集》。」

二月至金陵，登雨花臺、清涼山，泛桃葉渡、莫愁湖，取道中州，抵京城。

《悔庵年譜》卷上。

四月，廷試取第七，出學士白胤謙（東谷）、編修張爾素（東山）兩先生之門，應授推官。

尤侗《艮齋倦稿文集》卷四《王夫人七十壽序》：「往者順治己丑，予以拔貢試於廷，維時四方英傑魁壘之士，咸集京師。」尤侗《右北平集》卷首有白胤謙序，云：「余往嘗以廷試識展成，……。」均記是時之事。白胤謙字子益，號東谷，陽城（今屬山西）人。崇禎十六年進士，入清官至刑部尚書。有《東谷集》、《歸庸集》。張爾素（？～1671）字賁園，

陽城（今屬山西）人。順治三年進士，累官左諭德，出爲江南參政，後
三遷爲刑部左侍郎。生平事迹見《大清一統志》卷一〇七、《重修嘉慶一
統志》卷一四五。

丙戌主考張端、呂崇烈愛侗之才，勉以再舉。

《悔庵年譜》卷上。張端（？～1654），字中柱，山東掖縣人。崇禎十六
年進士，改庶吉士。甲申之變，先降李自成，後降清朝。入清後授弘文
院檢討，官至國史院大學士，卒諡文安。呂崇烈（1595～1666），字伯承，
號見齋，安邑（今屬山西運城）人。崇禎十六年進士，入清後，由翰林
弘文院檢討累遷至禮部左侍郎兼秘書院侍讀。生平事迹見《山西通志》
卷一三九、《碑傳集》卷一〇。

施閏章中進士。

《愚山先生年譜》卷一、《明清進士題名碑錄》。

六月歸，與施閏章同出長安門。

《愚山先生年譜》卷一順治六年載：「夏即歸里。」尤侗《西堂雜組三集》
卷五《施愚山薄遊草序》：「憶己丑六月，先生初登第，予亦廷對，同出
長安門，趨馳赤日中，解鞍村店，貰酒賦詩，以爲笑樂。」尤侗《西堂
小草》之《出都》、《六月》、《夜走株林》、《歸》等均載回鄉一事。施閏
章（1618～1683）字尙白、妃雲，號愚山、蠖齋等，晚又號矩齋，江南
宣城（今屬安徽）人。順治六年進士，官江西布政司參議。康熙十八年
舉博學鴻儒，授翰林院侍講，二十二年轉侍讀，不久病歿京邸。祖、父
均爲理學家，而他則以詩文名噪一時，有「南施」之目。著《學餘堂文
集》、《詩集》、《別集》及《遺集》等。

入秋返家，哀其詩，刻《北征軸》，浩然生遊思。九月二十六日，涉吳江、入檇李。十月七日至武林，渡錢塘，遊西湖，作《六橋泣柳記》。

尤侗《悔庵年譜》卷上。《西堂小草‧歸》：「一百四十二日想，今日即眞
始到門。稚子喜誇夜夢準，老妻珍重酒杯存。」按月推算，尤侗已離家
四月餘。由於六月中始歸，自京師至吳門需時幾月餘，而是年六月二十

九立秋，可知歸時已入秋。尤侗《西堂雜組一集》卷五《六橋泣柳記》：「己丑秋，自長安歸，將遊於東諸侯。以九月二十六日涉吳江、入檇李，至十月七日始抵於杭州，臨江而舍，期以明發。渡錢塘，日已移午矣，主人延予而候潮焉。予忽忽念之曰：『吾有舊約會當去。』乃與客一平頭二逾岡越陌約五里許，始見所謂西湖者。」《西堂小草》之《弔西湖》、《和西湖泣柳詩五首》、《渡錢塘》等均記此次西湖遊事。

行山陰道，登釣臺，拜嚴子陵祠，憩蘭溪。還至銅廬，經富陽，逗留湖上十日，抵家已為歲暮。

尤侗《西堂小草》中《山陰客夜》、《再渡錢塘》、《過釣臺》、《蘭溪大雲山寺》、《夜泊七里灘》、《登釣臺謁嚴先生祠》、《訪徐世臣柴虎臣》、《歸興》等均載述此行。

時武林坊人乞侗之存稿，梓行於世。

尤侗《悔庵年譜》卷上。

順治七年庚寅年（1650）三十三歲

春，亡友卿謀遺子阿雄八歲病殤，作《遺亡友湯卿謀書》哭之。

《悔庵年譜》卷上。尤侗《西堂雜組一集》卷六《遺亡友湯卿謀書》：「弟別兄七年矣，一日不見採蕭，猶歎其久，況死生契闊哉？然思兄而不見，見阿雄如見兄焉。今阿雄又歿矣，弟永無見兄之日矣。」尤侗《西堂雜組二集》卷六《湯卿謀小傳》有云：「哀孤子阿雄八歲而觴。」尤侗《西堂小草·哭阿雄痘殤五首》一云：「荒郊宿草已離離，無限傷心強自持。今日有聲吞不得，七年血淚一齊垂（原注：卿謀亡巳七年）。」又一云：「訃信驚傳正曉鴉，忍看玉骨委泥沙。連宵風雨眞狼藉，吹折春來第一花。」湯卿謀卒於甲申（1644），由「卿謀亡巳七年」句可知尤侗作此文時乃順治庚寅年，又由「荒郊宿草已離離」、「吹折春來第一花」等句，可推知湯之遺子阿雄歿於庚寅春。

宛平金鋐來尋盟，盟者十子：彭瓏（雲客）、繆慧遠（子長）、章在茲（素文）、吳愉（敬生）、汪琬（苕文）、宋實穎（既庭）、宋德宜（右之）、宋德宏（疇三）、侗與金鋐。

《悔庵年譜》卷上。尤侗《艮齋倦稿詩集》卷十一《感懷金冶公寄信遼陽》題下注云:「庚寅冶公至吳,有十子之盟:繆子長、彭雲客、章素文、宋既庭、右之、疇三、吳敬生、汪茗文及予也。今諸子並亡,惟存既庭與予耳。」金鋐,字冶公,直隸宛平(今屬北京)人。順治九年進士,歷任都察院右副都御史、福建巡撫、浙江巡撫等職,曾主修《福建通志》。生平事迹見《福建通志》卷二七。彭瓏(1613~1689)乃彭定求之父,字雲客,號一庵,自稱「信好老人」,人稱「吳中醇儒」,門人私諡「仁簡先生」,長洲(今江蘇蘇州)人。順治十六年進士,授任廣東長寧知縣,後因清明廉潔、剛正耿直忤逆知府,罷官而歸。著有《孝經纂注》、《抽簪雜詠》、《山居抱子詩》等。生平事迹見徐元文《含經堂集》卷二十八《敕封國子監司業雲客彭先生墓誌銘》、《江蘇詩徵》卷七六、《蘇州府志》卷八八、《民國吳縣志》卷六十八《列傳六》。繆慧遠,字子長,號寧齋,江南吳縣(今江蘇蘇州)人。順治丁亥進士,官壽陽知縣。著有《寧齋詩集》。生平事迹見《江蘇詩徵》卷一四三、《清詩別裁集》卷二、《蘇州府志》卷八二、《民國吳縣志》卷六十六《列傳四》等。吳愉,字敬生,門人私諡「端仁先生」,江南長洲(今江蘇蘇州)人。貢生,官溧水訓導。生平事迹見《江蘇詩徵》卷十四、《蘇州府志》卷八八、《民國吳縣志》卷六十八《列傳六》等。宋德宜(1626~1687)字右之,長洲(今江蘇蘇州)人。順治乙未十二年進士,選庶吉士,授編修,累遷國子監祭酒、翰林院侍讀學士,又擢至刑部尚書等職,後拜文華殿大學士,加太子太傅。卒於官,諡文恪。有《莊史辨誣》一篇、《文恪公制草》一卷、《奏議》一卷、《詩稿》一卷。生平事迹見《民國吳縣志》卷六十八《列傳六》、《江蘇詩徵》卷一二六、《蘇州府志》卷八八等。宋德宏,字疇三,德宜弟,順治八年舉人。生平事迹見《蘇州府志》卷八八等。汪琬(1624~1691)字茗文,號鈍庵,晚號鈍翁,長洲(今江蘇蘇州)人。順治十二年進士,曾任戶部主事、刑部郎中等職,以疾辭。返鄉後,結廬太湖堯峰山,閉戶撰述,不交世事,學者稱堯峰先生。康熙十八年中博學鴻詞,授翰林編修,預修《明史》,在館六十餘日,乞病歸。著《鈍翁類稿》、《續稿》等。宋既庭(1621~1705)名實穎,號湘尹,長洲(江蘇蘇州)人。順治十七年舉人,官興化縣學教諭。康熙十八年舉博學鴻儒,不第歸。著《讀書堂集》、《老易

軒集》、《玉磬山房集》等。

太倉吳偉業、昆山徐乾學、武進鄒祗謨、浙江毛奇齡、陸圻、朱彝尊、曹爾堪等，集嘉興南湖，舉十郡大社，聲勢浩大。侗與彭瓏、三宋、計東等舉慎交社，七郡從焉。

沈雲《盛湖雜錄》。《悔庵年譜》順治七年：「予與彭、宋、計甫草舉慎交社，七郡從焉。」毛奇齡《西河集》卷一二二《駱明府倪孺人合葬墓誌銘》：「當順治初年，好爲文社，每會集，八縣合百餘人，鐘鼓絲竹，君必爲領袖進退人物，人物亦聽其進退，不之難。嘗同會稽姜承烈、徐允定、蕭山毛甡赴十郡大社，連舟數百艘，集於嘉興之南湖。太倉吳偉業、長洲宋德宜、實穎、吳縣沈世奕、彭瓏、尤侗、華亭徐致遠、吳江計東、宜興黃永、鄒祗謨、無錫顧宸、昆山徐乾學、嘉興朱茂暐、彝尊、嘉善曹爾堪、德清章金牧、金範、杭州陸圻爭於稠人中覓叔夜，既得叔夜，則環而拜之。越三日，乃歃血定交去。」趙經達輯《汪堯峰先生年譜》：「順治七年庚寅二十七歲，太倉吳梅村先生及長洲宋右之等舉十郡大社，連舟數百艘，集於嘉興南湖。越三日，乃定交去。宛平金冶公來尋盟，盟者十子：金冶公、彭雲客、繆子長、章素文、吳敬生、宋既庭、宋右之、宋疇三、尤悔庵及先生也。悔庵與彭、宋、計甫草舉慎交社，七郡從焉。」《民國吳縣志》卷六十八《列傳六》載宋實穎：「與吳下諸名人倡慎交社，聲譽藉甚。」該書同卷六十八載彭瓏：「與宋德宜兄弟訂慎交社，不爲馳騖聲名。」可知清初文人集會結社及宋實穎、尤侗等組織慎交社活動之事。毛奇齡（1623～1716）原名甡，字大可、於一、齊於，號秋晴、初晴等，蕭山（今屬浙江）人。因以郡望西河，世稱西河先生。明末廩生。康熙十八年應召博學鴻詞，授翰林院檢討。康熙二十四年（1685）引疾歸里。著述極富，《西河合集》凡四百餘卷，《清史稿·藝文志》及《補編》存其所著書目六十六種，共五百四十五卷。生平事迹見《清史稿》卷四八一本傳、《清史列傳》卷六八本傳、鄭方坤《國朝耆獻類徵》卷一一九、《清詩別裁集》卷十一、《民國蕭山縣志稿》卷三〇、《杭州府志》卷一七〇、《全清詞鈔》卷五、《清畫家詩史》乙上。計東（1624～1675）字甫草，號改亭，江南吳江（今屬江蘇）人。順治十四年中舉，以奏銷案被黜。有《改亭詩集》、《文集》，生平事迹見《清史

稿》卷四八四、《國朝先正事略》卷三八、《國朝耆獻類徵初編》卷四二五、《清儒學案小傳》卷四、《江蘇詩徵》卷一三七、《清詩別裁集》卷五、《蘇州府志》卷一〇六等。吳偉業（1609～1671）字駿公，號梅村，別署灌隱主人，江蘇太倉人。崇禎四年進士，授翰林院編修，升國子監司業，後任南明弘光朝少詹事，乞假歸。入清以兩江總督馬國柱薦，詔授秘書院侍講，充修太祖、太宗聖訓纂修官，又遷國子監祭酒，辭官歸。著《梅村集》、《梅村家藏稿》及戲曲《通天台》、《臨春閣》等。徐乾學（1631～1694）字原一，號健庵，江南昆山（今江蘇）人，與弟徐元文為顧炎武外甥。康熙九年進士，授編修，歷任禮部侍郎、左都御史、內閣學士、刑部尚書等職。解組南歸後，以親屬、門客依勢橫行被劾奪職，卒後仍復原官。奉旨編纂《明史》、《大清一統志》及《清會典》等。工詩文，著《憺園集》、《憺園文錄》等。鄒祗謨（？～1670）字訏士，號程村，別號麗農山人，江南武進（今江蘇）人，順治十五年與王士禛同榜進士。賦詞甚工，與王士禛合選《倚聲初集》二十卷，著《鄒訏士詩選》、《程村文選》、《麗農詞》及《遠志齋詞衷》等。朱彝尊（1629～1709）字錫鬯，號竹垞，晚號小長蘆釣魚師、金風亭長，浙江秀水（今嘉興）人。早年抗清，事敗以布衣遊幕四方。康熙十八年應試博學鴻儒，除檢討，纂修《明史》。康熙二十年充日講官，二十二年入值南書房，屢經劾復，終罷歸。工詩文，與王士禛有「南朱北王」之稱。著《曝書亭集》、《詞綜》、《明詩綜》及《經義考》等。

秋，過訪蔣超太史，時值蔣新婚，留飲。

尤侗《西堂小草·訪蔣虎臣太史留飲卻贈》：「錦瑟新調雲母幌（原注：太史新婚），芸香舊染鶴文綾。秋風吹上摩天翮，尺鷃何當附大鵬。」蔣超（1625～1673）字虎臣，號綏和、綏庵，又號華陽山人、華綏山人等，金壇（今屬江蘇）人。順治四年進士，授翰林院修撰。少耽佛典，好遊山水，無宦情。晚入峨嵋，卒於伏虎寺。著《綏庵詩稿》。

至衢州，訪李際期觀察。時李義贖毛力懷女，擇配周召。

尤侗《西堂小草·李庚生觀察贖同年毛力懷女擇配周公右詩以美之》有「使君感舊傷慨慷，不惜黃金贖翠璫。孟德有心嫁蔡琰，小喬不意得周郎」句。李際期，字應五、元獻，號庚生，孟津（今屬河南）人。崇禎

庚午舉於鄉，庚辰成進士。鼎革後授工部主事，丙戌視學兩浙，再遷金衢道，生平事迹見《康熙孟津縣志》卷七。周召字公右，衢州府西安（今屬浙江）人，順治五年拔貢。《光緒衢州府志》卷三十五《孝友》載其：「五歲喪父，事母李孺人至孝，家貧織履以佐食，夜則讀古人書，為文典贍豐藻，學使黎元寬、李際期皆國士遇之，以選知陝西鳳縣，多惠政。為人嚴正坦易，朝夕編摩不輟，所著述甚富。」

遇太史陳爌於柯山，訂南湖之約。

尤侗《西堂小草·陳公朗太史奉詔再遊兩浙遇於柯山且訂南湖之約》：「親捧金函出玉除，錦衣使者漢相如。北宮鈴索懸人節，南部星文照客車。……更能一榻容徐孺，倚席同看月絕書。」《民國吳縣志》卷二十：「南湖本名張矢魚湖，在周莊鎮南袤三里，廣亦如之。」陳爌，字雲炫，號公朗，孟津（今屬河南）人。順治丙戌會魁，授庶吉士，歷官弘文院侍讀學士，詹事府正詹，戊子曾典浙試，終卒於官。生平事迹見《河南通志》卷五十九、《陝西通志》卷五十二、《康熙孟津縣志》卷七。

順治八年辛卯年（1651）三十四歲

春暮三月，至嘉興，與朱一是（近修）、彭賓（燕又）、蔣玉立（亭彥）、馬耀曾（又輝）、徐斗錫等集會南湖。

尤侗《西堂雜組三集》卷四《澹芳園詩序》：「予交馬子又輝，自辛卯始也。維暮之春，泛舟南湖，同座為彭燕又、朱近修、蔣亭彥、徐斗錫諸子，而又輝方有燕臺之役，於是諸子即席賦詩送之，而予為之序。」尤侗《西堂小草·蔣亭彥徐斗錫招同彭燕又朱近修馬又輝泛舟南湖》：「蕩舟出南門，一水澹容與。清波何窈窕，云是鴛鴦渚。……故人各天涯，良會空延佇。獨存二三人，相逢半逆旅。」案，鴛鴦湖即南湖的別稱，可知諸子集會泛舟於南湖。朱一是（1610～1671），字近修，浙江海寧人。崇禎十五年舉人，甲申後避地梅里，自署林居士、梅溪旅人、欠庵等，有《為可堂文集》、《為可堂詩集》、《梅里詞》。生平事迹見《清畫家詩史》甲上、《海寧州志稿》卷十二《典籍四》。彭賓，字燕又，一字穆如，入清號大寂子，松江（今屬上海）人。所著《偶存草》、《越州草》均散佚，後友人為輯《搜遺稿》。生平事迹見《明遺民詩》卷二、《四庫全書總目》

卷一八一等。蔣玉立，字亭彥，嘉善（今屬浙江）人，拔貢。少從張溥遊，求實學，慷慨好施。生平事迹見《康熙嘉興府志》卷十四《人物》。馬耀曾、徐斗錫生事迹不詳。

夜宿楞嚴寺，忽逢雨雪天氣，與秦祖襄話，賦「饑來驅我去」二章。

尤侗《西堂小草・楞嚴寺雨雪同秦汝翼夜話》：「相驚白雪下，一夜滿庭欄。古寺春偏少，他鄉客易寒。雨深花淚重，風動佛燈殘。比屋袁安在，同歌行路難。」尤侗《西堂小草・饑來驅我去二首》有「春風多雨雪，短衾寒切肌」句，可證爲其時所作。秦祖襄，字汝翼，浙江慈溪人。崇禎十六年進士，授工部主事，棄職歸，杜門著述。生平事迹見《古今圖書集成》氏族典卷一三四。

七月，王崇簡升任國子監祭酒。

王崇簡自撰《年譜》：「辛卯五十歲，七月，陞國子監祭酒。」《世祖實錄》卷五九：「順治八年八月壬辰，陞內秘書院侍讀王崇簡爲國子監祭酒。」

八月，省試復不第。當是時，主司高珩、黃機二人覓其試卷不得，深爲惋惜，遂自歎「命也」，捧檄決矣。

尤侗《悔庵年譜》卷上。高珩《棲雲閣文集》卷一《江南鄉試錄序》云：「歲辛卯，天下復當論秀於鄉，上命臣珩偕臣機往典江南試。」高珩（1614～1697）字蔥佩，號念東，又號紫霞道人，山東淄川（今山東淄博）人。崇禎十六年進士，入清後，授檢討，官至刑部侍郎。爲人情率蕭逸，胸襟坦蕩，工詩詞曲，體近元白。著《棲雲閣詩》、《拾遺》及散曲《醒夢戲曲》等，生平事迹見《碑傳集》卷四十三、《全清散曲》小傳、《清詩別裁集》卷二、《全清詞鈔》卷一。尤侗《西堂小草》有《飲高念東太史齋賦呈》、《看雲草堂集》卷八有《爲高念東侍郎題文待詔雪景》，知二人日後亦有所交往。黃機（1612～1686）字次辰，號雪臺，錢塘（今屬江蘇）人。孤事祖母蔡，以孝聞。順治四年進士，選庶吉士，授編修，累遷爲禮部侍郎，康熙間進尚書，官至文華殿大學士，諡文僖。生平事迹見《杭州府志》卷一二五、《武林先賢傳》載楊鼐之《皇清資政大夫文

華殿大學士兼吏部尙書黃文僖公墓誌銘》。

與陸壽名同車北上應試，作《騾車》、《渡泗》記途中見聞。

《悔庵年譜》卷上。尤侗《西堂小草》中有《渡泗聽僕夫唱邊調歌》，《騾車六章》一爲：「北風獵獵，載雨載雪。室處則那，道路以月。」可見時爲嚴冬。按《明清進士題名碑錄》，陸壽名於順治九年中進士，那麼其是年亦當上京應試，與尤侗所述合。

除夕之夜有雨，二人宿扈家莊。侗與陸壽名賦詩遣興，時宋德宜、宋德宏兄弟亦同在路上，宋實穎已抵京城。

尤侗《西堂小草·除夕書懷四首》一云：「攜手同車弟與兄，依依旅館對寒檠。吳山千里齊回首，魯酒三升自遣情。枕上曉雞新舊夢，階前零雨短長更。相傳猶有江南俗，空谷登然爆竹聲（原注：示陸處實）。」又一云：「天邊飛鳥影參差，河北河南共此時。……貂裘自信長安樂，蹇策徒懷歧路悲。莫以沉吟勞永夕，恐妨明發載趨馳（原注：遙同右之、疇三道中，並懷旣庭京邸）。」同卷又有《歲朝阻雨扈家莊》，可見雨大而阻行程。

順治九年壬辰年（1652）三十五歲

至京師，二月會試。

尤侗《西堂小草·長安雜感》：「三年兩度入長安，依舊飛塵撲帶冠。」這裏指順治六年與此次入京應試之事，故有「三年兩度入長安」之語。

旅次無聊，戲作《論語詩》三十首。

尤侗《論語詩》卷首自云：「今春入長安，……日各賦十題，酒酣耳熱，又手便成。」《續論語詩》卷首自云：「追溯壬辰（1652）之作，已四十年，今雖續前調，而一知半解或少進焉。」

祭酒王崇簡序之，都下傳寫，以爲美談。

《悔庵年譜》卷上。尤侗《論語詩卷首》有王崇簡序云：「展成英矯崛起，年未三十名噪海內而不獲，……以乙榜試於庭，旋以選人留京師。時選士南宮，閉門燕市，三日而成《論語詩》三十首。」尤侗作《論語詩》

時已年近三十五歲，王崇簡所云「年未三十」應當不是指尤侗當時情況，很可能是指尤侗三十歲以前即小有名氣。從尤侗早期頻繁積極地參加文人集社交遊活動作以推測，其文壇聲名雖未必如王崇簡所說「名噪海內」，但在一定程度上得以傳播想必亦是自然。

二月二十六日清明，同宋琬、宋實穎、陸壽名、施敬先登毗盧閣，時宋琬攜飲。

尤侗《西堂小草・清明日同宋荔裳既庭陸處實施爾恭登毗盧閣荔裳攜酌小飲》：「滿城土雨踏青難，梵閣岧嶢一倚欄。……斗酒雙柑休惜醉，春風不易到長安。」尤侗《于京集》卷一《寒食登毗盧閣二首》：「不堪騎馬地，夢斷五湖濱。」末原注云：「壬辰清明日，宋荔裳攜酒，同施爾恭、陸處實小飲松下，今三子皆已亡矣。」宋琬（1614～1674）字玉叔，號荔裳，山東萊陽人。順治四年（1647）進士，授戶部司主事，累遷戶部郎中，出爲隴右道僉事，升永平副使，順治十八年擢爲浙江按察使。因事繫禁三年，幾死。釋後流寓吳、越，康熙十一年重新起用，授四川按察使。次年入京覲見，適逢吳三桂舉兵佔領成都，驚悸憂愁而卒。與施閏章有「南施北宋」之贊，著《安雅堂集》、《安雅堂未刻稿》、《二鄉亭詞》、雜劇《祭皋陶》等。生平事迹見《清史列傳》卷七〇、《清史稿》卷四八四、《康熙吳江縣志》卷三八、《乾隆山東通志》卷二八、《清詩別裁集》卷二、《全清詞鈔》卷一等。施敬先字爾恭，江南長洲（今江蘇蘇州）人，順治八年舉人，著《尚書講義》、《性理摘要》，生平事迹見《蘇州府志》卷八八、《民國吳縣志》卷六十八《列傳六》等。

五月，選授永平府推官。

尤侗《西堂小草・授永平推官後寄家人》。《民國盧龍縣志》卷二十《名宦》：「（侗）順治九年任永平推官。」《民國吳縣志》卷六十八《列傳六》載侗：「歷試不利，以貢謁選除永平府推官。」

永平任上，時一投充人借民家田產獻於旗下滿人，遂生鬥訟。侗以法斷，還田與被奪者，重懲投充人，事後題聯於柱，表其為官宗旨：「推論官評，有公是，有公非，務在揚清激濁；析理刑法，無失入，無失出，期於扶弱除強。」見者懾焉。

尤侗《悔庵年譜》卷上。尤侗《右北平集·秋興八首》其一：「……牧馬嘶圈地，行人說戰場。挽弓看射雉，投筆想封狼。所事不如意，吟殘雁數行。」同卷《賦得絕塞愁時早閉門四首》一云：「亭障幾年荒守戍，田廬是處付投充。」均載投充事。

放衙之暇，蕭然無事。署中有樓，侗題曰：拄笏。朝夕晏坐，眺望西山，千里黃沙白草，時發懷古之幽思，賦得《絕塞愁時早閉門》四首。

《右北平集·秋興八首》一云：「公事清香了，刑書禿筆無。早衙來鳥雀，晚食斷樵蘇。只看西山爽，還披北海圖。高樓凝絕處，南去白雲孤。」

《右北平集·賦得絕塞愁時早閉門四首》其一：「高樓獨眺四山低，何處將軍桃李谿。白水一幹惟飲馬，黃茅千里不鳴雞。難將枹鼓驅群盜，愧乏絲毫補子黎。漫道長安同日近，帝城望斷五雲西。」

有劉山人者，善鼓琴，侗從之習曲，自譜《梅花三弄》，並賦之。

尤侗《西堂雜組一集》卷二賦《梅花三弄》前序云：「適學鼓琴，至《梅花三弄》，有聲無文，因援筆寫之，既譜為操，並以續騷。」尤侗《艮齋雜說》卷五：「山海關劉山人贈予一琴，……年久土氣盡消，音韻清遠，然已破壞，予令工修好。從山人學數曲，聲泠泠出戶外，吏人多竊聽之。」劉山人生平事迹不可考。

九月，妻曹令携子至。時珍兒六歲，入永平書塾。

尤侗《右北平集·喜家人至二首》一云：「別離屈指日三百，行役關心路四千。紙上加餐頻見字，衣間減帶已經年。歡欣初看趨兒女，涕淚翻因聽管絃。今夕三星同有夢，江東雲樹晚秋天。」尤珍《滄湄年譜》順治九年：「予六歲，先大人任直隸永平府推官，予隨先母赴任所，遂入塾讀書。」

冬至遵化，拜見中丞王來用。首問山海游擊夏登仕事宜，侗條款劾之，遂列白簡。

尤侗《悔庵年譜》卷上。《右北平集·遵化道中行雪》：「霜天凜冽射戈

矛，千里彤雲畫塞愁。一路曉風當馬首，四圍殘雪滿山頭。衹看鴻雁征人字，誰取狐狸公子裘。衰草荒原淒絕處，健兒偏喜試鷹鞲。」夏登仕，榆林（今屬陝西）人，子娶吳三桂女。順治六年任山海關副總兵，九年裁。尤侗《悔庵年譜》卷上：「夏故悍帥，又吳平西姻親家也，幾反噬，瘐斃乃免。」

御史陳棐微服私訪永平，命侗收捕徇中蠹蟲，劾去墨吏數人。

尤侗《悔庵年譜》卷上。《光緒光州志》卷九《仕賢列傳》：「陳棐，字孝先，光州（今屬河南）人。少孤依母，性至孝。明天啓丁卯舉於鄉，屢試南宮不第。又值流寇狂獗，遂奉母避地江南，尋值國朝定鼎，簡擇賢良，即授棐泰興令。……丙戌分校鄉闈，得士八，連翩去者六人，一時稱盛。考績擢御史，出巡三楚，風節凜然。已又改巡順天，順天爲畿輔重地，訟獄滋甚，每慮囚，多所平反。」

除夕，懷家鄉二老有感。

尤侗《右北平集・除夕懷二親》：「僕馬風塵再歲除，寄身傳舍即吾廬。老妻久醞椒花酒，兒子初臨柿葉書。邊塞官廚饒野鹿，故鄉土物憶河魚。寒宵莫更圍爐守，爲待燈深夢倚閭。」

是年作《擬上命滿洲蒙古烏金超哈一體科舉群臣謝表》。

尤侗《西堂雜組二集》卷七《擬上命滿洲蒙古烏金超哈一體科舉群臣謝表（原注：順治九年）》。

是年，曹爾堪中進士。

《明清進士題名碑錄》。

順治十年癸巳年（1653）三十六歲

永平推官任上。

春至遷安，登景忠山，禮碧霞元君，留詩於別山上人（性在），上人畫菜見貽。

尤侗《右北平集》有《登景忠山禮碧霞元君》、《憩石洞留示別山上人》、《別山上人貽詩兼寄畫菜和答》。《民國盧龍縣志》卷六：「碧霞元君廟在

東門外。案，碧霞元君爲宋眞宗所封也，以爲泰山之女，後之文人知其
說不經，曲引黃帝遣玉女事以附會之。」性在，清僧，字別山，出豐潤
（今屬河北）鄭氏。年十四禮安國化一薙染，歸隱景忠山知止洞，德化
一方。清世祖曾幸其洞門，問答稱旨，賜號淨善禪師，敕住京師安國寺。
生平事迹載於《五燈全書》卷六十三。

至昌黎，登五峰山，謁韓文公祠。

尤侗《右北平集·登五峰山謁韓文公祠二首》一云：「先生坐高處，北斗
逼山寒。松柏疑玄冢，芙蓉捧絳壇。塞雲浮雉堞，海日照欄杆。把酒空
冥外，茫茫起百端。」

黃門周體觀來，載酒遊一柱峰、釣魚臺，賦詩唱和。登陽山，觀李將軍虎頭石。登孤竹城，拜伯夷、叔齊祠堂。至撫寧，登山海關、澄海樓，興亡如夢，作長歌題壁。

尤侗《右北平集·陪周伯衡黃門遊一柱峰釣魚臺和韻二首》一云：「……
偶然走馬看花回，卻喜登臨接賦才。山勢遙吞射虎石，水聲長繞釣魚臺。」
可知與周體觀春日同遊之事。同卷又有《虎頭石》、《登孤竹城拜伯夷叔
齊祠堂》、《登山海關澄海樓觀海》等記遊。案，《民國盧龍縣志》卷三《山
脈》：「……東嶺迤南，即陽山一帶，古稱陽山列屏是也。他如筆架、大
王等山均此一帶，亂山高下，居戶零星。而陽山之西，則爲芝麻山、鳳
頭山、南臺山、龍王坡、虎頭石、雪峰、一柱峰，東南則與昌黎界諸山
相連。」同卷四《名勝》：「陽山在城東南十五里，舊志雲中有大窪寺，
今山陰有九蓮庵，境最幽，爲縣內勝地，故列入八景，曰『陽山列屏』。」
同卷四：「虎頭石在城南六里許，狀若虎踞，舊傳爲漢李廣射虎處。其下
灤、漆合流，向有渡口，故入八景曰『虎頭喚渡』。」同卷四：「雪峰在
城南二十里，峰峙灤河內，上有寺，故八景稱爲『雪鳥聞鐘』。」同卷四：
「釣魚臺在城南二十五里一柱峰下面，北臨灤河。」同卷四：「一柱峰在
城南二十里，孤石直秀，雄立灤河之濆。」同書卷五《古迹》：「孤竹城
在治城西十五里，《漢書·地理志》：『令支縣有孤竹城。』《〈史記〉正義》
引括《地理志》云：『孤竹古城在盧龍縣南十二里，今城南已無其迹，而
祠在府城西北二十里，灤河之左，洞山之陰，夾河有孤竹君三冢。』」周
體觀字伯衡，直隸遵化（今屬河北）人，1649 年前後在世。順治六年進

士、改翰林院庶吉士、遷吏科給事中，出爲江西饒九南道副使。著有《晴
鶴堂詩鈔》、《南州草》，《皇清百名家詩》收《周伯衡詩》一卷。生平事
迹見《大清畿輔先哲傳》卷一九、《清詩別裁集》卷三。

三月上巳，江南諸社集會禊飲，聚會虎丘，奉吳梅村為宗主，時場面盛大。

王撰《王隨庵自訂年譜》：「十年上巳，吳中兩社並興，愼交則廣平兄弟
執牛耳，同聲則素文、韓倬、宮聲諸公爲之領袖，大會於虎丘，奉梅村
先生爲宗主。」趙經達《汪堯峰先生年譜》順治十年癸巳：「春，愼交、
同聲兩社各治具虎阜申訂九郡同人，至者五百人。第一日愼交社爲主，
次一日同聲社爲主，奉吳梅村先生爲宗主，梅翁賦《禊飲社集》四首，
同人傳誦。翌日，復有兩社合盟之舉，山塘畫舫鱗集，冠蓋如雲，拔其
尤者集半塘寺訂盟。四月，復會於鴛湖，從中傳達者侯研德及周子俶兩
人，專爲和合之局。」董含《三岡識略》卷二：「吳閶宋既庭實穎、章素
文在茲，上巳日飛箋訂客，大會於虎邱阜。江浙二省及自遠赴者凡二千
人，吾鄉與會者二十餘人。先一日，布席山頂。次夕，聯巨艦數十，飛
觴賦詩，歌舞達曙。翌日，各挾一小冊，彙書籍貫姓名而散。眞修禊以
來一盛事也。吳祭酒以詩記之，云：『楊柳絲絲逼禁煙，筆床書卷五湖船。
青溪勝集仍遺老，白袷高談盡少年。箭屧鶯花看士女，羽觴冠蓋會神仙。
茂先往事風流在，重過蘭亭意惘然。』」程穆衡《梅村詩箋》：「癸巳春社，
九郡人士至者幾千人。第一日愼交社爲主，愼交社三宋爲主：右之德宜、
疇三德宏、既庭實穎，佐之者尤展成侗、彭雲客瓏也。次一日同聲社爲
主，同聲社主之者張（章）素文在茲，佐之者趙明遠炳、沈韓倬世奕、
錢宮聲仲諧、王其倬長發。太倉如王維夏昊、郁計登禾、周子俶肇，則
聯絡兩社者。」可見當時場面之浩大。不過尤侗是年正在永平任上，山
高路遠，不太可能出現在江南春社集會之中，程穆衡此處記載尤侗與會
之事恐有誤，茲存以待證。

太守朱衣助遷去，侗攝篆三月，略採民間利弊條陳二十款，當道皆允行之，又興學拔雋。

尤侗《悔庵年譜》卷上。朱衣助，字文祐，奉天人，旗籍，阿桂等纂《盛
京通志》卷八十六載有其生平事迹。

於署西偏關婉畫堂，以待賓客。

尤侗《西堂雜組二集》卷六《婉畫堂記》：「畫者，直也；直而故婉之，時不可以激也。與予畫者誰？未嘗至於偃之室也。」

衙門暇日，飼鶴聽琴。

尤侗《右北平集·聽劉山人鼓琴》：「官衙蕭瑟如秋水，高樓晝靜琴聲起。……誰與彈者移我情，昔日潁師今劉生。邊聲哀壯擊金鐵，城烏驚啼牧馬鳴。我亦從之聊一作，羈愁變入江南樂。燈光半滅星河落，空庭獨唳遼東鶴（原注：予有一鶴）。」《西堂雜組一集》卷六有《瘞鶴銘》，證實尤侗在永平任上曾飼鶴遣興。

太史石申視學江南，偕高輔辰往，侗餞之灤陽，登偏涼汀，把酒論文，盡三日夜。

尤侗《右北平集》有《寄高二亮先輩》、《送石仲生太史督學江南》。同卷《偏涼汀登眺二首》一云：「獨憑虛閣俯灤河，蕭瑟涼風襟帶過。」又一云：「秋水覺多濠濮意，田家時似武陵人。」可知時乃入秋。由於《右北平集》以時次而編，此詩在《九日》詩前，故知此事亦於重陽前。石申，字仲生，灤州（今河北灤縣）人。順治三年進士，選庶吉士，授檢討，歷官戶部左侍郎，卒贈吏部尚書。據《世祖實錄》卷七六：「順治十年六月，（上諭）以……內翰林國史院侍講石申提督江南淮揚等處學政。」石申生平事迹可見《畿輔通志》卷七四、《民國重修灤縣志》卷十。高輔辰字欽亮，人稱二亮先生，晚號南村病人，灤州（今河北灤縣）人。《民國重修灤縣志》卷十載其：「登崇禎癸未進士，曾任安陽令，清催補範縣。未幾，以病辭，上官固留分校西闈，三謝不赴，始奏回籍。後屢徵不起，遍遊恒、岱、江、楚，交識海內名宿，家食優遊，不問生產，所著《存熙堂稿》，纂集雜組若干卷，卒年七十有五，祀鄉賢。」

是秋，中丞王來用來巡，善侗政，遂首薦。

《悔庵年譜》卷上。王來用，漢軍鑲藍旗人。天聰八年（1634），詔命禮部考取通滿漢蒙古文義者爲舉人，來用以漢書中試。歷任保定兵備道、山西布政史、順天巡撫等職，後降署湖廣按察使，改補河南大梁道，尋卒。《欽定八旗通志》卷二〇八載王來用：「（順治）九年授順天巡撫。」

與其年巡視永平府之事合。

八月十八日，尤瑞生，眾人賀之。

尤侗《西堂雜組三集》卷八《哭瑞兒文》：「兒於癸巳（1653）八月十八日生永平官舍，故小名阿永。吾雖薄宦，自郡太守副將軍，下至州縣鎮衙官吏，皆持羊酒，賀司理得子，其諸生耆老瓣香叩階下者相屬也。尤珍《滄湄年譜》順治十年：「予七歲，先大人舉仲弟瑞。」

九月九日，同沈以曦夫子、羅廷璂太守、王心海總兵等再登釣魚臺、一柱峰。

尤侗《右北平集·九日同沈旭輪夫子羅芸皐太守王心海總戎登一柱峰再和前韻》一云：「去去方舟聯騎回，登高誰繼大夫才。只今歌舞盧龍塞，何處江山戲馬臺。寒菊一叢隨客老，怨鴻萬字背秋來。相逢半是東南侶，莫惜風前數引杯。」羅廷璂，字芸皐，江西新建人，《南昌府志》卷三十七《新建蔭襲》載其：「以父朝國官浙江金衢道。」王心海，官總兵，生平事迹待考。

九月，吳偉業入京師，授秘書院侍講，尋升國子監祭酒。

顧師軾《梅村先生年譜》：「（順治）十年癸巳，……（梅村）九月應召入都，授秘書院侍講，奉敕纂修《孝經演義》，尋升國子監祭酒。時先生杜門不通請謁，當時有疑其獨高節全名者。會詔舉遺佚，薦剡交上，有司敦逼，先生控辭再四，二親流涕辦嚴，攝使就道，難傷老人意，乃扶病出山。」

冬至保定慮囚，刑部劉芳聲乃鄉人，宴聚賦詩，觀演遊訪，為十日飲。

尤侗《右北平集》中《自玉田至薊州》、《過都城》、《和涿州郵亭詩二首》、《劉何寔恤部招同胡蒼恒徐淡岩諸同寅夜飲聽小史絃索》、《登保陽大悲閣》、《同何寔登十方院閣手譚二首》、《雪後再同胡蒼恒呂於庵張獻昂諸同寅集何寔署中》等均記此事。劉芳聲字何寔，江南人，生平事迹待考。

至遵化，謁中丞王來用。

《悔庵年譜》卷上。

時萊州推官李煌守膠州，死於海上，賦詩弔之。

尤侗《右北平集·同年宣城李煌以萊州司李署守膠州死海時行之難詩以挽之》。《新修萊州府志》卷六《職官》:「李煌，宣城拔貢，九年有任。」李煌，江南人，順治間任萊州推官，卒於職，《新修萊州府志》卷九《宦績》載其:「海逆之亂，被劫不屈，死膠鎮。」

是年，清廷封鄭成功為澄海公，成功拒而不受。

順治十一年甲午年（1654）三十七歲

舊歲大水，大無麥禾，民饑甚。

《民國盧龍縣志》卷二十三《史事》:「（順治）十年，春旱。夏四月霪雨四十餘日，灤河溢，有蛟見於河，淹沒田廬。冬饑，大雪人畜多凍死。（順治）十一年春，饑賑之。秋七月，灤河溢。」

上諭諸臣分賑全國，畿輔少宰佟岱、大理郝傑至永平督辦賑災事宜，命侗專司其役。遍歷各邑，夜則秤封，日則唱給，辛勞閱月，作《散米謠》以記。

《世祖實錄》卷八一:「順治十一年二月，工科左給事中魏裔介奏言:『連歲水災頻仍，直隸、河北、山東饑民逃亡甚眾，請敕督撫嚴飭有司:凡流民所至，不行收恤者，題參斥革;若能設法撫綏，即分別多寡，準以優等保薦。並乞大沛鴻恩，發銀數萬兩，遣滿漢賢能官員沿途接濟，務使流民得所，庶德澤布而閭井寧矣。』得旨:『饑荒流徙，民不聊生，朕深切憫念。其賑濟安插、勸懲鼓舞事宜，俱屬急務，著所司速議以聞。』」

《世祖實錄》卷八二:「順治十一年三月，敕諭賑濟直隸大臣巴哈納等曰:『直隸各府係根本重地，去年水潦為災，人民困苦，飢餓流移，深軫朕懷，晝夜焦思，不遑寢食。特命發戶、禮、兵、工四部庫貯銀十六萬兩……。茲命爾等齎銀前往各府地方，督同該道、府、州、縣、衛、所等官，計口給賑，須賑濟如法，及時拯救，毋論土著流移，但係饑民，一體賑濟。』」

尤侗《年譜圖詩》其一《盧龍賑饑圖》:「憫荒也，甲午永民大饑，予與羅太守率屬捐賑，作《散米謠》。」尤侗《右北平集·紀賑》:「朝驅北平

東，暮馳北平西。問君何所行，奉詔賑災黎。使者上頭來，千騎壓城堤。箕踞高堂上，意氣吞虹霓。金盤羅几席，椎牛烹黃牴。官長左右立，指揮似童奚。百工盡奔走，執役到鳴雞。鑿銀細如粟，權衡愼毫釐。赫蹄重封裹，筐篋與山齊。大示張通衢，遠近爭扶攜。一口散丁夫，二口散丁妻。子女三四口，半口及孩提。七十賜布匹，老人學兒啼。……嗚呼小民苦，堯舜病難醫。閭閻分芥子，內府破須彌。后宮減紈綺，至尊徹咸醯。岩岩廊廟臣，爲爾遍輪啼。大吏口舌敝，小吏筋骨疲。櫛沐風雨中，面目等黃泥。豈敢辭況瘁，但願慰調饑。使者乘傳還，戶口滿箱齎。入朝告天子，咨嗟歎靡遺。」尤侗《右北平集‧散米謠》：「朝趨北平東，暮馳北平西。問君何所行，奉詔賑災黎。使者上頭來，千騎壓城堤。箕踞高堂上，意氣吞虹霓。」阿桂等纂《盛京通志》卷八十：「佟岱，隸正藍旗漢軍，父佟三，事太祖爲副都統，佟岱爲其第三子也。」岱初任佐領，崇德三年授吏部副理事官，尋兼參領，又授兵部左侍郎，累遷戶部、吏部侍郎，擢閩浙總督，後以事降世職爲三等輕車都尉，康熙二年卒。」關於郝傑，《世祖實錄》卷七六：「順治十年五月，升光祿寺少卿郝傑爲大理寺少卿。」同書卷八○：「順治十一年正月，升大理寺少卿郝傑爲大理寺卿。」知是時郝傑確屬大理身份。

佟岱出都之時聽小人中傷侗言，故盛氣淩之，後得解，侗隨之出獵遊樂。督學程芳朝太史來訪，侗雍容談藝。總督馬光輝與侗素未識面，聞侗名，列薦於朝。

尤侗《悔庵年譜》卷上。《年譜圖詩》之《榆關觀獵圖》：「秋高兮露晞，草淺兮馬肥，伐鼓兮樹旍，來朝兮打圍，張罝兮布罘，犬走兮鷹飛，羽散兮毛摧，烏鴉叫兮猩猩啼，龍之山兮灤之水，越榆關兮亙千里，雪漫漫兮陰風起，殺氣迷兮愁神鬼。是何將軍兮坐大纛，麾旌頭兮馳作足，援弧矢兮鳥獸逐。車行酒兮騎行肉，健兒醉兮舞刀槊，美人疊唱兮邊關曲。獵既罷兮武帳開，鐃吹奏兮參軍來，謂子大夫兮高才，爲我賦詩兮壯哉。」據《世祖實錄》卷七六：「順治十年六月，以左春坊左諭德程芳朝提督順天等府學政。」程芳朝（1611～1676），初名鈺，字其相，號笠庵，安徽桐城人。順治四年（1647）進士，殿試一甲第二，授編修，遷秘書院修撰，後出任會試同考官，轉任春坊左諭德，提督北直學政，

曾出使安南，官至太常寺正卿。生平事迹可見《程氏宗譜》、《桐城縣
志》等。馬光輝（？～1655），順天大興人，隸鑲黃旗漢軍。明武舉
人，後降清。順治間以軍功封三等男，又以兵部尚書、右副都御史總督
直隸、山東、河南，卒諡忠靖，生平事迹可見《國朝耆獻類徵初編》卷
一四九。

刑部郎柯公奉旨來恤刑，侗佐之，參核平反，全活甚眾。

《悔庵年譜》卷上。

聞知順治帝將東巡謁陵，驅道通渠，築橋不成，造舟以迎之，而駕不果行。

尤侗《右北平集·成梁》：「遙傳白駱下盧龍，秋水排天起彩虹。河伯不
仁瓠子渡，將軍跋扈石尤風。誰呼烏鵲填銀漢，試駕青鳧建碧宮（原注：
築橋未成，因更造舟）。」同卷又有《除道》、《駕止東巡有賦》記此次聖
駕巡遊未果事。

七月，馮溥升國子監祭酒。

毛奇齡《文華殿大學士太子太傅兼刑部尚書易齋馮公年譜》。《世祖實錄》
卷八五：「順治十一年七月，升內翰林國史院侍讀馮溥為國子監祭酒。」
馮溥（1609～1692）字孔博，號易齋，諡文毅，益都（今屬山東）人。
順治四年進士，授編修，後累擢至文華殿大學士。著有《佳山堂集》。生
平事迹見《清史列傳》本傳、《清詩別裁集》卷二、毛奇齡《文華殿大學
士太子太傅兼刑部尚書易齋馮公年譜》等。

徐元文鄉試中式，賀之。

尤侗《右北平集》之《喜門人徐公肅鄉薦》、《聞公肅捷感念亡友湯卿
謀》。徐元文《含經堂集》附錄一韓菼撰《資政大夫文華殿大學士戶部尚
書掌翰林院事徐公行狀》。

九月，彭瓏長安下第來訪，酌酒敘舊。

尤侗《右北平集·酌酒慰彭雲客》：「誰肯遠尋窮塞主，故人下第在長
安。三年雨斷成新夢，九月風高近小寒。」可知彭瓏下第前來盧龍時為
九月。

冬，又前往保定慮囚，舉軍政。再過京師，遙望天壽山諸陵有感。

　　尤侗《右北平集》中有《再過都城遙望天壽山諸陵》、《夜投天寧寺宿》、《定興行雪》、《保陽道院》、《謁楊椒山祠》、《早發蘆溝橋》、《再遊天寧寺》等紀行。

是年十二月，鄭成功攻陷漳州、泉州等地。

順治十二年乙未年（1655）三十八歲

元旦，朝鮮國王覲見。

　　《世祖實錄》卷八八：「順治十二年正月，朝鮮國王李淏遣陪臣臨平大君李等表賀冬至、元旦。」尤侗《右北平集·元旦拜闕擬早朝詩》：「景陽鐘動曉星斜，十部鑾儀擁翠華。金殿天顏光日月，玉河春色起雲霞。禁城車馬羅千陌，海國衣冠會一家（原注：朝鮮國王入覲）。獨滯邊關成外吏，稱觴遙望上林花。」

二月，以公事至河間，返過都城，宿天寧寺，徐乾學、徐元文兄弟來聚飲。

　　尤侗《右北平集》中《三過都城》、《行次都門寄公車同學諸子》。徐乾學《憺園文集》卷二《永平推官尤展成有事河間道經都門喜晤二首》一云：「星軺屈指泝滹沱，卻向昭王臺下過。射虎夜深迷碣石，觀魚春早度灤河。一官萬里鱗鴻少，二月三山霜草多。自是才人多治績，已看遼海不揚波。」由詩中「二月三山霜草多」句，可知時為二月早春。

徐元文會試下第，往永平相聚甚樂，校侗《西堂雜組》，並携歸刻之。

　　尤侗《悔庵年譜》卷上：「公肅下第至永平，相聚甚樂，校予《西堂雜組》，携歸刻之。」

督州縣設粥場賑濟災民，憐民苦，作《煮粥行》。

　　尤侗《右北平集·煮粥行》：「去年散米數千人，今年煮粥才數百。去年領米有完衣，今年啜粥見皮骨。去年人壯今年老，去年人眾今年少。……

今朝有粥且充饑，哪得年年靠官府。商量欲向異鄉投，携男抱女無車牛。縱眹跋涉經千里，恐是逃人不肯收。」

朝廷詔募流民實遼左，滿百家者授縣令。

尤侗《右北平集·劉明府募流民實遼左擢嘉定令有贈》。

永平民眾多繈負從之，止之不得，哀其離散，作《出關行》。

尤侗《右北平集·出關行》：「出關去，往遼東，詔徙十萬填新豐，五陵年少走如風。⋯⋯但得今秋穀子熟，只教家居莫出關，出關容易入關難。」

時寇盜充斥，借旗下為逋逃藪，司寇弗能詰，作《憂盜行》。

尤侗《右北平集·憂盜行》。

四月間，白胤謙應侗之邀為《右北平集》作序。

尤侗《右北平集》卷首白胤謙序云：「⋯⋯展成走使以詩來，余讀之益喜甚。」末署爲：「順治乙未孟夏濩澤白胤謙拜題。」

五月，有灤人邢可仕以誣告反坐，因初不自陳為投充人，侗依法抶之。

《悔庵年譜》卷上。

徐元文至京師，告知侗意，請王崇簡為題《西堂雜組》，崇簡於八月序之香山。

王崇簡《青箱堂文集》卷三《尤展成西堂雜組序》云：「友人徐公肅自永平來，述展成之意，以斯集屬敘於予，予時方棲遲西山，覽睹低徊久之⋯⋯。」序末署云：「順治乙未仲夏宛平王崇簡題於香山之來青軒。」據王崇簡自著《年譜》載，他於順治十年癸巳（1653）即「因年衰病弱，請告照京官例在籍調理」，順治十三年丙申年（1656）補詹事府少詹事兼弘文院侍講學士。這期間，王崇簡正處「在籍調理」之時，與其《西堂雜組序》所言相合。

八月，得徐履忱書。

尤侗《右北平集·徐鶴心貽詩見懷漫答二首》有云：「遙知夜雨生公

石，八月天高聽塞鴻。」可知得書時乃爲八月。徐履忱字孚若、鶴心，號匏叟，昆山（今屬江蘇）人。《道光昆新兩縣志》卷二十七《文苑》載其：「九歲能作詩歌、小賦，十二喪父開澤，十五補諸生，尋依其舅顧炎武，避兵尙湖之濱，朝夕討論。後讀書郡城，與諸名流結社倡和，……所著《匏叟詩鈔》，同里葉方藹及從弟徐乾學爲之序。年七十二卒。」

賦詩送族兄尤師錫歸桐鄉，時值師錫中進士第。

尤侗《右北平集·吾宗一首送天士家兄歸桐鄉》：「吾宗推阿大，文筆妙京華。夜雨生池草，春風吹榜花。兄應登紫閣，弟已老黃沙。晝錦吳江路，還尋小謝家。」尤師錫，字天士，浙江桐鄉人。順治十二年進士，歷官福建建寧府推官、左遷陝西西安府衛經歷，生平介紹見《光緒桐鄉縣志》卷十一等。

秋，因受風寒，臥病幾殆兩月，九月重陽乃起。再上書總憲龔鼎孳述己憔悴之狀，龔手箚酬答，勤勉備至。

《悔庵年譜》卷上。尤侗《右北平集·病起四首》一云：「九日重看荒塞菊，三秋不見故鄉書。」可知時至重陽，尤侗乃病起。《西堂雜組二集》卷五又有《上龔總憲書》、《再上龔總憲書》。其中《再上龔總憲書》有云：「侗之年已逾三十矣，踟躕於卑官、棲遲於絕塞者三年於茲矣。今秋一病五十餘日，假使三日不汗，七日不食，則卒然溘。」可見當時尤侗情況之窘，不過《定山堂集》中未見龔鼎孳酬答尤侗之語。龔鼎孳（1615～1673）字孝升，號芝麓，安徽合肥人。崇禎七年進士，授兵部給事中。入清，官至禮部尙書，諡端毅。工詩文，與錢謙虛、吳偉業爲人合稱「江左三大家」。著有《定山堂集》、《香嚴詞》。

上擬改之京兆推官，然因邢可仕一事罷。期間，邢可仕以事羈，賄通州獄吏而赴告刑部，部下府問狀，州守劉漢傑故意中傷侗。時侗大病，不與聞筆帖式私，劉漢傑置勿問，而以侗擅責投充，例應革職。啟心郎楊公力爭之，遂得改降二級調用。

尤侗《悔庵年譜》卷上。《鶴棲堂稿·西堂老子生壙誌》：「……以首名拔貢試大廷，選直隸永平府推官，在任五載，有政聲，凡三薦，緣擅責投

充一案降調。」朱彝尊《曝書亭集》卷七十六《翰林院侍講尤先生墓誌銘》：「貢於廷，謁選除永平府推官，不畏強禦，坐撻旗丁降調。」潘耒《遂初堂文集》卷十八《尤侍講艮齋傳》：「以鄉貢謁選，除永平推官，人謂『文士未必諳簿書』，而先生吏治精敏，猾胥豪民，斂手帖息，怙勢梗法者，逮治無所縱。竟坐撻旗丁鐫級歸，廷臣多欲薦起之，輒謝不應。」《光緒永平府志》卷五三載尤侗：「學識優長，治政明決，尤優禮學校，因材鼓舞，人文振興，一時稱盛。以執法不阿，調任去。」啓心郎楊公身份不詳。

除夕，賦詩感慨仕途險惡。

尤侗《右北平集·乙未除夕》：「滄海風波急，邊城草木稀。逢迎吾道拙，耐可返柴扉。」

是年，汪琬、王士祿等中進士。

《明清進士題名碑錄》、趙經達輯《汪堯峰先生年譜》、《王考功年譜》。

值尤侗永平任上，計東曾往訪之，把酒敍舊。

計東《改亭詩集》卷五《尤展成司李永平詩以贈之》：「虞廷兵法寄刑官，吾友風流早據鞍。」尤侗《西堂雜組三集》卷八《祭計甫草文》亦云：「（東）嘗從使車，漁陽上谷。至右北平，訪我宦躅。周詢父老，口碑不辱。觀我題壁，喜笑頓足。歸來慰藉，把酒相屬。此意千古，知己敦篤。」從尤侗此文語氣可推知，計東來訪當早於邢可仕事，然由於二人相會具體日期不確，姑置於此。

順治十三年丙申年（1656）三十九歲

生離念，買舟南回。

尤侗《右北平集·附南歸雜詩二十四首》。

四月，泊張家灣，關民程啓貞挾數十騎來，白晝劫行李去，一境震駭，侗懼而後免。

尤侗《右北平集·君馬黃》即影射程啓貞白日搶劫一事。又《看雲草堂集》卷一《張家灣》：「予於丙申四月去任，抵張家灣，爲土寇程啓貞

所劫，懂而得免。啓貞本山海關民，犯法當死，予捕之，急逃入旗下。至是挾數十騎來，白晝攫行李去。一境震駭，莫可誰何也。……至庚子，啓貞入獄殺人，吏不敢問，怨家撾登聞鼓，天子震怒，逮至部，並發其前後罪狀，處以極刑，傳首邊庭，歿其帑，京東百姓無不把酒相賀者。」

三伏炎蒸，舟行濡滯，胸懷作惡，恨無可言者。

尤侗《右北平集‧附南歸雜詩二十四首》一云：「避暑無長策，入林恐不深。豈堪乘木坐，河大日當心。薄晚飄風發，床頭又苦霖。聊爲一斗醉，漫學五噫吟。」

途中，少子尤滿殤。

尤侗《右北平集‧附南歸雜詩二十四首》一云：「風雨雲陽驛，驚憐少子殂。扁舟長此別，蕭寺暫羈孤。季子埋嬴博，潘郎坎路隅。旅魂還北去，不肯到姑蘇。」又一有「未盡逐臣恨，重添愛子冤」句，亦記少子尤滿卒事，由於除此處外尤侗自撰年譜及詩文集中並未提及此少子，故推知尤滿很可能乃出生不久即夭。

七月抵家，拜見父母，築看雲草堂居焉。堂中書對聯云：「門外堪容駟馬，庭前擬植三槐。」

《悔庵年譜》卷上。尤侗《看雲草堂集‧自序》：「予自丙申秋北平罷官歸，卜築先人敝廬之側，草堂殆成，因詠少陵「看雲」、「杖藜」之句，取以名之。」尤珍《滄湄年譜》順治十三年：「予十歲，先大人自永平罷官，攜家歸里，始構新居於祖居之東，署曰『看雲草堂』，堂中書一聯云：『門外堪容駟馬，庭前擬植三槐。』」

輯《右北平集》，自號悔庵，以誌三十九年之非。

《悔庵年譜》卷上。

編寫雜劇《讀離騷》，聊以自況，並安排家樂演出。

《悔庵年譜》卷上：「先君雅好聲伎，予爲教梨園子弟十人，資以裝飾，代斑斕之舞，自製北曲《讀離騷》四折用自況云。」

秋，施閏章奉使督學山東。

> 《愚山先生年譜》卷二：「順治十三年丙申先生年三十九歲，在刑部，秋奉使督學山東。」

順治十四年丁酉年（1657）四十歲

開春，陪父至萬峰山探梅，得弘璧禪師深器，然謝未能也。

> 尤侗《看雲草堂集》卷一《萬峰看梅宿剖石禪師方丈有贈》：「東風初解凍，玉梅發新葩。我夢萬峰好，偶泛橫塘槎。」可知時為初春。案，《民國吳縣志》卷十九：「玄墓山在鄧尉山東南六里，本為一山，北稱鄧尉而南稱玄墓也。相傳東晉青州刺史郁泰玄葬此，故名。明初萬峰和尚居之，又名萬峰山。……山有聖恩寺，即萬峰和尚道場寺，有喝石。相傳穿井時，有巨石下墜，萬峰喝止之，故名寺。」又，該《萬峰》詩後還有《贈化雨上人（原注：上人陸氏處實介弟）》、《贈物外上人（原注：上人張氏棄諸生辭婚出家）》，很可能均為是遊所作，即此遊也很可能拜訪二位上人。弘璧（1598～1669）字剖石，無錫（今屬江蘇）鄭氏。靈巖寺僧。年十二出家，十七薙染。掩關寂坐，四方名碩問道，皆服其真實。著《剖石和尚語錄》、《廣錄》等。生平事迹見《五燈全書》卷六九、《正源略集》卷五、《蘇州府志》卷一三四。

宋德宜北上入都，送之。

> 尤侗《看雲草堂集》卷一《送宋右之編修入都》：「早乘青雀舫，去直紫微垣。天子臨南海，詞臣進北門。燃藜蝌蚪見，視草鳳凰騫。若問榆關客，為言今灌園。」《民國吳縣志》卷六十八上《列傳六》載宋德宜：「順治乙未（1655）進士，選庶吉士，授編修。」

一月，欽蘭四十初度，賦詩祝之。

> 尤侗《看雲草堂集》卷一《欽序三四十初度長歌為壽》。

程邑過看雲草堂，留飲之。

> 尤侗《看雲草堂集》卷一《程翼蒼枉飲草堂卻贈》：「長安大道日鳴珂，吾子高齋自嘯歌。禁燭論文書不律，宮袍貰酒飲亡何。好風深樹交黃鳥，新雨荒園長碧蘿。欲共先生醉吟去，古來詩卷左遷多。」程邑字翼蒼，

號介軒、幼洪，新安籍（今屬安徽），上元（今屬江蘇南京）人。壬辰進士，選庶吉士，順治十三年出爲蘇州教授，官至國子助教。著有《介軒集》、《花園詩》，生平事迹見《江蘇詩徵》卷七四、《蘇州府志》卷七三、《民國吳縣志》卷六四《名宦三》、《大清一統志》卷六八。

三月，宋琬赴任永平道。

宋琬《安雅堂詩》五言古詩《丁酉季春赴任北平留別秦州守姜繼海》。《民國盧龍縣志》卷二十《名宦》：「（琬）順治十四年任永平道，慷慨明決，遇事立剖，一時奸宄斂迹，境內肅然。」

四月二十四日值四十壽辰，賦詩四首呈同庚諸子和焉。

尤侗《看雲草堂集》卷一《初度偶成呈同庚諸子四首》有云：「歸去來兮又一年，敝裘短髮各蕭然。剛留丹管堪呵壁，未買黃牛得種田。」諸子具體身份未明，但可推測主要爲里中友人。

夏日閒居，賦詩以遣。

尤侗《看雲草堂集》卷一《夏日閒居雜詠八首》一云：「整日科頭林下，有時赤腳池中。臥讀莊生秋水，行歌宋玉雄風。」

七月，遊衢州，與羅廷璵副使、袁國梓太守會飲柯山。

尤侗《看雲草堂集》卷一《羅芸皐副使袁丹叔太守招遊柯山》。袁國梓字丹叔，號若遺，江南華亭（今上海松江）人。順治六年進士，授刑部主事，升郎中，出知衢州府，又以母亡服闋，補平陽知府，後補嘉興知府。生平事迹見《大清一統志》卷一〇〇、《山西通志》卷九十、《江蘇詩徵》卷二十九、《光緒重修華亭縣志》卷十六《人物》。

又至常山，會阻兵未得歸。

尤侗《看雲草堂集》卷一《途中歎所見》、《打閘行》、《漕船行》等均爲此遊所作。

途中，夜遇族兄尤師錫，始寄家信。

尤侗《看雲草堂集》卷一《韓莊早發（題注：是夜遇天士家兄始寄家信）》詩中有「骨肉悲歧路，音書慰斷蓬」句。

逆旅無聊，日填南詞一齣，齣成歌呼，以酒澆之，匝月而畢，
題曰：鈞天樂。

尤侗《西堂樂府》之《鈞天樂自記》云：「丁酉之秋，薄遊太末，主人謝
客，阻兵未得歸。逆旅無聊，追尋往事，忽忽不樂，漫填詞爲傳奇，……
閱月而竣，題曰：鈞天樂。」

八月，王士禛與諸文士集約大明湖畔，舉秋柳社。

王士禛《蠶尾續文集》卷二《荣根堂詩集序》：「順治丁酉秋，予客濟南。
時正秋賦，諸名士雲集明湖。一日，會飲水面亭，亭下楊柳十餘株，披
拂水際，綽約近人。葉始微黃，乍染秋色，若有搖落之態。予悵然有感，
賦詩四章，一時和者數十人。又三年，予至廣陵，則四詩流傳已久，大
江南北和者益眾。」王士禛（1634～1711）字子眞，又字貽上，號阮亭，
又號漁洋山人，山東新城（今山東桓臺）人。後避雍正（胤禛）諱，改
士正，乾隆時詔命又改爲士禛。順治十二年進士，選授揚州府推官。康
熙三年內遷京官，歷任翰林院侍講、詹事府少詹事、都察院左副都御史，
後官至刑部尚書，卒諡文簡。著《帶經堂集》，又有自選《漁洋山人精華
錄》，另著筆記《香祖筆記》、《分甘餘話》等多種。

十月，順天鄉試科場之弊發。

《世祖實錄》卷一一二：「順治十四年十月甲午，先是刑科右給事中任克
溥參奏：『鄉會大典，愼選考官，無非欲矢公矢愼，登進士眞才。北闈榜
放後，途謠巷議，嘖有煩言。臣聞中式舉人陸其賢用銀三千兩，同科臣
陸貽吉送考官李振鄴、張我樸，賄買得中。北闈之弊，不止一事，此輩
弁髦國法，褻視名器，通同賄賣，憨不畏死。伏乞皇上大集群臣，公同
會訊，則奸弊出而國法伸矣。』事下吏部都察院嚴訊，得實奏聞。得旨：
『貪贓壞法，屢有嚴諭禁飭，科場爲取士大典，關係最重，況輦轂近地，
係各省觀瞻，豈可恣意貪墨行私！所審受賄用賄過付種種情實，可謂目
無三尺，若不重加處治，何以懲戒將來？李振鄴、張我樸、蔡元禧、陸
貽吉、項紹芳，舉人田耜、鄔作霖，俱著立斬，家產籍沒，父母兄弟妻
子俱流徙尙陽堡，主考官曹本榮、宋之繩，著議處具奏。』」《世祖實錄》
卷一一三：「順治十四年十一月庚子，降左庶子曹本榮、右中允宋之繩五
級，仍以本衙門用，以其爲順天主考，不能覺察同考官作弊也。」王崇

簡自撰《年譜》丁酉年亦載：「十月，欽命吏部都察院察審科臣，糾參順
天鄉試科場之弊。」

十一月，江南鄉試科場案發。

《世祖實錄》卷一一三：「順治十四年十一月癸亥，工科給事中陰應節參
奏：『江南主考方猷等弊竇多端，榜發後，士子忿其不公，哭文廟，毆簾
官，物議沸騰。其彰著者，如取中之方章鉞，係少詹事方拱乾第五子，
懸成、亨咸、膏茂之弟，與猷聯宗有素，乃乘機滋弊，冒濫賢書，請皇
上立賜提究嚴訊，以正國憲，重大典。』得旨：『據奏南闈情弊多端，物
議沸騰；方猷等經朕面諭，尚敢如此，殊屬可惡。方猷、錢開宗並同考
試官，俱著革職，並中式舉人方章鉞，刑部差員役速拿來京，嚴行詳審。
本內所參事情，及闈中一切弊竇，著郎廷佐速行嚴察明白，將人犯拿解
刑部，方拱乾著明白回奏。』」金埴《不下帶編》卷五：「順治十四年科
丁酉，京闈及江南鄉試，皆被論劾。」夏承燾《顧貞觀寄吳漢槎金縷曲
詞徵事》：「江南闈案發於順治十四年丁酉之十一月，後順天闈一月。給
事中陰應節參奏江南主考方猷等與取中舉人方章鉞為桐城同族，乘機滋
弊。次年十一月，方猷、錢開宗俱正法，妻子家產籍沒入官，舉人方章
鉞、張明薦、伍成禮、姚其章、吳蘭友、莊允堡、吳兆騫、錢威，俱責
四十板，家產籍沒入官，父母兄弟妻子並流徙寧古塔。」（《夏承燾集》
第二冊，第 209 頁，浙江古籍出版社，1997 年。）

十二月，河南鄉闈事發。

《世祖實錄》卷一一三：「順治十四年十二月壬申，刑科右給事中朱紹鳳
劾奏：『河南主考官黃鈜、丁澎，進呈試錄《四書》三篇，皆由己作，不
用闈墨，有違定例。……請敕部分別處分。』得旨：『黃鈜著革職，嚴拿
察究，丁澎亦著革職察議。』」

臘盡，始得以歸家，授家樂演《鈞天樂》。

《悔庵年譜》卷上。《年譜圖詩》之《草堂戲彩圖》：「華燈四照陳高堂，
氍毹席地湘簾張。畫鼓冬冬三疊畢，梨園子弟更衣妝。清歌一發音繞梁，
琵琶參差爭低昂。忽然起舞小垂手，當宴宛轉飄霓裳。」知為家樂演出
情景。

是年起，李漁僑居南京，以芥子園名經營刻書業。

> 單錦珩《李漁年譜》。李漁（1611～1680），原名仙侶，字笠鴻、謫凡，
> 號天徒，後改名漁，號笠翁，蘭溪（今屬浙江）人。著有《笠翁一家言
> 詩文集》、《笠翁十種曲》、《閒情偶寄》、小說集《十二樓》等。生平事迹
> 見《杭州府志》卷一七〇、《國朝耆獻類徵初編》卷四二六、《全清詞鈔》
> 卷二、單錦珩編《李漁年譜》等。

是年，珍兒受業於鄭賓，學八股文與《易經》。侗賜珍兒字曰「慧
珠」。

> 尤珍《滄湄年譜》順治十四年丁酉：「予十一歲，受業於鄭有嘉表叔諱賓，
> 學八股文成篇，習《易經》。先大人命字曰『慧珠』。」

是年，秦王孫可望兵敗雲南，降清，受封義王。

順治十五年戊戌年（1658）四十一歲

正月，丁酉科順天舉人復試。三月，丁酉科江南舉人復試。此
次丁酉科場案中，陸慶曾、吳兆騫、孫暘、劉逸民等舉子獲罪
被逮。

> 《世祖實錄》卷一一四：「順治十五年正月，上親復試丁酉科順天舉人。」
> 《世祖實錄》卷一一五：「順治十五年三月，上親復試丁酉科江南舉人。」
> 王崇簡自撰《年譜》戊戌年：「奉命覆試丁酉順天鄉試舉人卷於南苑。」
> 王熙自著《年譜》戊戌年：「正月十七日黎明奉召入乾清宮，命擬覆試順
> 天鄉試舉人題，即於御前書就，捧付禮部頒發，……奉命閱覆試順天舉
> 人卷，又命閱覆試江南舉人卷。」吳兆騫《西曹雜詩》卷四《戊戌三月
> 九日自禮部被逮赴刑部口占二律》、《四月四日就訊刑部江南司命題限韻
> 立成》載復試不合格而被逮事。王先謙《東華錄》順治十五年：「四月辛
> 卯，諭刑部等衙門：『開科取士，原爲遴選眞才，以備任使，關係最重，
> 豈容作弊壞法！王樹德等交通李振鄴等賄買關節，紊亂科場，大干法紀，
> 命法司詳加審擬。』據奏：王樹德、陸慶曾、潘隱如、唐彥曦、沈始然、
> 孫暘、張天植、張恂俱應立斬，家產籍沒，妻子父母兄弟流徙尚陽堡。」
> 陸慶曾字子元，江南華亭（今屬上海）人。順治十四年順天舉人，以科
> 場案遭黜。生平事迹見《光緒重修華亭縣志》卷十六《人物》。吳兆騫（1631

～1684），字漢槎，號季子，江南吳江（今屬江蘇）人。順治十四年舉人，
以科場案被戍。著《秋笳集》，生平事迹見《江南通志》卷一六五、《清
史列傳・文苑》本傳、《清史稿・文苑》計東傳附、《江蘇詩徵》卷十二、
徐釚《南州草堂集》卷二十九《孝廉漢槎吳君墓誌銘》、《清詩別裁集》
卷五、《全清詞鈔》卷二。孫暘字寅仲、赤崖，晚號蔗庵，常熟（今屬江
蘇）人。有《蔗庵集》。生平事迹見《江蘇詩徵》卷三十、《清詩別裁集》
卷五、《全清詞鈔》卷二、《海虞詩苑》卷八、《光緒常昭合志》卷二十六
等。光緒《蘇州府志》卷一〇〇載孫暘：「字赤崖，少游文社，名與兄埈。
順治丁酉，舉順天鄉試，科場事發，牽連謫戍尚陽堡。聖祖東巡，獻頌
萬餘言，召至幄前，賦東巡詩，試以書法，上歎惜其才。大學士宋德宜
疏薦，不果用。久之還里。」關於劉逸民，身份事迹闕考，但據吳兆騫
《秋笳集》卷二《撫順別孫赤崖劉逸民》、尤侗《看雲草堂集》卷五《傷
劉逸民夫婦》（原注：逸民死尚陽堡，其婦為盜所害）可知劉逸民乃與吳
兆騫、孫暘同時遭丁酉科場案禍。

五月殿試，榜發，王士禛、毛際可、鄒祗謨、鄭重、曾王孫等中進士。

《明清進士題名碑錄》。

七月，丁澎等丁酉科場主考被責徙尚陽堡。

《世祖實錄》卷一一五：「順治十五年二月庚午，禮部磨勘丁酉科鄉試硃
卷，劾奏違式各官：『河南省考試官黃鈜、丁澎，用墨筆添改字句；……
俱屬疏忽。』得旨：『俱著革職逮問。』」《世祖實錄》卷一二〇：「順治
十五年七月辛酉，刑部議：『河南主考黃鈜、丁澎，違例更改舉人原文
作程文，且於中式舉人硃卷內，用墨筆添改字句，黃鈜又於正額供應之
外，恣取人參等物。黃鈜應照新例籍沒家產，與丁澎俱責四十板，不准
折贖，流徙尚陽堡。』」《國朝杭郡詩輯》卷一載丁澎：「順治丁酉主試中
州，為榜首數卷更易數字，廷議謫戍奉天。值冰合，不得汲，取蘆粟小
米和雪嚼之。躬自飯牛，與牧豎同臥起。暇則乘牛車，行遊紫塞中，作
《遼海雜詩》，磊落雄秀，絕無失職不平之慨。戍五年而歸。」可知丁澎
因科場案戍遣尚陽堡事。丁澎，字飛濤，號藥園，浙江仁和（今杭州）
人，順治前後在世。順治十二年進士，官至刑部主事，調禮部，後以

科場案事遭貶黜，流放邊塞五年。有雋才，與陸圻、毛先舒等爲人目爲
「西泠十子」。著《扶荔堂集》、《信美堂詩選》、《扶荔詞》、《藥園閒
話》、雜劇《演騷》等。生平事迹見《清史稿》卷四八四、《清史列傳》
卷七○、《國朝耆獻類徵》卷一四○、《清詩別裁集》卷四、《國朝詩人
徵略》卷四、《兩浙輶軒錄》卷四、《杭州府志》卷一四五、《全清詞
鈔》卷二。

八月，諭詔因公詿誤者，許自陳開復，遂登舟前往京師。

尤侗《看雲草堂集》卷一《舟中悶極雜寫鄙懷得五十韻》有云：「三上
長安道，一歌出塞行。」同卷一《南陽九日》、《秋雪行》、《楊村》均
爲途中所作。尤侗《于京集》卷一《滄州漫興二首》一云：「驛馬臨三
戌，徵車歷九秋。」其後注云：「戊戌八月、戊申九月、戊午七月凡三
入都。」

時有無名氏編爲《萬金記》，盡曝科場舞弊賄賂之事，順治詔命進覽其人，匿弗出也。

董含《三岡識略》卷三：「江陵書肆刻傳奇，名《萬金記》，不知何人
所作，以『方』字去一點爲『萬』，『錢』字去邊傍爲『金』，指二主考
姓，備極行賄通賄狀，流佈禁中，上震怒，遂有是獄。北闈李振鄴、張
我樸有『張千李萬』之謠，事發，被誅者亦數十人。」陳怡山《海濱外
史》卷一：「（順治）十四年丁酉，南北闈關節貨賄，致士子鼓譟，扯破
榜文。上震怒。北闈房官張我樸、李振鄴、嚴貽左、田耕同日腰斬。南
闈主考方猷、副考錢開宗（原注：書肆刻傳奇，名《萬金記》，以『方』
去一點爲『萬』，『錢』去偏旁爲『金』，指二主考姓而言也）及分房官並
棄市。」

臬司盧慎言大索江南諸伶，雜治之。因山陰姜圖南侍御還朝過吳門，徵演《鈞天樂》，同人宴之申氏堂中。臬司疑其事類，檄捕優人，拷掠誣服，侗險遭逮，幸已入都，事得寢。

尤侗《悔庵年譜》卷上。《看雲草堂集》卷一《舟中悶極雜寫鄙懷得五十
韻》：「謗書方齷齪，官檄又倉皇（原注：時予所作《鈞天樂》院本爲臬
司大索）。意緒棼蠶網，肝腸割劍鋩。」姜圖南，字彙思，浙江山陰人。

順治己丑（1649）進士，選庶吉士，改御史，有政績。生平事迹見《浙江通志》卷一六〇、《嘉慶山陰縣志》卷十五《鄉賢三》。盧慎言，直隸正定（今屬河北）人，《悔庵年譜》載其：「明年（即順治十六年）大計，盧（慎言）以貪墨亡命寘極，典簿錄其家，人皆稱快。」

十月，重泊張家灣口，憶丙申間被讁遭劫之事有感。

尤侗《看雲草堂集》卷一《張家灣》：「往時此地拂衣回，百日驚逢暴客來。十口倉惶魂欲斷，三年幽憤眼誰開。參軍不足當雞肋，安國何能起死灰。匕首未酬燕市恨，蕭蕭易水至今哀。」

順治帝與王熙、木陳道忞（弘覺國師）談及侗《怎當他臨去秋波那一轉》制藝。十月中，侗過京師，使者迹至旅邸，索《西堂雜組一集》呈上閱之。

尤侗《西堂雜組一集·語錄》：「先是戊戌秋，王胥庭（熙）學士侍講筵次，上偶談老僧四壁皆畫《西廂》，卻在臨去秋波悟禪公案，學士隨以侗文對。上立索覽，學士先以抄本進，復索刻本。上覽竟親加批點，稱才子者。再因問侗出身履歷，為歎息久之，仍命取全帙置案頭披閱。他日又摘《討蚤檄》示學士曰：『此奇文也。』問有副本否，答曰無。遂命內府文書官購之坊間，不得，繼購之同鄉諸公，不得。至十月中，侗適過都門，使者迹至旅次，攜一冊去，裝潢進呈。上大喜……。」尤侗《西堂雜組一集》卷三收《討蚤檄》。案，王熙自著《年譜》載其丁酉年（1657）即「升內翰林弘文院侍講學士奉命充經筵講官」，戊戌年（1658）仍在任，與尤侗所述相合。王熙（1628～1703）字子雍、胥庭，號慕齋、瞿庵等。順治十四年進士，授翰林院檢討，累官至保和殿大學士，兼禮部尚書，加太子太傅，晉少傅，卒諡文靖。著《王文靖公集》。道忞（1596～1674）字木陳，號山翁，晚號夢隱，潮陽（今屬廣東）林氏。順治十六年，清世祖徵召至京，問法於萬善殿，尊為弘覺禪師。著有《諸會語錄》、《北遊集》、《禪燈世譜》、《布水臺集》、《百城集》，生平事迹見《宗統編年》卷三一、《續燈正統》卷三三。

留京五日，往永平晤宋琬，時宋琬自永平駐往薊州，贈侗以撫按申文各一角。時患小恙。

尤侗《看雲草堂集》卷一《至永平二首》一云：「平盧昔遊地，驅馬復來歸。無恙將軍石，猶餘公子薇。水流城郭是，鳥散吏人稀。可識遼東鶴，原名丁令威。」同卷一《送宋荔裳兵憲自永駐薊》：「……五花榆塞出，千騎薊門行。鹵簿車前導，鐃吹馬上聲。朔風搖大纛，涼月引高旌。勳業彤弓起，文心緩帶生。前驅慚小吏，無筆賦從征。」同卷一《薊州小病》：「及予回馬首，猶爾滯漁陽。一病家千里，孤燈淚萬行。道途橫枳棘，天地日冰霜。苦憶柴門臥，山妻檢藥囊。」

返京，因新撫未上任，乃前往真定謁按君，出張掖門墜馬折左臂，勉馳至鎮醫治，彌月方愈。

尤侗《看雲草堂集》卷一《往眞定》、《墜馬》載述此遭，如《墜馬》：「男兒一身貧賤不自保，麻鞋踏破關山草。馳傳不擁相如節，叱馭卻走王陽道。長安駿足貴人騎，我買一馬瘦且老。風沙疾驅張掖門，滑擦一交齊踏倒。……哀哉我生命不猶，四肢不得蒙咻噢。隱忍奔馳六百里，頓轡暫息恒山麓。醫者賈生三折肱，刮骨能出將軍鏃。右之右之日撫摩，塗以神膏漸平復。」

按君以代題屬撫臣事拒勿納，遂東行。冬至，夜息成安縣寺，又過魏縣，歷大名，省沈以曦夫子於博興。

尤侗《看雲草堂集》卷一《冬至夜在成安縣寺中作二首》、《至日飲沈東生署中》、《大雪張廣文携酒來飲》、《登二祖說法臺》、《述役》均載此行之事。其中，《冬至夜在成安縣寺中作二首》有句：「去冬留太末，此日寄成安。作客恒千里，思家起百端。」尤侗順治十四年冬遊太末（即今浙江龍遊），正與此合。《道光重修博興縣志》卷八《秩官表》：「沈以曦，臨湘（人），進士，（順治）十五年任。」《同治重修臨湘縣志》卷十一《人物志》載沈以曦：「緣事降知山東博興縣，恤貧急病。友人某妻被掠，稱貸贖還；有王承祥者，負戴某金，投環幾死，亦爲貸償之。」

沈夫子輟官廚，獵野味餉之，又索村優咿嚘奏伎，共度除夕。

尤侗《悔庵年譜》卷上。《看雲草堂集》卷一《博興除夕二首》一云：「私自憐今夕，覊棲在薄姑。起彈雙劍鋏，坐對一浮屠。海嶠冰霜重，江關鴻雁無。官廚頻餉酒，誰與泛屠蘇。」又一：「僕夫皆歎息，禁我不凄然。

水擊三千里，雲遊九十天。客衣寒獨夜，佛火了殘年。暗想橫波淚，空床畫燭前。」

是年，曹寅生。

順治十六年己亥年（1659）四十二歲

開春，至濟南，施閏章學憲飲之獨樹軒，談泰山、孔林、海市甚悉。歷下官長多舊好，日置酒高會。登華不注，觀趵突泉，流連月餘。

尤侗《西堂雜組三集》卷五《施愚山薄遊草序》：「己亥，先生已官憲府，視學山東，而予適有事至歷下，相見獨樹軒中。先生出紫露酒飲予，為述泰山、孔林、海市之奇，吃吃不住口，絕不聞驛鈴聲。」尤侗《看雲草堂集》卷二《飲施愚山學使署中長歌贈之》有「獨樹軒前春鳥鳴，張燈揖客紫露傾」句，可知此次於初春訪施閏章。

趨河間，撫君訝其來遲，云案已報罷。

尤侗《悔庵年譜》卷上。

三月間，復入京，遇自天上人慶祐。

尤侗《看雲草堂集》卷二《喜遇自天上人二首》一云：「汝從五臺至，予自泰山來。共作燕中客，相期吳下回。千岩擊翠竹，四月熟黃梅。把臂須同去，風塵心已灰。」由於此詩後有《清明》一詩，是年清明乃三月十四日，可推知此遇應於三月十四日前。故雖詩云「千岩擊翠竹，四月黃梅熟」，乃是與自天上人相約回鄉共賞翠竹與黃梅，非此遇時為四月。慶祐（1602～1667），字自天，出自溧陽李氏。投五臺湧泉寺，後遷香光律院。生平事迹見《蘇州府志》卷一三四、尤侗《西堂雜組二集》卷八《自天禪師塔誌銘》等。

閏三月初一，吳兆騫、孫暘、劉逸民等丁酉舉子將戍往寧古塔、尚陽堡。

吳兆騫《秋笳集》卷四《閏三月朔日將赴遼左留別吳中諸友人》。尤侗《看雲草堂集》卷一《入都二首》一云：「十年三度到京師，風景重新此一時。

北府惟聞漢將貴，南冠常見楚囚悲（原注：時孫可望降封爲義王，丁酉舉子流徙尙陽堡）。」案，孫可望被封爲義王乃順治十四年十一月事，尤侗可能是時才得知。《看雲草堂集》卷二《送人戍尙陽堡》：「送人東去戍遼陽，忍見囚車滿道旁。萬里戈役歸異域，百年廬墓隔他鄕。黃龍塞外青天遠，鴨綠江邊白草長。此日分携成永訣，春風吹淚上河梁。」亦當爲流人送行贈別時作。

旁人咎侗浪遊貽誤公事，乃作《別長安詩》十首，扁舟南還。

尤侗《看雲草堂集》卷二《別長安十首》一云：「普天雨露本無涯，眨眼誰知雲霧遮。親見繡衣持大斧，漫勞玉帳擁高牙。君門咫尺疑千里，客路東西哭一家。倘沐恩波容隱遁，強如放逐向長沙。」

遣小奴往歷城，鬟清源待之，觀清涼寺雙檜，檜樹百歲，寺之老僧亦百歲。

尤侗《看雲草堂集》卷二《清涼寺雙檜》。

至濟寧登太白酒樓，遊杜甫南池，四月歸。

尤侗《看雲草堂集》卷二《濟寧杜甫南池》，中有「清陰生古木，小雨長新荷」，可知爲三、四月間事。

路悼淮南李長科，亦聞劉長公歿。

尤侗《看雲草堂集》卷二《挽淮南李小有先輩》：「桂樹王孫去不歸，淮南木落雁哀飛。元龍意氣埋空谷，司馬文章付釣磯。老病邗溝誰掛劍，故人吳下盡沾衣。劉伶李白皆黃土，恨望秋天墜少微（原注：聞劉長公亦歿）。」李長科字根大，號小有，改名盤，興化（今屬江蘇）人。《咸豐重修興化縣志》卷八載其：「博綜古今，務爲經濟之學，尤精韜略。……長科數奇，兩中副榜，崇禎十三年始以賢良方正辟授廣西懷集令，興利除害，多善政。……晚年僑居丹徒，造渡生船，建避風館於江口，拯活甚眾，著《金湯十二籌》諸書。」劉長公生平事迹不詳。

五月殿試，徐元文、葉方藹、葉封、黃與堅等中進士。

《明清進士題名碑錄》。尤侗《看雲草堂集》卷二《寄賀徐公肅狀元》、徐元文《含經堂集》附錄韓菼撰《資政大夫文華殿大學士戶部尙書掌翰

林院事徐公行狀》。

六月，海寇犯京口，江寧被圍，將軍梁化鳳率兵破之。時三吳
震動，士女爭出避亂，侗於家堅坐不動，治具釀酒，家人乃安。

《悔庵年譜》卷上。《世祖實錄》卷一二六：「順治十六年六月，海寇陷
鎮江府。」《世祖實錄》卷一二七：「順治十六年七月，海寇犯江南省城。」
《世祖實錄》卷一二七：「順治十六年八月己丑，江南總督郎廷佐奏報：
『海寇自陷鎮江，勢愈猖獗，於六月二十六日逼犯江寧。』」《江南通志》
卷一一二：「（梁化鳳）自寧國總兵官移鎮崇明，時海濱伏莽出沒無時，
平洋、平安、大安、聯福等沙聯爲窟穴，化鳳悉收復之。先是鎮兵皆寄
居民間，化鳳申請創建營房，兵民稱便。順治十六年，海寇犯江寧，奉
調赴援，衝圍入城，與城中兵合悉力守禦，未幾覘賊弛備提銳，卒潛出，
搗其中堅，遂殲群賊，克復鎮江，以功擢蘇松提督。」梁化鳳（？～1671）
字翀天，一字澧源，諡敏壯，榆林（今屬陝西）人。順治三年武進士，
曾任蘇松總兵，援江寧，敗鄭成功兵，後官至江南提督。生平事迹見《江
南通志》卷一百十二、《大清一統志》卷四九、《清史列傳》卷五、《嘉慶
松江府志》卷四十三《名宦傳四》。

門人王簡（莘雲）時赴任昆山知縣，延侗往留十日。

《悔庵年譜》卷上。《道光昆新兩縣志》卷十四《職官》之「昆山知
縣」條：「王簡，（字）莘雲，撫寧（今屬河北）人，拔貢，（順治）十六
年（任）。」

十一月，王士禛謁選除授揚州府推官。

《漁洋山人自撰年譜》卷上。

順治十七年庚子年（1660）四十三歲

正月，朝廷禁止士人結社集會。

王先謙《東華錄》順治十七年正月：「給事中楊雍建奏：『朋黨之害，每
始於草野，而漸中於朝寧，拔本塞源，尤在嚴禁結社訂盟。今之妄立社
名糾集盟誓者，所在多有，江南之蘇、松、浙江之杭、嘉、湖爲尤甚。
其始由於好名，其後因之植黨，相習成風，漸不可長。請敕部嚴飭學臣，

實心奉行，約束士子，不得妄立社名，糾眾盟會，其投刺往來，亦不許用『同社』、『同盟』字樣，違者洽罪。倘奉行不力，糾參處分，則朋黨之根立破矣。』得旨：『士習不端，結社訂盟，……相煽成風，深爲可惡，著嚴行禁止。』」

二月，徐元文從順治帝出遊南海子。帝一日之間三言及侗，公肅寓書告知侗。

《悔庵年譜》卷上。徐元文《含經堂集》附錄一韓菼撰《資政大夫文華殿大學士戶部尙書掌翰林院事徐公行狀》。尤侗《西堂雜組一集·語錄》：「庚子二月，上幸南海子，顧問徐狀元元文與侗師弟源流，受業本末，因大加稱獎。頃之，又問侗以何事降官，今當補何職。頃之，又問侗年貌若何，徐一一奏對，蓋一日之間，垂詢者三焉。」

五月，順治帝與道忞言及侗，賜以「敬佛」二字。後道忞刻石傳之，侗得而作《世祖皇帝御書記》謝恩。

《悔庵年譜》卷上。尤侗《西堂雜組一集·語錄》：「（庚子）五月中，（帝）復與弘覺禪師問答。」尤侗《西堂雜組二集》卷六《世祖皇帝御書記》：「世祖皇帝御書『敬佛』二大字以賜，木陳老人刻石傳之，以一本貽臣，藏弄久矣。今裝潢之次，肅然瞻仰，歡喜讚歎，因而慨然有感焉。」

夏，遊雲間，泊白龍潭，訪陳繼儒故宅。與史大成太史、張超明府、族兄尤師錫等集飲周裕齋廣文齋中，賞曲觀弈。

尤侗《看雲草堂集》卷二《機山弔二陸讀書處》、《佘山訪陳徵君故宅》均爲此遊所作。同卷二《同史及超太史張伯昇明府天士家兄集周裕齋廣文齋中》：「先生坐我草堂前，沈李浮瓜雜管絃。枉矢無文眞率爾，圍棋有道亦欣然。」可見此次聚會有曲兒助興、圍棋解悶。史大成（1621～1682），字及超，號立庵，浙江鄞縣人。順治乙未年狀元，授修撰，康熙間官至禮部左侍郎。有《八行堂詩文集》。生平事迹見《國朝耆獻類徵初編》卷四九。張超，字伯昇，浙江桐鄉人。順治乙未進士，授江南華亭知縣，後以事罷。生平事迹見《光緒桐鄉縣志》卷十五、《康熙嘉興府志》卷十四《人物》。周裕齋生平事迹待考。

都督梁化鳳招飲幕府，遂賦《南有大江九章》誦其平定海寇之功。

尤侗《看雲草堂集》卷二《飲梁狒天都督幕府二首》一云：「麒麟圖畫待君侯，汗馬餘閒數酒籌。一座簪纓吟玳瑁，三更刁斗叫貔貅。燈前絲管春雲遏，雨後樓臺暑氣收。猶記出車歌六月，此時戰鼓動江頭。」又同卷二《南有大江九章八句》序云：「《南有大江》頌梁將軍也，己亥六月海寇入犯，將軍討平之。」

八月十一日，妻曹令四十初度，賦詩贈賀。

尤侗《西堂雜組三集》卷七《先室曹孺人行述》：「婦生於故明天啓辛酉八月十一日申時。」尤侗《看雲草堂集》卷二《家人生日漫贈用前韻四首》有云：「牽牛磨蠍雌雄甲，玉馬金雞先後庚（原注：予午生，婦酉生，故云）。」可知曹令屬雞，時年四十。

十九日，董貴妃歿，賦詩弔之。

《世祖實錄》卷一三九：「順治十七年八月壬寅，皇貴妃董鄂氏薨，是日傳諭：親王以下、滿漢四品官員以上並公主、王妃以下命婦等，俱於景運門內外齊集哭臨，輟朝五日。」尤侗《看雲草堂集》卷二《恭擬端敬皇后挽詞八首（原注：貴妃董氏）》。

秋至海鹽，知縣雷騰龍乃故吏。宿天寧寺，贈書彭孫遹與彭孫貽。

尤侗《看雲草堂集》卷二《寓海鹽天寧寺》、《贈彭駿孫兼呈仲謀》。彭孫貽字仲謀，號羿仁，私諡「孝介」先生，海鹽（今屬浙江）人。明末拔貢生，入清高隱不仕。著《茗齋百花詩》、《茗齋集》、《彭氏舊聞錄》。生平事迹見《清史列傳》卷七〇《文苑傳》一、《清詩別裁集》卷七、《明遺民詩》卷十三、《全清詞鈔》卷二。彭孫遹（1631～1700）字駿孫，號羨門，浙江海鹽人。順治十六年進士，官授中書，又於康熙十八年舉博學鴻儒，以庭試第一授翰林院編修，官至禮部右侍郎。工詩文詞，與王士禛爲時人並稱「彭王」。著《松桂堂全集》、《延露詞》、《詞藻》等。關於雷騰龍，《光緒海鹽縣志》卷十四：「雷騰龍字化明，三原人，拔貢生，順治十七年任（海鹽）知縣。十八年奏銷抗糧一案，先期清算紳衿，無

錙銖欠,各邑畢誤甚多,人咸服其先見。」又《同治永平府志》卷十、《光緒撫寧縣志》卷十均載雷騰龍曾任永平府撫寧縣知縣,故尤侗自撰年譜中此處有「故吏」云云。

時登天寧寺浮屠絕頂觀海,又同錢德震登秦駐山,時值十月。

尤侗《看雲草堂集》卷二《登天寧寺浮屠絕頂望海》:「興至超然到上頭,憑虛蕭瑟見高秋。諸天冥冥人非想,大地茫茫我亦愁。」又同卷二《同錢武子登秦駐山》:「孟冬寒未嚴,海山淨如濯。」可知時爲孟冬十月。錢德震字武子,嘉興(今屬浙江)人,明季占籍華亭。有詩文名,著《青鶴堂集》。生平事迹見《江蘇詩徵》卷三五、《全清詞鈔》卷三、《光緒重修華亭縣志》卷十七《人物》。

順治十八年辛丑年(1661)四十四歲

正月初七,順治帝崩,作哭臨挽詩八首悼之,末云:「平生知己猶惆悵,況感恩私在至尊。」

《世祖實錄》卷一四四:「順治十八年正月丁巳夜子刻,上崩於養心殿。」尤侗《看雲草堂集》卷三《恭挽世祖章皇帝哀詞八首》一云:「自歎邊關蟣虱臣,歸田耕鑿荷皇仁。相如賦草傳宮監,李嶠歌頭教內人。負曝有心誰爲國,攀髯無路尚餘身。平生知己猶惆悵,況感恩私在至尊。」宋琬《安雅堂未刻稿》卷四《世祖章皇帝挽詩十章》等亦作於是時。

二十九日,奏銷之事起,此次大案中江南士紳遭褫革者多至一萬三千餘人。

王先謙《東華錄》:「順治十八年辛丑(正月)……己卯(二十九日),諭吏部、戶部:『錢糧係軍國急需,經管大小各官須加意督催,按期完解,乃爲稱職。近覽章奏,見直隸各省錢糧,拖欠甚多,完解甚少。或係前官積逋,貽累後官;或係官役侵那,藉口民欠。向來拖欠錢糧,有司則參罰停升,知府以上,雖有拖欠錢糧未完,仍得陞轉,以致上官不肯盡力督催,有司怠於徵比,枝梧推諉,完解愆期。今後經管錢糧各官,不論大小,凡有拖欠參罰,俱一體停其陞轉,必待錢糧完解無欠,方許題請開復陞轉。爾等即會同各部寺酌立年限,勒令完解。如限內拖

欠錢糧不完，或應革職，或應降級處分，確議具奏。如將經管錢糧未完之官陞轉者，拖欠官並該部俱治以作弊之罪。』」《世祖實錄》卷三：「順治十八年六月，江寧巡撫朱國治疏言：『蘇、松、常、鎮四府屬並溧陽縣未完錢糧文武紳衿共一萬三千五百一十七名，應照例議處；衙役等人二百五十四名，應嚴提究擬。』得旨：『紳衿抗糧，殊爲可惡，該部照定例嚴加議處。』」《清史稿》卷四八八朱國治傳：「國治疏言蘇、松、常、鎮四府錢糧，抗欠者多，因分別造冊，紳士一萬三千五百餘，衙役二百四十人。敕部察議，部議見任官降二級調用，衿士褫革，衙役照贓治罪。」董含《三岡識略》卷四：「江南賦役，百倍他省，而蘇、松尤重。邇來役外之征，有兌役、裏役、該年、催辦、捆頭等名。雜派有鑽夫、水夫、牛稅、馬豆、馬草、大樹、釘麻、油鐵、箭竹、鉛彈、火藥、造倉等項。又有黃冊、人丁、三捆、軍田、壯丁、逃兵等冊。大約舊賦未清，新餉已迫，積逋常數十萬。時司農告匱，始十年並徵，民力已竭，而逋欠如故。巡撫朱國治剛愎自用，造欠冊達部，悉列江南紳衿一萬三千餘人，號曰『抗糧』。既而盡行褫革，發本處枷責，鞭撲紛紛，衣冠掃地。」

初春，宿古法堂，題遠上人卷子次龔鼎孳韻。

尤侗《看雲草堂集》卷三《宿古法堂題遠上人卷子次龔孝升先生韻》：「湖山春載酒，風雨夜聞鐘。拈取梅花看，爲君剖五宗。」可知時乃初春。

四月，至虞山，遊拂水岩、紅豆莊。六月，夢王昭君，作雜劇《弔琵琶》。

《悔庵年譜》卷上。尤侗《西堂雜組一集》卷六有《青冢銘》、《右北平集》有《反昭君怨》，這些詩文之作爲雜劇《弔琵琶》的創作提供了思想基礎。

八月，送珍兒至昆山應童子試，未錄。

《悔庵年譜》卷上。尤珍《滄湄年譜》順治十八年：「秋應童子試於昆山，不錄。」

時與彭瓏、程夢簡（蒼孚）、盛符升（珍示）飲馮靜容校書院；
次日又飲盛符升家，觀馮靜容演《浣紗記》、《西廂記》，作【南
呂·宜春引】調數枝贈之；又集馬鳴鑾（殿聞）書齋，惜靜容
不至。

> 尤侗《看雲草堂集》卷三《玉峰訪馮靜容校書有贈》、《靜容招同蒼孚雲
> 客珍示菽旂曲讌聽歌疊韻再贈》、《同諸子讌珍示堂中觀靜容演西子紅娘
> 雜劇再疊前韻》、《殿聞書齋雅集靜容不至疊韻怨之》、《留別靜容疊韻
> 畢》、《百末詞》卷五【南呂宜春引（原注：贈馮靜容校書）】等皆為此時
> 所作。其中《同諸子讌珍示堂中觀靜容演西子紅娘雜劇再疊前韻》中有
> 「鐘聲曉寺來傳簡，花影清溪出浣紗」，可知此次觀演了《西廂記》、《浣
> 紗記》。關於此次飲宴的日期，尤侗《悔庵年譜》載為八月，又《留別靜
> 容疊韻畢》云：「還期九月秋江上，載酒扁舟看荻花。」可知時於九月之
> 前，詩後《附靜容次韻答贈詩》也有句「珍重春風數相訪，小庭新樹枇
> 杷花」，枇杷頭花多開於八九月份，又是「新樹」，故可推知此次聚會應
> 值八月。程夢簡，字蒼孚，江南丹徒（今屬江蘇）人。據《光緒丹徒縣
> 志》卷二二，程夢簡乃順治十八年進士，知廣東鎮平縣。盛符升（1615
> ～1700），字珍示，號誠齋，昆山（今屬江蘇）人。康熙三年進士，歷任
> 內閣中書、禮部主事，考授廣西司御史。著《誠齋詩集》、《文集》。生平
> 事迹見《國朝耆獻類徵》卷一三四、《江蘇詩徵》卷一四九、《清詩別裁
> 集》卷九、《蘇州府志》卷九五。馬鳴鑾，字殿聞，昆山（今屬江蘇）人。
> 康熙癸丑進士，選庶吉士，授編修，生平事迹見《蘇州府志》卷九五、《道
> 光昆新兩縣志》卷二十七。

重陽前後，蘇城一帶奏銷案士紳提審，侗諸多交遊均遭捲進奏
銷之禍，如吳偉業、宋實穎、徐元文、邵長蘅、彭孫遹、計東
等等。金聖歎等十八人因哭廟被殺，顧予咸險些捲入而終得幸
免。重陽之日，風雨大作，遂賦《續滿城風雨近重陽》以喻時
事。

> 尤侗《看雲草堂集》卷三《續滿城風雨近重陽》序云：「今秋重陽，風雨
> 大作……。」一云：「滿城風雨近重陽，覓句催租底事忙。不見逋糧一萬
> 戶，南冠相對正倉黃（原注：提問十七年奏銷紳衿）。」案，尤侗的諸多

友人當時均遭奏銷絓誤,《吳梅村全集》附顧湄《吳梅村先生狀》:「未幾,朱太淑人歿,先生哀毀骨立,復以奏銷事幾至破家,先生怡然安之。」《光緒蘇州府志》卷八八載宋實穎:「以江南奏銷案絓誤。」《淡墨錄》:「宋實穎,順治辛卯舉順天鄉試,與吳下諸名人倡愼交社,聲譽籍甚。後以江南奏銷案絓誤。」韓菼《有懷堂文稿》卷十七《資政大夫文華殿大學士戶部尚書掌翰林院事徐公行狀》:「會江南奏銷案起,奸胥竄公(即徐元文)名其中,謫鑾儀衛經歷,公恬然安之。」《邵子湘全集》卷首載陳玉璂撰《青門山人傳》:「未幾,江南奏銷案起,絓誤者萬人,而山人(即邵長蘅)亦黜弟子員籍,時論益惜之。」董含《三岡識略》卷四補遺載彭孫遹:「與余結契甚深,亦爲奏銷絓誤,以箚寓余,頗極感憤。」尤侗《艮齋倦稿文集》卷十三《計孝廉傳》載計東「御試第二,名動長安」,仍「旋遭奏銷一案,罣誤被黜」。毛先舒《撰書》卷一《麗農詞序》中道鄒祇謨:「射筴中甲科,中更不得意。」可見奏銷案對江南士人打擊範圍之廣及手段之酷。關於哭廟案事,尤侗《續滿城風雨近重陽》一云:「滿城風雨近重陽,剪紙招魂滿建康。一夜淋鈴聞鬼哭,可知唱道念家鄉(原注:金陵戮士十八人)。」實錄了順治十八年間奏銷哭廟案在江南造成的恐怖氣氛。此次哭廟案,尤侗友人顧予咸初被捲入終幸免遇難,案,《民國吳縣志》卷六十八《列傳六》:「十八年春,順治大行,遺詔至蘇,巡撫以下,大臨府治。有諸生十八人面詰吳縣令不法事,巡撫朱國治庇令,欲坐諸生重辟,而畏予咸剛直,從而請曰:『令無罪,當罪諸生。』予咸正色曰:『諸生訐令事皆實,何罪當罪?』令、國治忌之,遂密告金陵會勘大臣,逮予咸繫獄,坐以指使,論絞獄上。奉旨復官,尋入以奏銷案落職。」彭定求《南畇老人自訂年譜》順治十八年:「顧(予咸)先生忤邑令,羅織於諸生哭廟案內,就逮下金陵獄,議置重辟,旋奉特旨釋歸,相見爲之破涕。」尤侗《艮齋倦稿文集》卷十一《題雅園自敘》道顧之遭遇:「然一旦閒居,爲凶人所媒蘗,竄入哭廟諸生獄,欲置之死,即公自謂無生矣。幸天子察其冤,特旨釋之,懂而獲免。嗚呼,亦危矣哉!」盡可想見是時情勢局面之危急。顧予咸字小阮,號松交,江蘇吳縣(今江蘇蘇州)人。順治丁亥進士,授寧晉知縣,擢刑部主事,歷吏部考功員外郎。著有《溫飛卿集箋注》、《注李昌谷集》、《遭難自述》等,生平事迹見《長洲縣志》卷二十五《人物四》、《江南通志》卷一四〇、《碑

傳集》卷五八、《民國吳縣志》卷六十八《列傳六》、《嘉慶山陰縣志》卷
一二《名宦》。

時蘇城又有駐防之師，囂然多事，賦詩以歎。

尤侗《看雲草堂集》卷三《續滿城風雨近重陽》之「滿城風雨近重陽，
齊女門前開射堂。老去悲秋何處醉，藍田新改虎侯莊（原注：新駐滿兵
圈住民房）」及「滿城風雨近重陽，百道軍符捉野航」等均載述有滿兵駐
防之事，又長洲同鄉韓菼《有懷堂詩稿》卷一《出都述懷》：「破巢兵撲
捉，勾租吏怒嗔。輸租仍殿租，褻辱及衣巾。室毀還作室，督驅舊主人
（原注：辛丑年奏銷案應連逮，時駐防兵圈佔房屋）。」案，《民國吳縣
志》卷七十九《雜記二》：「順治十六年，海寇作亂，蘇郡有駐防之師。
領兵將軍祖大壽圈封民房以居兵，自婁門直至桃花塢、寶城橋止。康熙
三年，巡撫韓世琦奏請移駐京口，去之日，恐兵有變，預與將軍謀，備
船城外，飭令兵一時盡行出城，不許停留，民賴以安。」陳康祺《朗潛
四筆》卷一：「順治十六年，海寇不靖，有駐防兵守蘇州。將軍祖大壽圈
封民居為駐防之所，號大營。兵自婁門至桃花塢、寶城橋而止。時滿兵
多騷擾，且民間有借兵銀者，償之無已，名曰『滿債』。康熙三年，撫軍
韓公心康密奏，請以駐防兵移守京口。預與將軍謀，先備船於城外，傳
令立時出城，不得停留一刻，違者斬首。先期令欠戶遠逃，貼撫軍封條
於門，兵來索債，不得入，皆怏怏去，民賴以安。」可知順治十六年至
康熙三年之間，蘇州城一直有滿兵駐紮。

是年，嫁長女於湯萬焞。

《悔庵年譜》順治十八年：「嫁女於湯氏婿萬焞，庠生，比部雲洲公孫、
文學子定子，卿謀猶子也。」

鄭成功據臺灣。

康熙元年壬寅年（1662）四十五歲

春，賦詩贈許虬司理思州、曾王孫司理漢中。

尤侗《看雲草堂集》卷三《送許竹隱司理思州二首》有云：「夜雨鳴銅
鼓，春風舞竹雞。」同卷三《送曾道扶司理漢中》有云：「江陵驛路滿

梅花，計日連雲出谷斜。」可推知是時約為初春之日。按《明清進士題
名碑錄》，許虬與曾王孫乃同榜進士。許虬（？～約 1662）字竹隱，昆
山籍，長洲（今江蘇蘇州）人。順治十五年（1658）進士，歷思州府推
官、思南府同知、紹興府同知、終永州知府。著《周易注解》、《萬山樓
詩鈔》（顧有孝輯）。生平事迹見《國朝詩人徵略初編》卷四、《清詩紀
事初編》卷一、《蘇州府志》卷八八、《民國吳縣志》卷六十八《列傳
六》。曾王孫（1624～1699）字道扶，秀水（今浙江嘉興）人。本孫
氏，入繼外祖曾氏為子。順治十五年（1658）進士，官漢中司理，升部
曹，仕至四川提學道僉事。著《清風堂文集》。生平事迹見《國朝耆獻
類徵初編》卷二○八、《清詩紀事初編》卷七、《康熙嘉興府志》卷十四
《人物》。

**桐鄉族兄尤師錫司理建寧，招往之。再渡錢塘，抵江山，眺江
郎石三峰，度仙霞關。又從浦城下船，至建寧，舍鄭重東谿草
堂，遊梅福山、浮石洞及光孝、開元二寺，觀佛牙，賞玉魷蘭，
食鮮荔枝。**

《悔庵年譜》卷上。尤侗《西堂雜組三集》卷四《月將堂近草序》：「歲
在壬寅，予薄遊閩中。」尤侗《看雲草堂集》卷三《舟中連雨》、《江郎
石》、《仙霞嶺》、《聞鵬鴣》、《至建寧送朱素書往汀州》、《生日》、《梅福
山》、《同鄭山公遊光孝開元二寺》、《食荔枝戲作》等均為遊途所作。其
中《同鄭山公遊光孝開元二寺》：「策馬渡河去，尋山到水南。荒煙橫古
道，老樹隱名藍。酒放陶潛醉，花開迦葉參。佛牙空一尺，對客未曾談
（原注：寺藏佛牙）。」知觀佛牙事。鄭重字威如，又字山公，康熙十二
年前後在世，福建建安（今福建建甌）人。順治十五年進士，官福建靖
江知縣，累升至刑部左侍郎。著《霞園詩集》、《文集》、《文選集注》，主
修《靖江縣志》。生平事迹見金敞撰《康熙靖江縣志‧宦績》、《大清一統
志》卷六十、卷三三一、《福建通志》卷四七等。

**故吏丁與玉作令順昌，邀至其邑。遂渡黯淡灘，延平劍津，寓
地藏堂，與丁令同遊普慶寺。值丘之蕃壽寧縣解任，欠官稅未
得代，侗傾囊助之。**

尤侗《看雲草堂集》卷三《贈丁順昌縣令（原注：丁曾司訓撫寧，予故

吏也）》、《寓地藏堂示美中上人》、《同丁令遊普慶寺》、《戲贈楚山上人》、《小病》、《謝人送蘭喜成》、《別山公》、《別楚山次來韻》、《黯淡灘》、《延平劍津》、《畫眉鳥》、《上灘》、《舟遲寫悶》、《再題江郎山》、《釣臺》均載此間遊事。義助丘之蕃一事，尤侗《悔庵年譜》卷上有記。丁與玉，字性可，曾任順昌（今安徽阜陽）縣令。丘之蕃（《民國吳縣志》中作「李之藩」，恐爲丘之蕃之誤），字衍卿，舉人，順治十年知福建壽寧縣，後以事解任，邑人立祠祀之。生平事迹見《民國吳縣志》卷六十八《列傳六》。

為送珍兒應童子試，秋至江陰，冬至湖州。珍兒兩試皆未錄，始學作詩與古文。

尤侗《悔庵年譜》卷上。尤珍《滄湄年譜》康熙元年：「予十六歲，秋應童子試於江陰，冬應童子試於湖州，俱不錄，始學爲詩、古文。」

本年，宋琬以被控與登州義軍有連，再被逮繫下獄，獄中作《祭皋陶》雜劇。

宋琬《安雅堂未刻稿》卷五。

康熙二年癸卯年（1663）四十六歲

程邑北上入都，正月初七，於看雲草堂為之歌舞餞別。

尤侗《看雲草堂集》卷三《送程翼蒼助教入都四首》一云：「草堂陳楚舞，綺席唱驪歌。兄弟天涯別，鶯花人日多。東風吹錦纜，明月渡黃河。回首吳山暮，相思奈爾何（原注：人日予餞之草堂）。」

寄書於王崇簡、龔鼎孳。

尤侗《看雲草堂集》卷四《寄宗伯王夫子二首》、《寄龔總憲五十韻》，由於此二人均在京師，故很有可能託程翼蒼捎帶書信。又《寄宗伯王夫子二首》其一：「何時陪舞鶴，紅燭醉微言（原注：懷來鶴軒）。夫子懸車後，尙書行馬時（原注：胥庭宗伯）。」知所云「宗伯王夫子」應指王崇簡。王崇簡《青箱堂詩集》卷十九亦有《答尤展成》有云：「好句勞相念，興懷歲月悠。雄文開後學，高志接前修。……如君豈隱者，漫理釣魚舟。」

春日，父尤瀹於盧師庵結放生社，從之，並作《放生詞》十二首。

> 尤侗《西堂雜組二集》卷八《盧師庵放生疏》。尤侗《看雲草堂集》卷二《盧師庵放生詞十二首》有句云「春色畫橋西」、「雀銜花去更長鳴，日晚午風輕」，可知時為春日。

縣令蘇仁歸秦，賦詩別之。

> 尤侗《看雲草堂集》卷四《送蘇明府歸秦》：「辛苦長洲令，居官僅一年。催科野老粟，挽縴大兵船。政績餘碑記，歸裝乏俸錢。好移彭澤柳，去種杜陵田。」《乾隆長洲縣志》卷二十一《宦績》：「蘇仁，字長人，陝西蒲城人。政寬簡雅，好儒術，樂與士大夫交。故舊偶遊吳門，堅謝去曰：『邑民賦役不聊，不能以膏脂飫賓客也。』逋稅禍起，毗陵最嚴刻，有因而雉經者。仁聞之曰：『奉行若是其峻耶！』因用情於法，曲存士禮，學校至今思之。」

時蔣超太史住盧師庵中，載荷露酒餉侗，侗每過劇談輒為絕倒，作雜劇《桃花源》示之。

> 尤侗《悔庵年譜》卷上。

蔣超過看雲草堂，與侗論詩。時蔣將入萬峰參坐，賦詩送之。

> 尤侗《看雲草堂集》卷四《蔣虎臣太史枉顧草堂論詩將入萬峰參坐長歌贈之》：「虎臣先生住句曲，身披紫霞騎白鵠。道上人呼王子喬，帝命較書留玉局。玉局金門暫遊戲，掉頭卻臥王孫桂。養疾惟刪本草經，出門遍寫名山志。朅來一棹闔閭城，小園庾信相逢迎。脫帽草亭恣談噱，青山對面涼風生。酒酣擲我驚人句，如入瑤林數瓊樹。臥龍跳虎豈能名，出月穿天不知處。酒醒復讀大悲作，一口西江竟吞卻。長齋繡佛妙香聞，宴坐毘耶雨花落。不見西京士大夫，貂蟬金魚玉鹿盧。可憐熱官皆炙手，如公素心天下無。乍喜林間一把臂，蒲團又入萬峰地。歸來只點趙州茶，賀爾心空重及第。」

八月，功令廢八股，以策論取士。珍兒作詩頗多，頻賞之。

> 《聖祖實錄》卷九：「康熙二年八月癸卯，禮部遵旨議覆：『鄉、會考試

停止八股文，改用策、論、表、判。鄉、會兩試，頭場策五篇，二場用
四書本經題，作論各一篇，表一篇，判五道，以甲辰科為始。』從之。」
董含《三岡識略》卷四：「（康熙二年）八月，改試士法，八股制藝，永
行停止，鄉會試用策論表判，減三場為二場。至戊申七月，詔復舊制。」
尤珍《滄湄年譜》康熙二年載：「予十七歲，功令廢八股文，以策論取
士，每歲作詩甚夥。《遊獵篇》云『萬馬齊驅入煙霧』，《妾薄命》云『蛾
眉掃罷西風起』，《夏日園居》云『青山雲忽起，綠樹鳥頻來』，俱為先大
人所賞。」

本年，嫁女瓊瑩於陸德元。

陸德元，字益孫，長洲（今江蘇蘇州）人，陸壽名子，康熙丙辰進士。
有《懷芝草堂詩選》、《奉使于役偶吟》、《芝瑞堂家稿》。

宋德宏卒，年三十四。

《蘇州府志》卷八八：「德宏字疇三，……年甫三十四卒。」尤侗《看雲
草堂集》卷四《哭宋疇三》、計東《改亭文集》卷十六《宋疇三行狀》等
均為悼亡所作。

「明史」獄起，莊廷鑨被殺，其兄莊廷瓏被戮屍，株連獲死者多達七十餘人。

王先謙《東華錄》康熙二年。

康熙三年甲辰年（1664）四十七歲

二月，海鹽彭孫遹寓蘇州南園，四月十三日為《讀離騷》題詞。

彭定求《南畇老人自訂年譜》康熙三年：「二月，海鹽羨門叔來寓南
園，題詩二首云：『三月南園雨復晴，輕衣初試踏青行。碧桃水暖通人
境，綠柳陰濃覆女城。』」彭孫遹《讀離騷題詞》末署云：「甲辰立夏后
三日海鹽彭孫遹題於南園。」案，是年四月十日立夏，後三日當為四月
十三日。

彭孫遹一客無錫張遠為侗作小像甚似，適二十四日初度，侗作調《滿江紅》二闋題其後，自吳偉業而下，和者數十人。

尤侗《年譜圖詩》之《竹林宴坐圖》卷首題：海鹽張遠子游畫，太倉王時敏煙客題。後錄尤侗自作詞及眾人和詞，和者有吳偉業、丁澎、彭孫遹、曹爾堪、宋琬、葉國華、馬鳴鑾、葉奕苞、計南陽、陳其年、吳綺、余懷、黃邁、張芳等。《百末詞》卷四有《滿江紅‧生日自題小影二首》，葉奕苞《經鋤堂詩餘‧題尤悔庵小像次原韻》題下還注明爲「甲辰」所作。《康熙嘉興府志》卷十四《技藝》：「張遠字子游，無錫人。少學畫於冥南黃谷，谷攜之至鹽，因家焉。又學曾鯨，寫真無不逼肖。」

五月二十四日，錢謙益卒，享年八十三。

葛萬里《葛萬里先生雜著‧錢牧齋年譜》。

六月，作雜劇《黑白衛》。

《西堂樂府‧黑白衛》卷末云：「六月棲棲日苦多，壯心無計與消磨。偶思劍俠看奇傳，漫把長歌續短歌。」

宋犖除湖廣黃州府通判，六月抵任。

宋犖《西陂類稿》卷四十七《漫堂年譜》、《光緒黃州府志》卷十一。宋犖（1634～1713）字牧仲，號漫堂、西陂，又號綿津山人，河南商丘人。大學士宋權子，順治四年應詔以大臣子列侍衛。逾年考試舉頭名，受職，父以其年小力辭。康熙三年授黃州通判，累擢至江蘇巡撫，晉吏部尚書，加太子少師致仕。著《西陂類稿》、《筠廊偶筆》、《二筆》及《江左十五子詩選》等。

六月十日，彭孫遹爲《黑白衛》題詞，並合其雜劇四種點定之曰：「此足壓《四聲猿》矣。」吳梅村爲之總序。

《悔庵年譜》卷上。尤侗雜劇《黑白衛》卷首彭孫遹題詞末署云：「甲辰六月十日海鹽彭孫遹題。」《西堂樂府》卷首有吳偉業序。

因功令策論取士，是年選古文律書行世。

陳維安《海濱外史》卷一：「康熙三年甲辰，會試改用策論。」《悔庵年譜》卷上亦對此有載，然其云所選古文律書未見。

是年，聞侯涵卒，賦詩哭之。

尤侗《看雲草堂集》卷四《哭侯研德》：「中年離別最傷神，況復重泉哭故人。四海量交誰急難，半生通隱獨憂貧。虛傳素女教軒後，已見巫陽召楚臣。兄弟凋零妻子少，那能回首不沾巾。」

朝廷赦免順治十五年前催徵不得錢糧，作表謝之。

《聖祖實錄》卷一二：「康熙三年六月庚申，諭戶部等衙門：『各項錢糧關係國計民生，必徵輸起解，歷年清楚，然後國用有裨，軍需不匱，小民無催科之擾，官員免參罰之累。向因直隸各省自順治元年至十七年拖欠銀共二千七百萬兩有奇，米七百萬石有奇，……先曾有旨，應作何催徵？作何蠲免？……今將自順治元年以來十五年以前所欠銀、米……布匹等項錢糧悉予蠲免。」尤侗《西堂雜組二集》卷七《上赦免順治十五年前催徵不得錢糧群臣謝表（原注：康熙三年）》。

康熙四年乙巳年（1665）四十八歲

鄭重令靖江，邀侗往。陽春三月，渡瀾江，與鄒祗謨登興文寺浮圖。

尤侗《西堂雜組二集》卷二《倚聲詞話序》：「乙巳春日，偶與程村同客驥沙，閒話及此。」驥沙即為江蘇靖江之別名，可知尤侗、鄒祗謨二人在靖江相聚事。尤侗《看雲草堂集》卷四《同鄒訏士登興文寺浮圖》、《三月三日在瀾江作》均為紀遊所作，其中《三月三日在瀾江作》：「又是三春三月三，離居江北憶江南。流觴曲水竟何在，沽酒當壚劇不堪。小圃誰家花隱約，空堂有客燕呢喃。杜陵寂莫麗人賦，閒看村姑出採藍。」

二月二十日，鄒祗謨於靖江旅邸為傳奇《鈞天樂》作序。

《西堂樂府·鈞天樂》卷首有鄒祗謨序，末署云：「康熙乙巳花朝後五日，南蘭陵麗農山人程村氏拜題於驥江之城南精舍。」

三月，父淪攜珍兒往祖墳掃墓，順遊支硎、寒山，是晚宿化城。

尤珍《滄湄文稿》卷四《遊寒山記》：「乙巳春，從祖父掃墓，便道登支硎，由觀音寺折而西，始見所謂寒山者。……是晚宿化城，並見所謂千尺雪者，瀑流噴激，……予又低徊留之不能去云，會催科事迫，遂從祖

父歸，爰爲之記，時乙巳春三月也。」

靖江朱鳳臺（慎人）樞部家有小伶，數往觀焉。

尤侗《看雲草堂集》卷四《長歌題朱慎人行樂圖》：「我來瀾江四十日，飛燕落花春寂寂。主人惟有朱家賢，投車燒燭常留客。……梨園法曲霓裳序，髯鬛沉香張小部。野狐龜年皆妙顏，傾城尤愛周郎顧。」同卷四又《戲柬慎人》：「君家梨園皆妙手，更衣垂手如神仙。」可見時往朱慎人家觀小伶表演。案，《光緒靖江府志》卷十三《宦績》：「朱鳳臺字慎人，居布市，鄉賢應鼎之三子。舉順治丙戌鄉試，丁亥成進士，令於直隸阜平，……調浙江開化縣，……辛卯充浙闈同考官，……擢兵部車駕司主事，告歸終養。」

至泰興，寓張茂枝園中半月，相與甚樂。

尤侗《看雲草堂集》卷四《贈延令張因亓》：「青芻白飯行廚具，胡餅江魚頻佐箸。飽餘同看輞川圖，醉後閒吟蕪城賦。君家兄弟繼三張，投轄陳遵驛鄭莊。十日平原樂未足，驪駒忽唱上河梁。感君意氣思千里，還愁前路無知己。君不見臨邛令下逐客書，長卿之遊亦倦矣。」張茂枝，泰興（今屬江蘇）人，《光緒泰興縣志》卷二十一：「茂枝，字因亓，明經受長子，十齡能屬文，甫冠名雋一黌。以舉人諭巢縣，全椒浮湛。三十年始第，康熙十五年進士，授內閣中書，疾歸。茂枝有至行，事親色養備至。親歿，讓產兩弟，粒粟寸帛不以私。性嚴整，敦尚名節，人有爲非義者，咸相戒曰：『毋使張君知也。』」

四月，抵揚州訪王漁洋，時王值揚州推官任上。

王士禛《漁洋山人自撰年譜》。

漁洋示以《漁洋山人詩集》，請序其所編次康熙元年至康熙三年詩，並於抱琴堂舉宴飲之。席上，侗口占贈以《虎兒詩》二首，又爲漁洋題《散花》、《洗桐》二圖。

尤侗《西堂雜組二集》卷二《漁洋山人集序》：「往予杖策走燕齊道上，每過郵亭野店，輒有新城王西樵、阮亭兄弟題詩，詩既驚人，而使筆斗大，龍拏虎攫，解鞍造食，坐對移晷而不能去。無何，阮亭司理揚州，

數遣問訊，卒卒不得往。今乙巳春，召入儀曹，行有日矣。予憮然曰：『及
是不面，交臂失之。』粟馬並程，徑造其署，適西樵亦從長安來，握手
談讌，恨相見晚也。阮亭出所刻《漁洋山人集》，讀之瀾汗砅砰，怳然足
以駭矣。復次壬（寅）、癸（卯）、甲（辰）三年詩，而命序於予，予方
舌撟而不下，其敢序阮亭乎哉？」尤侗《看雲草堂集》卷四（癸卯至丙
午間詩）有《虎兒詩》二首、《合題王阮亭洗桐散花二圖》。其中，《虎兒
詩》序云：「阮亭幼子三歲能誦唐詩百首，蓋宿慧也。席上口占贈之。」
《合題王阮亭洗桐散花二圖》有云：「琅邪王子神仙客，騎馬揚州嘗邑邑。
閒來岸幘抱琴堂，琴聲彈向雙桐出。」可知此次交遊活動。

適王士祿在署，相與論文甚得，並為士祿《炊聞卮語》作序。

《西堂雜組二集》卷二《王西樵〈炊聞卮語〉序》：「今遇西樵於邗溝，
出《炊聞卮語》讀之，靜情逸思，撮花草之標，似未肯放阮亭獨步。」
此處「邗溝」即指揚州，由於尤侗《西堂雜組》以編年而次，《王西樵〈炊
聞卮語〉序》之前《漁洋山人集序》與之後《倚聲詞話序》都作於乙巳
（1665），故可推之此文應為此次會面所作。《西堂雜組三集》卷六《王
東亭進士傳》：「今祭酒阮亭先生司理揚州，予於乙巳春訪之。適西樵考
功在署，相與締交談讌，歡若平生。」王士祿（1626～1673）字子底，
號西樵山人，山東新城人。順治十二年進士，投牒改官，選萊州教授，
遷國子監助教，擢吏部主事。後以員外郎典試河南，磨勘罣吏議下獄，
得雪歸。居數年，復起原官。母喪，以毀卒，私諡節孝先生。著《十笏
堂詩選》、《表餘堂詩存》、《炊聞詞》等。

阮亭最喜《黑白衛》雜劇，携至如皋，與冒襄、陳維崧授家伶
演之。

《悔庵年譜》卷上。尤侗《西堂樂府·自序》：「王阮亭最喜《黑白衛》，
携至雉皋，付冒闢疆家伶，親為顧曲。」冒襄（1611～1693）字闢疆，
號巢民，如皋（今屬江蘇）人。明崇禎十五年副榜貢生。幼有俊才，嘗
遊董其昌之門，深得讚譽。入清後，屢徵召而不出。家築水繪園，交會
四方文士。著有《巢民詩集》、《文集》、《影梅庵憶語》，另輯《同人集》
等。陳維崧（1625～1682）字其年，號迦陵，江南宜興（今江蘇）人。
年十七應童子試獲第一，後補諸生，久之不遇。嘗由汴入都，與朱彝尊

合刻一稿，名《朱陳村詞》，流傳至禁中，蒙賜問，時以爲榮。康熙十八年舉鴻博，授翰林檢討，編修《明史》四年病卒。著《湖海樓詩集》、《迦陵文集》、《詞集》等。

四月間，王士祿遊杭州，與宋琬、曹爾堪等晤聚，並以《滿江紅》調相唱和。

《王考功年譜》。毛先舒《譔書》卷二《題三先生詞》：「（荔裳、西樵、子顧）先後以事或讁或削，久之得雪。今年夏月，適相聚於西湖，子顧先倡《滿江紅》詞一韻八章，二先生和之，俱極工思，高脫沉壯，至其悲天閔人、憂饞畏譏之意，尤三致懷焉而不能已。」王士禛《池北偶談》卷十一：「先吏部兄作長調，往往好壓險韻，一調疊韻有至十餘闋者。在杭州，與宋荔裳、曹顧庵唱和《滿江紅》詞，同用長、杖、狀等字。」另宋琬《安雅堂未刻稿》卷三《喜王西樵至湖上二首》、《乙巳初夏同王西樵孫無言孫晦生王仲昭葛無奲張步青張鄞仙遊鑿庵四首》、《二鄉亭詞》中《王西樵客遊武陵曹顧庵賦詞誌喜屬予和之》（該詞後還錄有尤侗評語，道：「飄響若天風環珮」）、《滿江紅・予與顧庵西樵皆被奇禍得免》、《滿江紅・鐵崖顧庵西樵雪洲小集寓中看演邯鄲夢傳奇殆爲余五人寫照也》及王士祿《炊聞詞》卷下《再用前韻柬顧庵並呈荔裳》、《滿江紅・湖樓坐雨同顧庵用前韻再柬荔裳》等均作於此次聚遊。

渡江，訪鎮江程康莊通判。五月，登北固山多景樓，遊甘露招隱寺。

尤侗《看雲草堂集》卷四《登北固山多景樓》：「五月乘高白袷涼，眼前不盡景茫茫。」可知登山時爲五月。《乾隆武鄉縣志》卷二《選舉》：「陳康莊字崑崙，……崇正（禎）乙亥拔任鎮江通判、安慶同知，遷耀州知州。」同書卷三《文苑》亦載程康莊工詩文，一度與王士禛多唱和往來，爲人稱「上下江詩伯」。《山西通志》卷一三九：「程康莊字崑崙，武鄉人。工文，陳大士羅文止楊子常胥稱之。前乙亥選貢，國朝任鎮江府通判，攝大營理事官，治訟不少偏，民甚賴之。公餘與諸生賦詩論文無虛日，遷安慶府同知，左遷耀州知州。」

端午，乘舟而歸。

尤侗《百末詞》卷四《滿江紅·憶別阮亭儀部兼懷西樵考功湖上》：「我發蕪城乘競渡，一江風漲，為寄語池塘春草，阿連無恙。」蕪城即指揚州，鮑照有《蕪城賦》，又由「競渡」描寫了「龍舟競渡」的場景，亦可推知尤侗離開揚州之際時逢端午。

五月十日，邀曹爾堪、沈荃、陸壽名、宋既庭等共聚看雲草堂，賦《滿江紅》詞八首，曹爾堪等又和之。

尤侗《百末詞》卷四有《滿江紅》調：《倦遊初歸顧庵繹堂處實既庭枉集草堂用顧庵原韻》、《即席贈顧庵學士》、《即席送繹堂憲副北上並寓都中同好》、《飛濤祠部辭疾不至柬以訊之》、《寄呈荔裳觀察（原注：西樵荔裳先有和詞故及之）》、《苦雨書悶》、《顧庵復和八首見示賦此答之並貽既庭》。曹爾堪《南溪詞》載《滿江紅·沈繹堂陸處實宋既庭御之同集尤悔庵看雲草堂元韻次答（原注：乙巳五月初十日）》，可知此次聚會時為五月初十。曹爾堪《南溪詞》中還有《滿江紅·即席送同年沈繹堂入都兼懷汪千頃楊地一同展成既庭賦》、《滿江紅·同悔庵既庭賦柬荔裳觀察》、《滿江紅·憶西樵湖上兼寄阮亭同展成既庭賦》、《滿江紅·展成既庭雨中見示新詞用原韻奉答》、《滿江紅·既庭見示小影用悔庵回韻贈之》等等，均為此次聚會所作。沈荃（1624～1684），字貞蕤，號繹堂，別號充齋，諡文恪，江南華亭（今上海松江）人。順治九年進士，官至詹事府詹事、禮部右侍郎。著《一研齋詩集》。生平事迹見《江蘇詩徵》卷一一八、《清詩別裁集》卷三、《全清詞鈔》卷二、王熙《通奉大夫日講起居注詹事兼翰林院侍讀學士加禮部侍郎諡文恪沈荃墓誌銘》、《光緒重修華亭縣志》卷十六《人物》等。

曹爾堪為《百末詞》作序。

尤侗《百末詞》卷首有曹爾堪《百末詞序》題款，云：「康熙乙巳夏日嘉善年家同學弟曹爾堪拜題。」

五月十九日，曹爾堪為《西堂樂府》題詞。

《西堂樂府》卷首有曹爾堪題詞，其末題款：「乙巳五月十九日武塘曹爾堪題。」

二十九日，顧嗣立生。

> 顧嗣立《閭邱先生自訂年譜》康熙四年：「余於是年夏五月二十九日巳時生於蘇州郡城史家巷之雅園。」

八月，門人周霖伯父周軾（興則）以疾卒，為作墓誌銘。

> 尤侗《西堂雜組二集》卷八《周興則墓誌銘》。周霖字雨三，武林（今浙江杭州）人，周疆之子姪，生平事迹不詳。

冬至常州，飲鄒祗謨訏士齋，序其《倚聲詞話》。

> 《悔庵年譜》卷上。尤侗《西堂雜組二集》卷二《倚聲詞話序》：「乙巳春日，偶與程村同客驪沙，閒話及此。程村曰善，遂書以為序。」《西堂雜組三集》卷四《香草亭詞序》：「往鄒子程村選《倚聲》詞，恨未見予全稿。乙巳春，同客驪沙，從篋衍搜得之，激賞不置。因與泛論詞體，偶摘《倚聲集》中某人某調某句不叶，某人某調某韻不叶，程村益爽然自失，命予序其詞話，推辨及之。將欲校正重鋟，未果，而程村已作古人。」

康熙五年丙午年（1666）四十九歲

二月二十五日亥時，先妣鄭太孺人病喪，享年七十四歲。侗哀毀成疾，氣息惙然。四月，勉治喪事，讀《禮》不出。

> 尤侗《西堂雜組三集》卷七《先考遠公府君暨先妣鄭氏行述》：「先妣生於故明萬曆癸巳九月十一日亥時，卒於皇清康熙丙午二月二十五日亥時，享年七十有四。」尤珍《滄湄年譜》康熙五年載：「二月二十五日，先王母以疾終於內寢。」

作《悔庵銘》，以誌前非。

> 尤侗《西堂雜組二集》卷八《悔庵銘》序云：「古之君子五十而知四十九年之非，僕今年四十九矣。日月雲邁，髮齒就衰，人壽幾何，其堪數悔乎？予既號悔庵以自警，而悔猶未已，乃著銘以訟焉。」

有嘉定女子王秀文吞金鐶殉婚，四月十一日始得遂心願，與項氏公子結為連理。感其貞烈，作文讚之。

尤侗《西堂雜組二集》卷六有《王貞女傳略》，載王秀文不嫌未婚夫項準之貧，憤吞金鐶以抗家長之逼改婚，終二人得以結成連理，該傳文有云「……以歸項氏，此丙午四月十一日事也」。此事在當時一度爲人傳誦，洪昇亦曾爲之賦詩頌揚，如《稗畦集·金鐶曲爲項家婦作》：「王家有女字秀文，少小綽約蘭蕙芬。項郎名族學詩禮，金鐶爲聘結婚姻。十餘年來人事變，富兒那必歸貧賤。一朝別字豪貴家，三日悲啼淚如霰。手摘金鐶自吞食，將死未死救不得。柔腸九曲斷還續，臥地只存微氣息。詎料國工賜靈藥，吐出金鐶定魂魄。至性由來動彼蒼，一夜銀河駕烏鵲。嗟哉此女貞且賢，項郎對之悲復憐。朝來笑倚鏡臺立，代繫金鐶雲髻邊。」另尤珍《滄湄詩稿補遺》卷一亦有《練川行（原注：爲王貞女作）》記王秀文事。

六月十六日，為宋琬《安雅堂文集》作序。

宋琬《安雅堂文集》卷首有尤侗序，落款爲：「康熙丙午六月既望吳下棘人尤侗拜譔。」

金鉉明府來司江南左藩，往金陵訪之。

《悔庵年譜》卷上。

十月初，淮南李瀅為《西堂樂府》題詞。

《西堂樂府》卷首有李瀅題詞，末注：「丙午杪秋淮南李瀅題。」案，康熙丙午年十月十一日立冬，故秋末應爲十月初。《咸豐重修興化縣志》卷八：「李瀅字鏡月，年十四補諸生，經史百家之書無不淹貫，順治二年舉於鄉。嘗以父仇未報憤不欲生，久之得巨憝斃之，天下稱其孝。後絕意仕進，肆力詩古文辭，遍遊名山大川，足迹所至，詩文盈篋，晚邃於經參互考訂多所發明，又博採古聖君臣賢臣懿士淑媛之事，附以論斷，用垂明鑒。……好揚人善，汲引後進津津不倦，著《春秋纂義》諸書。」

冬，珍兒娶丘之蕃女丘氏。

尤珍《滄湄年譜》康熙五年：「冬，前丙子舉人壽寧縣知縣丘公諱之蕃女歸於我。」

除夕，賦詩感懷。

> 尤侗《看雲草堂集》卷四《丙午除夕》。

是年，珍兒受業於同里潘恬如。

> 尤珍《滄湄年譜》康熙五年載：「予二十歲，受業於潘克軒（先）先生，
> 諱恬如，始讀理學諸書。」潘恬如（1617～1696），字克先，江南長洲（今
> 江蘇蘇州）人，諸生。生平事迹見《蘇州府志》卷八八、《國朝耆獻類徵
> 初編》卷四○五、《國朝先正事略》卷三一、《民國吳縣志》卷六十八《列
> 傳六》。

康熙六年丁未年（1667）五十歲

春，自天禪師（慶祐）圓寂，享年六十六歲。

> 尤侗《西堂雜組二集》卷八《自天禪師塔誌銘》：「予與自天禪師爲方外
> 之交，始順治庚寅訪師於南園，予率意進叩，師振威一喝，通身汗下，
> 自是相對忘言矣。迨己亥遇師於都門，各以行役倦遊，訂故山之約，握
> 手勞苦珍重而去。及康熙甲辰接師於瑞光，再爲分衛晨夕頗多，終以世
> 故膠葛不獲究竟大事，而師已於丁未春示寂矣。」

及江陰，送珍兒應童子試，珍兒得補長邑弟子員。時見糧船剝
淺，小舟被捉，感作《毗陵口號》。

> 尤珍《滄湄年譜》康熙六年：「予二十一歲，應童子試於江陰，補長洲縣
> 學弟子員。」尤侗《看雲草堂集》卷五《毗陵口號（原注：糧船剝淺，
> 小舟被捉）》：「毗陵一尺路，來往划船難。挾貨增糧重，排幫擠水乾。行
> 人疑有虎，守地似無官。書劍成飄泊，連天風雪寒。」

長沙楊長公贈詩見懷，答之。

> 尤侗《看雲草堂集》卷五《長沙楊長公贈詩見懷依韻答之並以爲別》：
> 「楊雄才大似相如，天末貽來尺素書。司馬世家青史在，雕龍文字錦囊
> 餘。偶過吳苑思招隱，又轉湘帆賦卜居。爾到長沙訊賈誼，悲風千載尚
> 愁予。」

讀木陳道忞之《北遊集》有感，賦詩卻寄。

尤侗《看雲草堂集》卷五《讀弘覺國師北遊集有感卻寄》：「吾師道德比南陽，先帝親頒詔十行。豎佛每聞前席語，著衣猶憶內檀香。聖朝自不遺菅蒯，上座何緣揚秕糠。匏落不材長廢棄，餘生只合侍禪床。」

孫默先刻鄒訐士《麗農詞》、彭孫遹《延露詞》、王士禎《衍波詞》三家；又徵侗《百末詞》、曹爾堪《南溪詞》及王西樵《炊聞詞》，刻《後三家詞》。四月，刻成《六家詩餘》，漁洋評之，孫金礪為之序。

《四庫全書總目提要》卷一百九十九《十五家詞》條下載：「國朝孫默編。默字無言，休寧人。是編所輯國朝詞共十五家。吳偉業《梅村詞》二卷，梁清標《棠村詞》三卷，宋琬《鄉亭詞》二卷，曹爾堪《南溪詞》二卷，王士祿《炊聞詞》三卷，尤侗《百末詞》二卷，陳世祥《含影詞》二卷，黃永《溪南詞》二卷，陸求可《月湄詞》四卷，鄒祗謨《麗農詞》二卷，彭孫遹《延露詞》三卷，王士禎《衍波詞》二卷，董以寧《蓉渡詞》三卷，陳維崧《烏絲詞》四卷，董俞《玉鳧詞》二卷。各家以小令、中調、長調為次。載其本集原序於前，並錄其同時人評點。……蓋其初刻在康熙甲辰，為鄒祗謨、彭孫遹、王士禎三家，即《居易錄》所云。杜濬為之序。至丁未，續以曹爾堪、王士祿、尤侗三家，是為六家，孫金礪為之序。戊申又續以陳世祥、陳維崧、董以寧、董俞四家、汪懋麟為之序。十五家之本，定於丁巳，鄧漢儀為之序。凡閱十四年，始彙成之。雖標榜聲氣，尚沿明末積習。而一時倚聲佳製，實略備於此，存之可以見國初諸人文采風流之盛。」孫默《國朝名家詩餘》乃分批刊刻而成，終成名為《十六家詞》，實收十七家，共四十卷。卷首有孫金礪序，末題曰：「康熙丁未四月。」孫默（1617～1678）字無言，一字桴庵，號黃嶽山人，江南休寧（今安徽）人，長期客寓揚州，終身布衣。性好結友，尚名義。久欲歸黃山，終卒揚州。著《留松閣集》，所輯留松閣版《國朝名家詩餘》為現存清代最早的詞總集。

自刪定《看雲草堂集》。

尤侗《看雲草堂集》卷一《張家灣》後注云：「丁未四月刪詩至此自注。」可知侗四月刪詩。

閏四月，五十周歲，賦詩誌感。

> 《悔庵年譜》卷上。尤侗《看雲草堂集》卷五《生日誌感再用前韻四首》
> 一云：「歷經五閏幾磨跎（原注：予生戊午閏四月，迄今丁未凡閏五閏），
> 世事安能問孰何。貧去鮑生知我少，老來鄧禹笑人多。偶登廣武興長歎，
> 曾入咸陽噫短歌。慚愧年年採藜藿，不知天上有酥陀。」

五月端午，於江上度過。

> 尤侗《看雲草堂集》卷五《江上午日》：「梅雨蕭蕭五月寒，寂寥佳節滯
> 江干。齊眉菖葉綠堪結，照眼榴花紅欲殘。舊俗紛拿傳解粽，古人哀怨
> 想紉蘭。年年此際成漂泊，酒入愁心醉亦難。」

法華寺為兵燹喪亂所毀，是年應住持剡舟之邀，為重修法華寺
撰募疏。

> 尤侗《西堂雜組二集》卷八《重修法華寺募疏》：「康熙丁未，住持剡舟
> 從瓦棘中檢得斷石，補綴成文，雖有闕疑，因緣昭然矣。剡師慨念先
> 疇，……持一冊乞疏於予。」

是年，長孫女尤淑勤生。

> 尤珍《滄湄年譜》康熙六年：「是歲，生女名淑勤。」

康熙七年戊申年（1668）五十一歲

正月十五日，應湯卿謀之父雲洲太公之請，為亡友湯卿謀遺像
作題。

> 尤侗《西堂雜組二集》卷六《重題湯卿謀遺像贊》：「卿謀遺像予于甲申
> 題贊，忽忽二十五年，展卷泫然，感念故人，如在初沒。竊謂發無益之
> 悲，不若坐進此道。遂廢舊辭，別綴數語，既慰逝者，亦以自廣，並塞
> 雲洲太公之請云，時戊申正月望日。」案，雲洲太公即湯傳楹之父，尤
> 侗《西堂雜組二集》卷四《湯太公八十壽序》即為之賀壽所作，中有「公
> 有少子卿謀，早赴玉樓」云云。

至無錫，晤吳興祚明府，登惠山，飲第二泉。

> 尤侗《看雲草堂集》卷五《慧泉行贈吳伯成明府》：「誰知延陵老孫子，

竭來梁溪宰百里。牛刀一割烹小鮮，枹鼓不鳴謳歌起。璽書屢下追鋒車，萬人臥轍行踟躕。東東衙鼓公事畢，笑指青山停干旄。……醉揮白墮呼盧仝，松風七碗清詩骨。古泉名陸子，今泉號吳公。吳公第一泉第二，天下健者惟公雄。」吳興祚（1632～1697），字伯成，號留村，山陰（今浙江紹興）人，入正紅旗籍。《欽定盛京通志》卷七十八載：「康熙二年，（興祚）任無錫令。」後官至兵部尚書，遷兩廣總督。著《留村詩鈔》、《宋元聲律選》、《史遷句解》、《粵東輿圖》，生平事迹見《碑傳集》卷六四、《清史列傳·大臣》本傳、《浙江通志》卷一七三、《清詩別裁集》卷十三、《全清詞鈔》卷三、《嘉慶山陰縣志》卷十五《鄉賢三》。

吳興祚舉宴於秦松齡（留仙）寄暢園，吳公偶拈《清平調》首絕，令集五言。侗應聲云：「群向春山會，雲衣拂檻花。玉颴風露下，見月想瑤華。」一時傳為擅場。

尤侗《悔庵年譜》卷上。該詩尤侗詩集未見收錄。案，《江南通志》卷三十二：「寄暢園在無錫縣惠山寺左，舊名鳳谷行窩，屢加增葺，易今名。聖祖南巡，臨幸是園，賜額二：一曰『松風水月』，一曰『山色谿光』，諭德秦松齡恭摹勒石。」秦松齡（1637～1714）字留仙、漢石，號次淑，又號對岩，江南無錫（今屬江蘇）人。康熙十八年舉博學鴻儒，授檢討，康熙二十年充日講起居注官，歷左贊善。著《蒼峴山人文集》、《詩集》、《微雲詞》、《毛詩日箋》。生平事迹見《清史稿》卷四八四、《清史列傳》卷七〇、《國朝詩人徵略》卷四、《國朝耆獻類徵》卷一一八、《清詩別裁集》卷四、《全清詞鈔》卷二。

值春日頗好，又集於秦松齡寄暢園，飲酒談文。

尤侗《看雲草堂集》卷五《飲秦留仙山園二首》一云：「無邊春色至，結束在名園。楊柳方垂戶，桃花亦近源。」可知時春光正好。又一云：「主人雖避俗，客至喜開樽。餔啜皆精妙，文章共討論。」可見時乃雅集論文。

三月間，在維揚遇計東，讀其《遊草》。

尤侗《看雲草堂集》卷五《維揚遇計甫草讀其遊草感贈》：「問君三月住揚州，騎鶴吹簫何處樓。名紙應逢官長怒，藥囊卻為故人留。荊卿市上

歌聲苦，豫讓橋邊衫色愁。歎息英雄多失路，明朝匹馬又西遊。」

蔣超視學京畿，侗與繆慧遠往訪之，至河間留飲，送之真定。

尤侗《悔庵年譜》卷上。

五月，於真定恰遇方亨咸（邵村）侍御謁見梁清標（玉立），即約為河朔飲，有女伶助興。

尤侗《悔庵年譜》卷上。尤侗《看雲草堂集》卷五《真定遇方邵村卻贈二首》一云：「滹沱河北遇方干，憔悴風塵青鬢殘。萬里沙場久戍苦，三年版築大工難。天涯飄泊愁疲馬，柱後淒涼弔素冠。回首并州舊遊地，莫勞客夢入長安。」又此詩後《題梁宗伯蕉林書屋》云：「暫解尚書履，棲遲綠野堂。……風入千山近，雲深五月涼。」可推知時值五月間。尤侗《百末詞》卷五《題五苗圖》序云：「梁玉立大司農夢仙人送五苗圖，既得一子，遂以五苗名之，令方邵村補畫焉，而徵予詞。」同卷四《飲梁宗伯蕉林書屋賦贈》、卷五《沁園春·司農招飲攜五苗出揖客復次前調奉贈》等均為是時作。方亨咸，字吉士，號邵村，桐城（今屬安徽）人，方拱乾子。順治丁亥進士，官御史。工詩文，能書畫，精小楷。以順治十四年江南科場案事坐流寧古塔，後釋歸。生平事迹見《國朝耆獻類徵初編》卷一三三、《清畫家詩史》甲下。梁清標（1629～1691）字玉立、蒼岩，號蕉林、棠村，直隸真定（今河北）人。崇禎十六年進士，入清後歷任編修、戶部尚書，官至保和殿大學士。著《蕉林文集》、《蕉林詩集》及《棠村詞》等。

登陽和樓，遊大寺禮佛，又飲遊於真定梁氏泠然堂、白蓮亭等。

尤侗《看雲草堂集》卷五《登陽和樓》、《大寺禮佛訪笨上人不遇》、《飲梁光祿泠然堂》、《遊梁金吾園林》、《諸梁招遊少宰白蓮亭》等均為此遊所作。《乾隆正定縣志》卷二《古迹》：「陽和樓在正定府治南，元至正十七年建，橫跨子午，高出雲霄。」

六月間，沈荃副使過真定，與侗飲於通判黃瑟躬署中。

尤侗《看雲草堂集》卷五《沈繹堂副使過真定小飲黃瑟躬別駕署中》：「斑馬蕭蕭露草痕，征衫未脫問寒溫。三年不見人吳苑，六月相逢官薊門。

手版驅馳仍道路，牙床偃仰暫琴樽。故交雙鬢今搖落，對爾還持寶劍論。」黃瑟躬生平事迹待考。

集妻維嵩宅，六月十七日地震忽發。

尤侗《悔庵年譜》卷上。董含《三岡識略》卷五：「六月十七日戌時，江南地震。自西北起，至東南，屋宇搖撼，河水盡沸，約一刻止。翌日，遍地生白毛。兩越亦於是日地震。既而北直、山東、河南，皆以地震告。五省同日同刻，眞古今異變。」又丁耀亢《聽山亭草·戊申六月十七日火雲起於西北如赤血中有雷聲須臾大雨如注霹靂交作至夜戌時地震自西而東隱有雷聲起自地底房屋傾拆牆壁倒豎屋瓦皆飛人不能立余幸樓傾不死如有人扶掖而出百里之內民皆露處三日地動未已作地震詩紀異四首》、姜垛《敬亭集》卷第一《地震》、周茂源《鶴靜堂集》卷一《地震》等，其中周茂源詩有句「戊申六月中，既望越翼日。大地忽震驚，漏下甫三商」，確認時地震爲六月十七日事。妻維嵩，字書城，號中立，直隸眞定（今河北正定）人，順治丁亥進士，官青浦縣知縣，生平介紹見《乾隆正定府志》卷二十一、《光緒青浦縣志》卷十三。

繆慧遠、方亨咸先歸，賦詩贈之。七月，遇連旬潦沱風雨。

尤侗《看雲草堂集》卷五《送邵村歸維揚子長歸吳門》、《愁霖（原注：七月八日）》、《又雨》等均作於時。其中《送邵村歸維揚子長歸吳門》：「驪駒滿路送君歸，我獨臨岐賦式微。斜日一鞭隨獵騎，大江雙槳渡漁磯。月明隋苑聞簫吹，楓落吳宮看雁飛。躑躅京華成底事，故鄉東望欲沾衣。」

應梁清標之邀填作新詞，漫走筆成《清平調》一劇，授諸姬習而歌之，時居於亢氏園林。

徐釚《詞苑叢談》卷九：「尤悔庵云：『僕嘗客恒山，梁司徒公出家伎佐酒，僕於座上演《清平調》雜劇，即令小鬟歌之。』」尤侗《西堂樂府·清平調》卷首云：「客恒山者三月，梁宗伯家居，相邀爲河朔之飲，輒呼女伶侑觴，伶故晉陽佳麗，能發南音，側鬟垂袖，宛轉欲絕矣。宗伯語予：『子爲周郎，試度新曲。』唯唯未遑也。秋水大至，屋漏床床，顧視燈影，獨坐太息。漫走筆成《李白登科》一劇，聊爾妄言，敢云絕調？

持獻宗伯，宗伯曰：『善。』遂授諸姬，習而歌之。」其末題爲：「戊申七夕悔庵自記。」卷中還錄有梁清標對該劇的評語，云：「此劇爲青蓮吐氣，極其描畫，鬚眉畢見，使千載下凜凜如生，可謂筆端具有化工。至其蔥蒨幽豔，一一令拍，又餘伎矣。」王友亮《雙佩齋文集》卷三《記季亢二家事》：「余幼隨先大夫之山西平陽任，屢遊城外亢家，園中設寶座，仁皇帝嘗臨幸焉，尤西堂編修亦客此撰《李白登科》雜劇。」

時珍兒在家，有三月餘未得侗書信，甚憂。

尤珍《滄湄詩稿補遺》卷三《家大人北遊久不得音信》：「屈指出門後，已經三月餘。如何千里路，未得八行書。北地梅花少，南天雁陣疏。平安誰寄慰，夜夢問興居。」

七月，功令仍復八股文取士。

《聖祖實錄》卷二十六：「康熙七年七月壬寅，命鄉、會試復以八股文取士。」《民國盧龍縣志》卷十《風俗》：「清初沿明舊制，曾經停止八股，考試策論，未久，旋復舊制。」陳維安《海濱外史》卷一：「（康熙）八年己酉，鄉試復用八股。」

八月，途經涿州，至通州，訪沈荃副使。於潞河遇孫暘自關外來，相見悲喜。從孫暘處得知韓國公垂詢賞歎，又得知劉逸民夫婦卒於尚陽堡，賦詩誌感。

《悔庵年譜》卷上。尤侗《看雲草堂集》卷五有《涿州題壁》、《贈孫赤崖二首》、《傷劉逸民夫婦（原注：逸民死尚陽堡，其婦爲盜所害）》。其中《贈孫赤崖二首》序云：「孫子赤崖，出關十載，戊申八月，予在潞河，忽然相遇。把酒道故，悲喜塡膺。自言向依輔國幕中，得其周振，坐間曾詢鄙人。」沈德潛《清詩別裁集》卷五選錄孫暘《潞河遇尤展成》一首：「遠道誰傳尺素書，十年魂夢隔醫閭。看來華髮君相似，得隱青山我不如。異日才名齊屈宋，近時蹤迹混樵漁。鼎湖一去無消息，狗監何因薦《子虛》。」此處所云韓國公身份待考。

九月入都，於宋德宜處寓三日。行前一日與陸慶曾、孫暘、周肇、陳維崧、徐秉義、錢中諧等聚飲。出都，感念順治帝，賦

詩記之。返鄉途中，仍宿黃瑟躬處。

尤侗《看雲草堂集》卷五有《謝別龔大司馬》、《謝別宗伯王夫子》、《贈別宋右之侍讀》、《右之齋中遇子玄赤匡子傚其年彥和宮聲菽旂同飲有作》、《出都有感》、《宿瑟躬署中重贈》、《渡滹沱》、《途中有歎二首》、《雁字詩二十首》等均為此遊所作。其中《出都有感》云：「三宿長安便出門，去來聞見不須論。無官自覺輕車速，作客空羞敝囊存。紫塞頻年猶入夢，青山是處可招魂。茂陵玉椀今安在，惟有相如感舊恩。」可知在京師宿三日便行。又《右之齋中遇子玄赤匡子傚其年彥和宮聲菽旂同飲有作》有句：「九月賓鴻集上都，喜從臺閣話江湖。……明朝馬首成追憶，落日寒沙又滿途。」可知在尤侗行前一日，諸子聚飲於宋右之處。徐秉義，初名與儀，字彥和、號果亭，江南昆山（今屬江蘇）人。康熙十二年會試第二，殿試第三，授編修，官至吏部侍郎。著《耘圃培林堂代言集》。生平事迹見《江南通志》卷一六五、《江蘇詩徵》卷六、《蘇州府志》卷九五。錢中諧，字宮聲，號庸亭，順天昌平（今屬北京）籍，江南吳縣（今屬江蘇）人。順治十五年進士，官瀘溪知縣，康熙十八年召舉博學鴻儒，授編修，纂修《明史》，乞假歸。生平事迹見《江南通志》卷一六五、《國朝耆獻類徵》卷一一八、《江蘇詩徵》卷三五、《清詩別裁集》卷五、《蘇州府志》卷八二、《民國吳縣志》卷六十六《列傳四》。

歸家，嫁女瓊英於庠生金秉寬。

尤侗《悔庵年譜》卷上。

十一月，長孫尤世求生，珍出。

尤侗《悔庵年譜》卷上。尤珍《滄湄年譜》康熙七年：「冬，長男世求生。」

康熙八年己酉年（1669）五十二歲

春，先君以亦園就荒授侗葺理，構水哉軒，前架板棚，周設欄檻，可坐十客。賦文記之。

尤侗《西堂雜組二集》卷六《水哉軒記》：「家有小園，十畝之間，中有池，占其半焉。予閒居多暇，構軒其上，顏曰：水哉。每客至，則與立

而望，坐而嘻，飲食盤桓，高臥而不能去也。」尤侗《看雲草堂集》卷
六《水哉軒即事四首》、尤珍《滄湄詩鈔》卷三《水哉軒即事敬次家大人
韻四首》亦爲此而作，其中尤珍詩一云：「暇日趨庭後，從遊賦水哉。春
風隨杖履，佳氣滿亭臺。每伴東山弈，還分北海梧。良辰兼美景，喜見
客頻來。」知水哉軒築好乃春日間事。另，尤珍《滄湄年譜》康熙八年
亦載：「先王父分授亦園，命先大人葺理，因構水哉軒，修揖青亭及魚計
亭。」

園之東南有亭，吳梅村題曰：揖青，侗亦有記。

尤侗《西堂雜組二集》卷六《揖青亭記》：「或曰：『亭名揖青者何？』亭
之西南鬱然相望者，有山焉，亭爲主人，則山其客也。吾聞山有木，工
則度之；賓有禮，主則擇之。惡有終日相對，而不以禮相接者乎？米南
宮云：『吾何嘗拜，乃揖之耳。』」

秋，昆山歸莊遊蘇州，來訪，醉後潑墨題於水哉軒兩壁，客過者皆和之。遂令葉璠畫山水其上，以代臥遊。

尤侗《悔庵年譜》卷上：「昆山歸元公莊善書，醉後潑墨題於兩壁，客過
者皆和韻而去。予又令葉漢章璠畫山水其上，以代臥遊焉。」歸曾祁編
《歸玄恭先生年譜》康熙九年云：「爲同郡尤西堂侗書水哉軒詩於兩壁。」
案，歸莊《山遊詩》卷首自序云：「歸子乙酉秋冬遊蘇州。」且歸曾祁所
編歸莊年譜此處以尤侗《悔庵年譜》相關記載爲據，故推知歸曾祁編載
很可能有誤，當以尤侗自撰年譜爲準，歸莊題字應在康熙八年乙酉。葉
璠（1623～？）字漢章，江南山陰（今浙江紹興）人，善畫山水人物，
與侗交遊頗密。

送珍兒參加鄉試，自句容至江寧，典試者爲蘇銓，惜不第。

尤侗《悔庵年譜》卷上、尤珍《滄湄年譜》。

八月二十八日，王漁洋三十五歲初度，贈詩寄賀。

尤侗《看雲草堂集》卷六《寄王阮亭榷部》：「隋堤芳草舊平亭，桂發淮南
又使星。紫界宮牆違橐筆，黃河風雨看揚舲。詠懷古迹娑羅寺，傳寫新詞
苟藥廳。吳下故人凝望絕，舉杯遙酌小山青（原注：時阮亭初度）。」

宣城鍾允諧作《亦園圖》，海鹽周行（子行）復圖之，名為《水亭垂釣圖》。

尤侗《悔庵年譜‧小影圖贊‧雜贊》有《水亭垂釣圖》，其後有吳梅村、葉方藹、施閏章、吳綺、余懷、余恂、黃周星、張芳、歸莊、許之漸、丁澎、曾燦、宋實穎、陳菁、魏禧等題詩。案，尤侗《悔庵年譜》自述作此圖為己酉間事，《看雲草堂集》卷五亦有《贈鍾予夔兼示陳幼木》，詩云：「鍾子能詩復能畫，詩甚驚人畫幽怪。眾論皆稱為米顛，米顛見之還下拜。昨來寫我水哉圖，一丘一壑著狂夫。上題一百六十字，書法隱秀今亦無。下鈐石章書泉篆，籀文硃砂手所撰。其他著作靡不工，淮陰將兵多益善。把臂笑謂陳先生，此事當讓鍾宣城。南園秋風稻花熟，會須醉汝骨董羹。」考《看雲草堂集》主要以時序編次成，而此詩於《水哉軒即事四首》、《寄王阮亭権部》之後、《己酉除夕》之前，故可推知此確應為己酉間事。然《雜贊》之下題注有庚戌二字，則很可能畫作於己酉，題詩為庚戌間集眾人所作而成。鍾允諧，字予夔，清初宣城（今屬安徽）人，工畫。周行，字子行，海鹽（今屬浙江）人，《光緒海鹽縣志》卷十八載其：「立品孤介，能詩善書，工山水花鳥，得宋元人筆意。酒酣，頃刻成數紙，隨手散去。苟有不可，權貴人挾重貲以求，瞠目視之。家雖貧，恥向人干澤，……晚年僑居吳門，家人屢請歸勿許。」陳菁字幼木，金陵（今江蘇南京）人。康熙二年舉人，七年任蘇州府儒學教授，文章品行堪為多士楷模，後於康熙二十九年召拜御史。生平事迹見《江蘇詩徵》卷二十五、《蘇州府志》卷五七、《民國吳縣志》卷六十四《名宦三》等。

九月八日，陸壽名五十壽辰，賦文祝之。

尤侗《西堂雜組二集》卷七《陸芝庭五十徵詩引》。尤侗《艮齋倦稿文集》卷八《陸芝庭墓誌銘》：「公諱壽名，生於萬曆庚申年（1620）九月初八日。」

蘇銓過吳門，談宴浹旬而別。

尤侗《悔庵年譜》卷上。

九月間，王翬往周亮工處，賦詩贈之。

尤侗《看雲草堂集》卷六《送王石谷赴周櫟園之召》:「青溪紅葉晚秋時，幕府張燈客賦詩。松墨千螺藤百幅，滿天煙雨待王維。」由「青溪紅葉晚秋時」句，可推知時應爲九月間。周亮工（1612～1672）字元亮，一字緘齋，號櫟園，河南祥符（今河南開封）人。明崇禎十三年（1640）進士，官濰縣知縣，遷浙江道監察御史。入清，歷任至戶部右侍郎等職，屢遭彈劾遇赦。康熙元年（1662），起用爲青州海道、江安儲糧道。著《賴古堂全集》、《閩小記》、《字觸》等。生平事迹見《清史列傳·貳臣》、《賴古堂集》後附《年譜》、《江蘇詩徵》卷八一、《清詩別裁集》卷二、《清畫家詩史》甲上等。王翬字石谷，號臞樵、耕煙、烏目山人，常熟（今屬江蘇）人。曾爲康熙作《南巡圖》，獲賜「山水清暉」匾額，遂以「清暉老人」自號。與朝野名人來往甚富，輯有《尺牘彙存》、《清暉贈言》。生平事迹見《蘇州府志》卷一百十、《清畫家詩史》乙上等。

蔣埴姬女戴陵濤卒，賦詩為之悼亡。

尤侗《看雲草堂集》卷六《爲蔣曠生悼亡姬戴陵濤八首》。蔣埴，字曠生，長洲（今江蘇蘇州）人。順治辛丑進士，官樂清知縣，以文學稱於時，著有《經書精義》、《金臺問答》、《樂清記略》、《蕭齋詩文集》、《詩餘日課》等。生平事迹見《民國吳縣志》卷六十八《列傳六》。

十月，周亮工以被劾去職。

周亮工《賴古堂集》附錄《年譜》。

冬，致書王士禛，督其為《西堂樂府》作序，王士禛作詩贈以代序。

《西堂樂府》卷首有王士禛《寄懷悔庵先生並題新樂府四絕句》，詩末云:「余諾先生序新樂府，忽忽五年矣。己酉冬，書來督迫，寒夜風雨，臥不成寐，聽黃河激蕩聲，偶爲四絕句，寄先生教之，或即附錄卷末代序，可乎？」知是詩當作於康熙己酉冬。尤侗《西堂雜組二集》卷五有《答王阮亭》，言讀阮亭此詩:「欷歔泣下，掩卷不復讀也。」

十二月，湯太公八十壽辰，賦詩賀之。

尤侗《西堂雜組二集》卷七《湯太公八十徵詩引》:「吾聞夫子之言，仁

人多壽。維茲蠟月，爰及弧辰；子牙出將之年，喜耽翰墨；梁灝登科之歲，戲看盤鈴。鳩杖犧尊，宜頤更老，熊經鳥息，似舞胎仙。……紅蘅碧杜，再逢楚客之庚寅（原注：公生庚寅），玉體金漿，常祝絳人之甲子。縑湘潤色，屏障生輝。」由「公生庚寅」即 1590 年及「維茲蠟月，爰及弧辰」可推知湯太公八十壽辰應爲己酉臘月。

除夕前二日，弘壁上人卒，年七十二。

《五燈全書》卷六十九：「己酉除夕前二日，師（弘壁）將入滅，辭別道舊，裓散衣鉢，巡視眾僚，苦切示誨，至深夜始歸寢室。斂僧伽黎，行數步而逝，壽七十二。」

是年，為《性命圭旨》作序。

清刻本《性命圭旨》卷首有尤侗序，落款年月爲「康熙己酉」。尤侗《西堂雜組二集》卷三有《性命圭旨序》。

顧予咸卒。

彭定求《南畇老人自訂年譜》康熙八年：「是歲，顧先生予咸卒。」周茂源《鶴靜堂集》卷十九《公祭顧松交考功文》爲悼亡所作。

康熙九年庚戌年（1670）五十三歲

春，陪父尤淪至萬峰山探梅，送弘壁師之喪。

尤侗《看雲草堂集》卷六《挽剖公二首》一云：「萬峰拄杖三峰拂，五位親傳到聖恩。震澤早潮天梵出，漁洋高揭佛幢尊。羅華偶現法雲地，鉏斧長開甘露門。了盡語言無是處，不留半偈誤兒孫。」又一云：「萬嶺梅花出定日，一床貝葉說經年。」可知，爲弘壁送葬乃於早春時節。另宋琬《安雅堂未刻稿》卷四《剖石禪師示寂鄧尉之聖恩寺詩以弔之二首》亦爲悼亡所作。

二月，周亮工因舊年被劾事慷慨太息，取生平著作與板行者盡毀之。

周亮工《賴古堂集》附錄《年譜》。

會試榜發，徐乾學、王士祜等中進士。

《明清進士題名碑錄》。徐元文《含經堂集》卷三《庚戌三月四日恭聽傳臚喜家大兄及第》。

上元黃周星戶部來訪，贈詩十首，並示擬作《秋波六義》。侗為之作序，且答詩八首。

黃周星《九烟先生遺集》卷六載有《秋波六義》云：「尤君展成集中則取其語為時義一首，業已名噪上林，而友人輩尚欲余別創新裁，……。」尤侗《西堂雜組二集》卷三《黃九烟秋波六義序》云：「白門黃九烟先生，於予為前輩，而好予特甚。一旦出所擬《秋波六義》示予，奇思妙解，側生挺出，其視拙作，不啻十倍。」尤侗《看雲草堂集》卷六《白門黃九煙先輩貽詩十首口號答之八首》乃是時所作。黃周星（1611～1680）字景虞，號九煙，湖南湘潭人。崇禎十三年進士，授戶部主事。入清不仕，寓寄南潯，自稱黃人，字略似，號半非、圃庵、笑蒼道人等。年七十忽有感愴，自撰《墓誌銘》、《解脫吟》十二章，與妻孥訣，投水而歿。著《九煙先生遺集》、傳奇《人天樂》、戲曲論著《製曲枝語》等。

三月十六日立夏，春即盡，賦詩誌感。

尤侗《看雲草堂集》卷六《小園送春二首》一云：「一春總在夢中過，夢裏傷春可奈何。暮景垂楊常似恨，貧家飛燕不能歌。浮生白髮空書劍，狹路青山半網羅。閒倚城南望城北，姑蘇臺下夕陽多。」

靖江知縣鄭重開鑿五河以作灌溉之用，有德於民，作《五河頌》贊之。

尤侗《看雲草堂集》卷六《五河頌贈鄭山公明府》：「吾聞鄭國渠，民歌泥一斗。水利即田功，誰嗣千載後。……卓卓滎陽公，治最三吳首。下車爰周詶，疏鑿得樞紐。奮然開五河，尺寸度不苟。黽勉有同心，拮据如一手。咨嗟告靖人，割我東南畝。泰人與皐人，擊礱同拊缶。櫛沐先冠裳，爬梳徧童叟。池引活活泉，堤植青青柳。土返而水歸，波及十千耦。荷鍤滿車籌，自今歲大有。五河既告成，無異井田九。名之曰山公，符與寒山剖。使者倘采風，是役功不朽。美哉鄭大夫，洵為眾人母。」

宋曹自淮南至吳，雨天與侗、丘園聚袁駿齋中，賦詩飲宴。

尤侗《看雲草堂集》卷六《同宋射陵丘嶼雪飲重其齋中次韻》：「淮南有客到東吳，風雨連天泥滿途。處士漫尋河朔飲，流民誰繪水田圖。沈雲慘憺書堂冷，灌木蕭條旅夢孤。試上垂虹亭畔望，江潮還接海門無。」因此詩於《送春》詩後，可知時乃春末夏初雨日。宋曹（1620～1701），字彬臣，號射陵，鹽城（今屬江蘇）人。明崇禎時嘗官中書舍人，後辭官歸，隱居鹽城南門外湯村，築「蔬枰園」養母。宋曹久居林下，博學鴻詞屢招不就。生平好遊，工詩文，善書法，著有《書法約文》、《草書千字文》、《會秋堂詩文集》、《杜詩解》等。丘園（1617～1690）又作邱園，字嶼雪，號塢丘山人，常熟（今屬江蘇）人。著有傳奇《黨人碑》、《百福帶》、《虎囊彈》、《蜀鵑啼》、《雙梟影》等。生平事迹見《江蘇詩徵》卷八六、康熙《常熟縣志》、《海虞詩苑》等。袁駿字重其，吳門（今江蘇蘇州）人。父早逝，以貧甚母節不能旌，乃徵海內詩文曰《霜哺篇》，又有《負母看花圖》，邀眾人題之。生平事迹見《民國吳縣志》卷七十《列傳孝義二》。

宋曹雨中過水哉軒，侗題其蔬枰詠，其時宋將應隱逸之詔。

尤侗《看雲草堂集》卷六《題射陵蔬秤四首》一云：「雨中過我水哉軒，瓜豆盈畦小草繁。堪作蔬秤附庸地，東籬端不羨西園。」可知宋曹過水哉軒。其末又一首：「老母年高正倚閭，蔬秤偕隱賦閒居。漢廷莫下蒲輪詔，不換淮陰種樹書（原注：射陵方應隱逸之召）。」

尤珍與里中同學彭定求、宋廣業、吳諟等共十子課藝，侗題曰：庚戌舉，與陸壽名互丹黃甲乙之，有文字之樂焉。

尤侗《西堂雜組三集》卷四《陸益孫稿序》：「庚戌之舉，同里十子課文，予與處實實司月旦，每一藝成，相與丹黃甲乙，欣賞不休。壬子彭子凝祉拔蚤先登，吳子律公中副車，宋子性存、吳子愼旃貢入太學。乙卯益孫及珍舉於南，愼旃舉於北，爾遠亦試於廷。此固蔚溪盛事也，獨恨處實已不及見之。」尤珍《滄湄年譜》康熙九年載：「予二十四歲，改習《春秋》，與里中同學會文，先大人題曰：庚戌舉。」彭定求《南畇老人自訂年譜》康熙九年：「舉蔚溪文會，陸芝庭、蔣公遜兩先生閱社文，並加歎賞。」尤侗提及其爲文社諸子閱文評定之事，而彭定求自撰年譜卻載爲

陸壽名與蔣德埈，此處誤差可能在於彭定求訂譜之誤，由於尤侗親與該事，其記載想必應更爲可信；或者另一種可能，三人都曾經參與，待考。宋廣業字性存，號澄溪，江南長洲（今江蘇蘇州）人。崇明籍拔貢，官至濟東道。著有《羅浮山志會編》、《臨城縣志》、《粵遊紀程》、《蘭皋詩鈔》。生平事迹見《江南通志》卷一三七、《四庫全書總目》卷七六、《蘇州府志》卷八八、《民國吳縣志》卷六十八《列傳六》。吳諶（1647～1704）字愼旃，晚號後覺居士，長洲（今江蘇蘇州）人。曾司教高郵，生平事迹見彭定求《南畇文稿》卷八《高郵州學正吳愼旃墓誌銘》、《道光高郵州志》卷八《宦績》。

時蔣超致書來，責侗不應作《宋玉傳奇》，侗作答辯之。

尤侗《西堂雜組二集》卷五《答蔣虎臣太史書》：「來書云：『數年來學道何如？弟有妄想，不可不實情告知己者，向來屢欲具一小疏，薦舉海內之人。其一則作小說，教道人家兒女作桑濮間事；其一則選宋文，周、程、張、朱之後乃附一龔開宋江三十六賊贊之中，比作出類拔萃之聖人；其三則從友人處得先生所作《宋玉傳奇》，大意見神女淫奔，君臣聚麀，此事宋大夫原未有實事，所云行雲雨，亦是風伯雨師之類，在楚王夢中尙未有非禮之及。公今以此污衊神人，褻瀆造化，以較兩人猶爲勝之。因是契厚，不敢聲說，使兩公亦在網羅之外，至今抱疚，仰乞垂聽狂瞽速爲毀板所造，於公家子孫功德無量也。』比見邸鈔得公疏，知已謝病歸里。輦上貴人，戀棧不休，而公棄熱官如敝屣，非道力勇決，安能若此？……惠師北歸，接讀手札，至末簡爲之一嚇，直得通身汗下。既而思之，匿笑不止，聊爲公剖之。」案，因《讀離騷》第四折劇情即爲宋玉夢與神女相會，作高唐賦，得祭祀屈原之神旨，末祭奠之，故此處蔣超所云《宋玉傳奇》當指尤侗雜劇《讀離騷》。

秋，以珍兒試事至江陰。

尤侗《悔庵年譜》卷上。

巡撫韓世琦還朝，詩文贈之。

尤侗《看雲草堂集》卷六《送韓心康中丞還朝》、《西堂雜組二集》卷二《送韓中丞還朝序》，因《送韓心康中丞還朝》於《家人生日再疊前韻四

首》之前，故置於此。韓世琦字心康，本蒲州人明大學士爌之曾孫，隸屬旗籍爲遼人。由吏部主事遷宗人府啓心郎，康熙元年授順天巡撫，調江寧巡撫，後官四川巡撫。《民國吳縣志》卷六十四《名宦三》：「（心康）康熙元年由順天巡撫移撫江南，懲前政之弊，加意拊循，……民甚德之。居八年，以各屬逋賦被議去。」生平事迹還可見《嘉慶松江府志》卷四十三《名宦傳四》。

八月十一日，妻令病初起，值其五十初度。

尤侗《看雲草堂集》卷六《家人生日再疊前韻四首》：「彈指西風又十年，瑣窗無恙興蕭然。月宮思乞千丸藥（原注：婦病初起），水國愁淹百畝田。」

十六日，自題《述祖詩》。

尤侗《西堂詩集·述祖詩》末題：「康熙九年歲次庚戌秋八月既望二十二世孫侗拜譔。」

十月，宋既庭五十壽辰。

尤侗《西堂雜組二集》卷四《宋既庭五十壽序》、計東《改亭文集》卷七《宋既庭五十壽序》、汪琬《鈍翁類稿》卷三十一《宋既庭五十壽序》皆爲是時所作。

本年六月，江南大澇，禾麥大無。

尤侗《看雲草堂集》卷六《家人生日再疊前韻四首》有句「水國愁淹百畝田」，其後注云：「今夏大水。」張履祥《楊園先生全集》卷三四《言行見聞錄》：「庚戌六月，江南大水，被災之邑，禾大無。」

康熙十年辛亥年（1671）五十四歲

初夏，金陵李笠翁由江寧至蘇州，携女樂一部，聲色雙麗，端午前後兩次招侗、余懷等至其住處顧曲相樂。侗與余懷賦詩贈之，以當纏頭。

李漁《笠翁詩集》卷三七絕《端陽前五日尤展成余澹心宋澹仙諸子集姑蘇寓中觀小鬟演劇澹心首倡八絕依韻和之》、《端陽後七日諸君子重集寓

齋備觀新劇澹心又疊前韻即席和之》、《耐歌詞・二郎神慢・和尤悔庵觀家姬演劇次原韻》，尤侗《看雲草堂集》卷六《笠翁席上顧曲和澹心韻七首》、《再集笠翁寓齋顧曲疊韻》等均爲此次聚會所作。尤侗《西堂雜組三集》卷三《名詞選勝序》載：「辛亥夏，（笠翁）來客吳門，予與把臂劇談。」余懷《續本事詩》亦對這次會面有記載。余懷（1616～1695）字澹心，一字無懷，號曼翁、鬘持老人，福建莆田人。寓居南京，晚年隱居吳門，與杜濬、白夢鼐齊名，時號「余杜白」。著《研山堂集》、《味外軒文稿》、《宮閨小名後錄》、《板橋雜記》、《秋雪詞》等。

五月四日，丁允元卒，享年七十。

尤侗《西堂雜組三集》卷八《丁夫子誄》：「康熙十年歲次辛亥五月四日，皇清中憲大夫陝西榆林兵備道按察司副使日照丁右海夫子捐館舍，春秋七十。」

江念鞠往守九江，詩以送行。

尤侗《看雲草堂集》卷六《送江念鞠守九江》：「江州刺史今江總，彷彿當年柳柳州。白酒黃花陶令宅，清風朗月庾公樓。雙旌早指雙姑發，五馬常携五老遊。比似使君第一水，珠簾百丈捲高秋。」

簡上學使還朝，賦詩贈之。

尤侗《看雲草堂集》卷六《簡謙居學使覲還有贈》：「淵雲墨妙起西川，江北江南遍管絃。獨有文章能報國，祇將風雅去朝天。主恩應許衣裳錫，師教還同鐘鼓傳。此日諸生來問字，笥中賦得帝京篇。」案，贈江念鞠、簡上二詩於同卷《逃暑四首》之前，而尤侗詩文集以時編次，故置於此。簡上，字謙居，號石湖，四川巴縣人。順治八年舉人，由戶部員外郎薦遷廣西左江道，曾提督江南學政。著《四書彙解》。生平事迹見《國朝耆獻類徵初編》卷二○七、《民國吳縣志》卷六十四《名宦三》。

七月，彭定求長子彭始乾生。

彭定求《南畇老人自訂年譜》康熙十年：「七月，長子始乾生於家。」

珍兒作《遷書室記》。

尤珍《滄湄文稿》卷四《遷書室記》末署云：「時辛亥秋七月也。」

秋日，亦園池中荷花盛開，有鴛鴦飛集水渚，葉璠繪此景為圖，侗作《鴛鴦賦》，珍兒作詩以記之。

尤侗《西堂雜組二集》卷一《鴛鴦賦》：「辛亥秋日，池荷盛開，忽有鴛鴦飛來，集於水渚，若畜擾者。然其始至也，色如野鳧，久而雄者文彩渙然矣……既取其相匹之義，復美其不妒之德，戲為賦焉。」尤珍《滄湄年譜》康熙十年：「秋，池荷盛開，忽有鴛鴦飛集水渚，若畜擾者。然無何，復引一雌至差小，每二鳥同遊，小者隨後，見者異之，以其相匹而能不妒也。先王父命繪圖為文，先大人作賦，予亦作詩。」尤珍《滄湄詩稿》卷一《池中有鴛鴦來集葉漢章繪圖見贈家大父暨大人並作為文謹賦詩於後》為時所作。

九月九日，為周銘《林下詞選》作序。

康熙刻周銘《林下詞選》卷首有尤侗敘，落款時間為「康熙辛亥九日題於水哉軒」。尤侗《西堂雜組二集》卷三有《林下詞選序》。周銘（1641～？）字勒山，江南吳江（今屬江蘇）人，諸生。著有《華胥語業》、《林下詞選》、《松陵絕妙詞選》，生平事迹見《欽定四庫全書總目》卷二〇〇、《全清詞鈔》卷八等。

十六日，先君八十大壽。

尤侗《西堂雜組三集》卷七《先考遠公府君暨先妣鄭氏行述》：「先考生於故明萬曆壬辰九月十六日午時。」自萬曆壬辰（1592）至康熙辛亥（1671），時年尤瀹正年高八十。尤珍《滄湄年譜》有記。

九月二十一日，陸壽名卒，享年五十二歲。

尤侗《艮齋倦稿文集》卷八《陸芝庭墓誌銘》：「公諱壽名，生於萬曆庚申年（1620）九月初八日，卒於康熙辛亥年九月二十一日，春秋五十有二。」彭定求《南畇文稿》卷十《誥贈奉政大夫陝西提學道按察司僉事前進士改寧國府儒學教授芝庭陸先生行狀》：「先生卒於康熙辛亥九月二十一日，年五十有二。」尤珍《滄湄詩稿》卷一《夢益孫（原注：時方丁外艱）》，中有「君乃停柝為予言，自遭家難惟閉門」句；《滄湄詩稿補

遺》卷一《寄懷益孫（原注：時丁尊人芝庭先生憂）》中有「那知轉眼生悲歡，君家無故遭多難」句，均載德元父壽名卒事。

俍亭闇師來遊，詩以唱和。

尤侗《看雲草堂集》卷六《答俍亭禪師次來韻》：「相見驚頭白，相違二十年。我方三徑隱，君已五宗禪。世事窮途轍，生涯急水船。蒲團蕭寺話，此意自天然。」

十月間，余恂於吳門納姬，贈詩戲之。

尤侗《看雲草堂集》卷六《余岫雲納姬吳閶戲占四絕》一云：「梅額桃腮鬧小春（原注：時十月也），玉環約腕認前身。蕭郎本是龍游客，婉若游龍娶洛神。」余恂字孺子，號天機子、岫雲、還菴等，龍游（今屬浙江衢州）人。順治八年舉人，九年進士，授翰林院庶吉士，散館授翰林院檢討，升左春坊左諭德，任福建學政，後旋歸里。著有《敦宿堂文集》、《止菴手抄》等。生平事迹見《民國龍游縣志》卷十九、《光緒衢州府志》卷三十二。

十二月二十四日，吳偉業卒，享年六十三。

顧湄《吳梅村先生行狀》：「先生生於明萬曆己酉五月二十日，卒於今康熙辛亥十二月二十四日，享年六十有三。」《清史稿》列傳二百七十一《文苑一》：「十三年，（梅村）遷祭酒。丁母憂歸。康熙十年，卒。」《嘉慶太倉州志》卷二十八：「吳偉業字駿公，……國朝順治間，總督馬國柱薦授祕書院侍講，升國子祭酒。丁嗣母憂，旋以江南奏銷議處，……十餘年卒，年六十三。」尤侗《西堂雜組二集》卷八《祭吳祭酒文》、周茂源《鶴靜堂集》卷十一《挽吳梅村祭酒》等均為悼亡所作。

是年，珍兒受業於徐玉發，課《春秋》文。珍兒次女淑慎生。

尤珍《滄湄年譜》康熙十年。

康熙十一年壬子年（1672）五十五歲

二月，遷母墳於官山祖墳旁。

尤侗《西堂雜組三集》卷七《先考遠公府君暨先妣鄭氏行述》：「先妣之

葬在康熙壬子二月。」尤珍《滄湄年譜》康熙十一年：「二月，先王母安葬於官山祖塋之次。」

坊人刻《西堂雜組二集》，三月，周亮工侍郎為之序，並囑為其《牧靡集》作序。

尤侗《西堂雜組二集》卷首周亮工《西堂雜組二集序》末題：「康熙十一年壬子暮春櫟下年家同學弟周亮工頓首撰。」尤侗《看雲草堂集》卷七《挽周櫟園觀察四首》有云：「牧靡今幾卷，遽歎獲麟終（原注：今春，公為予序《西堂雜組》，並屬予序公《牧靡集》。序成，未及寄而公逝矣）。」可知二人互為文集作序。

四月，計東進京，將侗、汪琬、宋實穎書遞交王漁洋。

王漁洋《漁洋續集》卷二《計甫草至，得茗文、展成、既庭書》，有云：「綠陰散林樾，首夏氣清和。」可斷為四月間事。

六月二十三日，周亮工卒，享年六十一。

周亮工《賴古堂集》附錄《年譜》、錢陸燦為撰《墓誌銘》、尤侗《看雲草堂集》卷七《挽周櫟園觀察四首》、宋犖《綿津山人詩集》卷六《和松庵稿》有《挽周元亮先生四首》、杜濬《變雅堂遺集・文集》卷八《祭周櫟園侍御文》、宗元鼎《宗定九新柳堂集》卷一《再哭周櫟園先生百韻》、卷十一《祭周櫟園先生文》均載周亮工卒事。

七月，送尤珍鄉試至江寧，未第。其間過桃葉渡，訪居停主人，遇其族輩程兼。

尤侗《悔庵年譜》、尤珍《滄湄年譜》。另《滄湄詩稿》卷一《登燕子磯》、《金陵寓中寄家信二首》均為是時所作。尤侗《西堂雜組三集》卷三《峨溪外譜序》：「壬子初秋，過桃葉渡，問居停主人，忽遇樵髯翁。……翁程氏名兼，字抑若，樵髯其別號云。」程兼生平事迹待考。

榜發，六弟尤何（定中）鄉試得雋，先君為之色喜。

尤侗《西堂雜組三集》卷七《先考遠公府君暨先妣鄭氏行述》：「壬子榜發，六弟何獲雋，先君為舉一觴，曰：『吾得見少子登賢書，可以下報先人矣。』」《艮齋倦稿文集》卷八《亡弟定中行狀》：「丙申督學張玉甲先

生首拔（定中）補吳庠弟子員，壬子鄉試（定中）中式，出巢令於子先
生之門，座主詹乃庸、沈康臣兩先生深激賞之，不意榜後九月遽遭先君
子之喪。」

九月，宋既庭為湯卿謀《湘中草》作序。

尤侗《西堂全集》附《湘中草》卷首錄宋實穎序，落款云：「康熙壬子秋
九月同學弟宋實穎題於老易軒。」

九月二十六日，先父病瘧，二十八日戌時臥逝，享年八十一歲。
十一月，為父治喪，即啟母穴合葬。

《悔庵年譜》卷上。尤侗《西堂雜組三集》卷七《先考遠公府君暨先妣
鄭氏行述》：「先妣之葬在康熙壬子二月，至十二月，先君合葬焉。……
先考生於故明萬曆壬辰九月十六日午時，卒於皇康熙壬子九月二十八日
戌時，享年八十有一。」尤珍《滄湄年譜》康熙十一年：「九月二十八
日，先王父以微疾終於正寢。十一月，啟先王母之穴合葬。」尤侗《悔
庵年譜》及尤珍《滄湄年譜》均曰侗合葬雙親之日乃於十一月，與侗
《先考遠公府君暨先妣鄭氏行述》中所云「十二月」有左，暫依「十一
月」之說。

十二月，於官山墓廬為亡友湯卿謀《湘中草》題跋。

尤侗《西堂全集》附《湘中草》卷首錄尤侗跋，題款為：「康熙壬子臘月
棘人尤侗書於官山墓廬。」案，古人居父母喪時自稱「棘人」，尤侗作此
跋時值父母合葬期間，正合。

是冬，鬚髮俱白。

《悔庵年譜》卷上。

康熙十二年癸丑年（1673）五十六歲
正月，蔣超歿於四川峨嵋山伏虎寺，享年四十九。

尤侗《看雲草堂集》卷七《哭蔣虎臣二十首》一云：「誤謫塵寰五十年，
今朝依舊再生天。峨嵋山上千層雪，雪裏層層產白蓮。」又一云：「鳳雛
落鳳可憐人，伏虎庵還休虎臣。四十九年留讖語，披雲嘯月鶴猿身（原

注：公有《悼亡詩》，自注星家言予壽止四十九，戲以自識，末句公原詩也）。」王士禛《池北偶談》卷八《蔣虎臣墓誌銘》：「晚自史館以病請告，不歸江南，附楚舟上峽，入峨眉山。以癸丑正月，卒於峨嵋之伏虎寺，臨化有詩云：『偶向鑊湯求避熱，那從大海去翻身。功名傀儡場中物，妻子枯髏隊里人。』」另有施閏章《學餘堂文集》卷一九《故翰林修撰蔣君墓誌銘》、王崇簡《青箱堂詩集》卷二十八《哭蔣虎臣太史》、汪景祺《讀書堂西征隨筆》之《再來人》等均有載蔣虎臣卒事。

二月，徐元文為湯卿謀《湘中草》題序。

尤侗《西堂全集》附《湘中草》卷首有徐元文序，末署云：「康熙癸丑春二月子婿昆山徐元文敬題。」

春，為子尤瑞娶婦鄭氏。

尤侗《悔庵年譜》卷上、尤珍《滄湄年譜》康熙十二年。

先少師雲耕公之墓為朱氏盜葬，族人邀之同往無錫吳興祚明府訴訟，費時一月餘，得直而回。

《悔庵年譜》卷上。尤侗《艮齋倦稿文集》卷八《先兄爾欽墓誌銘》：「往年先少師雲耕公墓在湖塘，為勢家所奪，莫敢誰何。兄毅然糾闔族起而攻之，予聞亦力疾請於當事，得復封樹如故。」

旨修《蘇州志》，當事聘之，力辭，後勉為修《山水》、《人物》二志。

五月，杜濬客梁溪，侗贈示雜劇《清平調》，杜濬為之題詞。

杜濬《清平調·題詞》：「癸丑中夏，余客梁溪，自北禪僧舍移寓碧山莊因寺……吾友悔庵貽余新製《李白登科記》，余睹其名而異之，躍起把玩。」杜濬（1611～1687）原名詔先，字於皇，號茶村，黃岡（今屬湖北）人。明崇禎間太學生。入清不仕，流寓金陵三十餘年，性傲，不與權貴逢迎，專寄情於詩文山水。家貧，著述無力付梓，故多散佚，現存有光緒甲午黃岡沈卓如刻《變雅堂詩集》、《文集》，僅存杜濬生時所作十之二三。

六月，於小園避暑，得信州郡丞侯七乘書，讀其《孝思堂集》，並為作序。

尤侗《西堂雜組三集》卷三《孝思堂集序》：「癸丑六月，僕避暑小園，端憂多暇，玉山唐魏子使君走急足，郵其郡丞侯仲輅先生書至，發而讀之。……既讀其《孝思堂》二集，高談雄辯，下筆妙天下。」侯七乘，字仲輅，山西汾西人。順治十五年進士，授福建閩縣知縣，歷江西廣信府同知。著《孝思堂集》，生平事迹見《鶴徵前錄》。

八日，姜垓卒，享年六十七歲。

尤侗《看雲草堂集》卷七《挽姜如農先輩》：「絕命還流涕，先朝放逐臣。亂離非故土，漂泊尙遺民。江水靈均淚，青山謝朓身。敬亭風雨夜，魂繞二勞雲（原注：公流寓眞定，寄埋宛陵）。」姜垓（1607～1673）字如農，自號敬亭山人、宣州老兵，山東萊陽人。崇禎四年進士，由儀徵知縣行取禮科給事中，後以諫言廷杖下獄，謫戍宣城衛，然未至而北都破，留於吳門。鼎革後不仕，卜居吳門而終。著有《敬亭集》、《正氣集》。生平事迹見《明史》卷二百五十八、《姜貞毅先生自著年譜》、《蘇州府志》卷一一二、《明遺民詩》卷一。姜安節《府君貞毅先生年譜續編》、《敬亭集附錄》應撝謙撰《墓表》、徐枋《謚議》、曹溶《靜惕堂詩集》卷二十二《挽姜如農給諫二首》均記姜垓卒事。

七月七日，汪琬為湯卿謀《湘中草》作序。

尤侗《西堂全集》附《湘中草》卷首有汪琬序，末署：「康熙十二年七月七日長洲汪琬苕文甫序。」

二十二日，王士祿卒，享年四十八，屬纊之時，口鼻生異香。

《王考功年譜》。王士禛《池北偶談》卷二十一《體香》：「先考功西樵於癸丑七月廿二日，以哭先淑人不起。屬纊時，口鼻中作栴檀、蓮華、蘭蕙種種異香，凡三日夜。益都高木王，予從姊之夫，孝友忠信人也，以康熙甲寅春捐館病革時，體中亦有異香，此皆予聞見最確者梓。」尤侗《西堂雜組三集》卷八《王考功誄並序》：「維康熙十二年癸丑七月二十二日，部考功司員外郎新城王西樵先生以疾卒於里第，春秋四十有八。」另葉方藹《葉文敏公集》卷五《吏部考功司員外郎新城王君墓誌銘》、高

珩《棲雲閣詩集》卷十一《聞西樵歿二首》、宗元鼎《宗定九新柳堂集》卷六《哭考功王西樵先生三首》、卷十一《祭王西樵先生文》、陳維崧《湖海樓文集》卷六《祭西樵先生文》、陳廷敬《午亭集》卷十九《挽王考功》、《追悼王西樵》等均載西樵卒事。

秋，和金俊明《落葉詩》。

尤侗《看雲草堂集》卷七《和金孝章落葉詩》：「洞庭木葉下還飛，又逐西風叩板扉。宮女題留一片在，山童拾得半肩歸。」金俊明（1602～1675）字孝章，原名衮，字九章，號耿庵、不寐道人，江南吳縣（今屬江蘇）人。明諸生。鼎革後，杜門不出。曾入復社，學識廣博，名擅一時。著《春草閒房詩文集》、《退量稿》、《闡幽錄》等。生平事迹見《清史列傳》卷七○《文苑傳》一、《小腆紀傳》卷五八、《國朝書人輯略》卷一、孫靜庵《明遺民錄》卷二三、《江蘇詩徵》卷八八、《蘇州府志》卷八二、《民國吳縣志》卷七十五《列傳藝術一》。尤侗《西堂雜組三集》卷四有《金孝章詩序》、《艮齋倦稿詩集》卷五有《題故友金孝章所畫歲寒三友圖》，可見二人頗有交往。

八月，送瑞兒至昆山應鄉試，瑞補長邑弟子員。

《悔庵年譜》卷上。尤珍《滄湄年譜》康熙十二年。

九月十日有雨，宋曹、丘園、袁駿重集侗齋，時侗與宋曹、袁駿皆著喪服。

尤侗《看雲草堂集》卷七《小重陽射陵嶼雪重其重集寒齋話舊和射陵韻》云：「故人無恙射湖來，袁虎丘遲共酒杯。舊夢喜隨今雨續，新愁苦被早霜催。詩經四載還賡唱，菊為重陽復小開。握手相看衣半白，西風燭影黯徘徊（原注：予與宋、袁皆持喪服）。」案，小重陽乃重陽後一日，即九月十日。又自詩中「舊夢喜隨今雨續」可知當日有雨。侗持喪服，乃因父親卒故，而宋曹、袁駿著喪服具體不詳，很可能因母亡故。

十二日，龔鼎孳卒，享年五十九。

宗元鼎《宗定九新柳堂集》卷十一《祭龔芝麓先生文》載龔鼎孳：「生於乙卯十一月十七日，卒於康熙十二年癸丑九月十二日寅時，年五十九

歲。」嚴正矩《大宗伯龔端毅公傳》:「癸丑八月，疾益難支，痛切乞骸歸，上念其情懇，特允之。……未及一月卒。」（光緒九年刻《龔端毅公奏疏》前附）。另董遷《龔芝麓年譜》以及光緒庚寅（1890）刻本《合肥龔氏宗譜》（上海圖書館有藏）均錄有龔氏生平事迹。

二十八日，徐元文四十初度，寄詩賀之。

尤侗《看雲草堂集》卷七《徐公肅祭酒四十寄賀四首》。徐元文《含經堂集》附錄二熊賜履撰《資政大夫文華殿大學士戶部尚書兼掌翰林院事昆山徐公墓誌銘》。

十月十六日，為龔鼎孳《定山堂詩集》作小序。

龔鼎孳《定山堂詩集》（康熙十五年刻本）卷首有尤侗小序，末署:「康熙癸丑十月既望吳門後學尤侗拜譔。」

十一月，吳三桂起兵反清。

蔣良騏《東華錄》卷十:「（康熙十二年）十二月，差往貴州備辦夫船芻糧事務郎中黨務禮、員外郎薩穆哈馳驛回京，奏稱:『雲貴總督甘文焜言吳三桂於十一月二十一日殺雲撫朱國治，以所部兵反，前差往侍郎折爾肯等被留。』」

是年，章在茲卒，卒前三日貽箚於侗。

尤侗《看雲草堂集》卷七《哭章素文》一云:「比來笑語猶如昨，手把遺書淚滿巾（原注:三日前，貽予箚，以先集見屬）。」

歸莊卒，年六十一。

歸曾祁編《歸玄恭先生年譜》。顧炎武《亭林詩集》卷四《哭歸高士》為悼亡所作。

康熙十三年甲寅年（1674）五十七歲

三月，耿精忠據福建起兵反清，江南震動。蘇州民眾紛紛逃城。

時江南大潦，田禾俱沒。

蘇城屯駐清兵，犯民居，侗之亦園因與軍營近，恐為之擾，故廢毀揖青亭。

尤侗《艮齋倦稿文集》卷一《重建揖青亭記》云：「甲寅閩難作，城南屯駐防之兵。予恐其窺我園也，遂毀是亭。」尤珍《滄湄文稿》卷四《重建揖青亭記》：「甲寅春，吳、耿二逆煽亂，四方騷然，吾郡屯駐防之兵，連營相近，嘗窺而闌入焉，亭以是廢。」此處尤侗與尤珍所言有異，但從當時的自我保護措施來看，尤侗此言當更合情可信，且依之。

四月二十四日生日，愁歎有感，仿白樂天作《吾年五十七》詩。

尤侗《看雲草堂集》卷七《吾年五十七》序云：「白樂天有此題生日，擬之。」詩云：「天地忽風塵，關山驚鼙鼓。六詔舉狼烽，七閩馳雞羽。官軍又北來，突騎闞鴟虎。傾城走蒼黃，爭舟濟子女。老夫立踟躕，騷首無歸處。庭花爛熳紅，荷錢綠水渚。黃鶯自在啼，小園足消暑。方寸亂如斯，好景奈何許。」

八月十五中秋，文昌右局大夫杜真人（喬林）降彭定求家，多垂格言訓世，侗方病往訪之，真人命侗禮斗以延壽。歸，就書室結斗母壇，闔門持齋。

尤侗《艮齋倦稿文集》卷九《文星閣杜真君祠碑記》：「先是康熙甲寅八月望日，有神降於今翰林侍講彭定求家，時彭子方為孝廉下第，家居抱羸疾。」《西堂雜組三集》卷二《九訟》末云：「大夫兮招予，哀沉淪兮混濁，授金書兮還玉局。……（原注：此述文昌降乩事）。」杜喬林，字君遷，江南華亭（今上海）人，明萬曆丙辰進士，官至浙江布政使。此為尤侗、彭訪濂等扶乩做法之事，有道教玄密色彩，姑錄於此，以對清代士子的複雜心態、思想有所瞭解。

八月，宋宓五十壽辰，詩以贈之。

尤侗《看雲草堂集》卷七《宋御之五十遙和梅村癸巳禊集韻四首》一云：「八月涼秋素袷輕，誰人過訪闔廬城。江山無恙愁風雨，故舊相逢話甲兵。」知宋宓初度乃於八月。宋宓（1625～1687），原名宋德宸，字御之，後改名宓，江南長洲（今江蘇蘇州）人。康熙十六年舉人，著《存笥稿》、

《玉壺堂詩集》。生平事迹見《蘇州府志》卷八八、《國朝耆獻類徵初編》卷四四八。

有事至錫山，遇蘇昆生，賦詩「莫向樽前歌水調，山川滿目淚沾衣」。

尤侗《看雲草堂集》卷七《錫山遇蘇昆生口號贈之二首》一云：「九江漂泊九華歸，楚尾吳頭舊夢非。莫向樽前歌水調，山川滿目淚沾衣。」又有云：「相逢蕭寺驚憔悴，紅豆江南正落花。」紅豆落花通常在八九月份，故可推斷二人會面於八九月間。蘇昆生，本名周如松，河南固始人，著名樂師，汪鶴孫《春星堂詩集》卷六《哀蘇昆生》詩前小序云：「昆生以清曲擅名，久遊先大父（案，汪汝謙）之門，後為梅村先生賞識，年七十餘寄寓惠山僧舍，己未（即康熙十八年）夏竟臥疾死，詩以悼之。」吳偉業《吳梅村全集》卷十《詩後集二》有《楚兩生行》、王梅坡《延芬堂集》有詩《哀蘇昆生》。

九月，尤瑞妻鄭氏卒。尤珍女尤淑能出生。

《悔庵年譜》卷上。尤侗《看雲草堂集》卷七《甲寅除夕》：「欲笑不能哭不敢，一樽聊醉燭光微（原注：時有介婦之喪）。」案，古代宗法稱嫡長子之妻為冢婦，非嫡長子之妻為介婦，可證時為瑞妻鄭氏喪。另尤珍《滄湄年譜》康熙十三年：「二十八歲，生女名淑能。是歲，弟婦鄭氏病亡。」與之合。

十二月十五日，文星閣下舉公會，時又玉局降乩。

尤珍《滄湄詩稿補遺》卷一《甲寅臘月望日文星閣下公會時玉局降乩限字刻燭立成十二韻》：「坐上荀陳聚，城南韋度連。彩分奎井地，光射斗牛天。灰起黃鍾管，藜燃綺閣煙。鸞章飛寶笈，鳳字報瓊篇。帝座通噓吸，文星照轉旋。春風方駘蕩，秋月正嬋娟。澤自層霄降，音從別館傳。西園同作賦，北極共延年。採藥仙丹授，焚香聖誥宣。翼培容賤子，磨礪及群賢。把臂須求道，齋心急省愆。還期占大易，君子日乾乾。」

除夕前一日，始除喪服。

尤侗《看雲草堂集》卷七《甲寅除夕》有句「三年孤苦白雲違」，後注云：
「小除日除服。」案，小除日即除夕前一日，此時除父喪服。

是冬，清兵駐防，有間架之役。

康熙十四年乙卯年（1675）五十八歲

春，武林王甫白（草堂）來訪，携康親王傑書之《讀書十二則》
示侗。並告知：康親王傑書視師兩浙，軍中無事，惟以讀書講
道為樂，其案頭常置《西堂雜組》。

尤侗《悔庵年譜》卷上。案，清初有錢塘人王復禮字需人，號草堂，乃
王陽明后裔，不知與此處王甫白是否同一人，姑置此存以待考。傑書生
平事迹見《清史稿·列傳三·諸王二》。

春，庭前牡丹花開，詩酒賞之。

尤侗《看雲草堂集》卷七《嘲庭前牡丹》、《花瘦甚或云以肉汁澆之即發
再嘲之》、《代花解嘲》、《同友人小飲花下》、《春盡日風雨摧花有歎》等
均爲此期所作。

四月二十四初度，作詩《吾年五十八》。

尤侗《看雲草堂集》卷七《吾年五十八》末句「相期十日飲，爛醉連端
五」有注云：「予生四月二十四日。」可知爲初度所作。

六月，施閏章携一僧一童自宛陵至吳門，往西山，又過水哉軒
飲談賦詩。為之序《薄遊草》。

《愚山先生年譜》卷三記遊吳門事：「白樂天有《吾年五十七》詩，尤展
成又廣爲五十八，余適當是歲，因和之諸詩。」案，《愚山先生年譜》卷
一載施閏章生於萬曆四十六年（1618）戊午十一月二十一日，至康熙十
四年（1675）恰值五十八，與尤侗同歲。尤侗《西堂雜組三集》卷四《施
愚山薄遊草序》：「乙卯六月，施愚山先生自宛陵至吳門，予訝其作熱客，
疑有干於東諸侯者。乃先生携一僧、一童子徑往西山，遍探支硎、天池、
靈巖、鄧尉諸勝，十宿始返。坐予水哉亭，剖瓜看荷，縱談丘壑，泠然
如對冰壺先生也。……先生寓薄遊草，命予爲序。反覆循覽，感歎交集，

驪駒在門，草草數言報之。」尤侗《看雲草堂集》卷七《送施愚山歸宣城二首》一云：「先生非熱客，六月到吳關。訪友輕千里，携僧入萬山。暫留思解帶，將別話連環。此後相思夢，雙橋明月間。」

六月間，至嘉定，過秬園。

《悔庵年譜》卷上康熙十四年：「春至昆山，夏至嘉定。」尤侗《于京集》卷一《挽侯記原二首》一云：「招隱空埋骨，遊仙不返魂。燕臺遙灑淚，只共阿戎論。」末原注：「乙卯六月予過秬園，記原少曾遇仙，阿戎謂大年也。」案，秬園在嘉定東北，可知本年六月間曾至嘉定。

七月，婿湯萬焞病歿，哭之。

尤侗《悔庵年譜》卷上。

秋送珍兒、瑞兒與婿陸德元應鄉試，自句容至江寧。榜發，珍兒與陸婿俱雋。

尤珍《滄湄年譜》康熙十四年：「秋，江寧鄉試中式第五十名，主考爲戶部郎中孫公，諱期昌，河南人；禮部郎中勞公，諱之辨，浙江人；房考爲靖江知縣朱公，諱敦厚，北直人；盱眙知縣田公，諱弘祖，山西人。坊人爲予梓《四書文稿》行世。同榜姐婿陸德元偕公車。」

計東北上，途中以疾卒。

汪琬《鈍翁類稿》卷十二下《遙送甫草北上二首》、《聞甫草凶問予既爲位以哭明日作四絕句寓哀》、徐釚《南州草堂集》卷三十《祭業師計甫草先生文》、尤侗《西堂雜組三集》卷八《祭計甫草文》均爲悼亡所作。

冬，周體觀隨楚軍暫駐吳下。

尤侗《看雲草堂集》卷七《酬別周伯衡（原注：時從楚軍暫遊吳下）》：「一別烽煙滿海內，忽來疲馬出軍前。天寒雨雪愁羈旅，人老江湖感舊緣。白首亂離相見少，臨岐執手各淒然。」

時室如懸磬，操辦陸婿、珍兒上京應試資斧，臘月，始克成行。

尤侗《看雲草堂集》卷七《乙卯除夕》：「不逢送炭人臨戶，但見催租吏

到門。……兒曹更復驅車去，茅店挑燈何處村（原注：珍兒陸婿並上公車）。」尤珍《滄湄詩稿補遺》卷一《乙卯冬杪北上言懷》亦為是時作，有句「客遊冷淡逢殘臘，家累蹉跎赴晚程」。可見珍兒、陸婿於臘月上京，時家中甚為窘迫。

為瑞兒繼娶金氏。

尤侗《悔庵年譜》卷上、尤珍《滄湄年譜》康熙十四年。

冬，兄尤侗（字周人）逝，哭之。

《悔庵年譜》卷上。

康熙十五年丙辰年（1676）五十九歲

春，德元、珍兒等在京應試。榜發，彭定求中狀元，德元中進士，珍兒落第。

《明清進士題名碑錄》、彭定求《南畇老人自訂年譜》、尤珍《滄湄年譜》康熙十五年。《民國吳縣志》卷十三之長洲「進士」表康熙十五年中列有陸德元名。關於尤珍落第事，尤侗《看雲草堂集》卷七《春感》：「游子未歸千里外（原注：時珍兒下第未歸），白頭常對落花前。」尤珍《滄湄詩稿補遺》卷一《出都》（丙辰）亦有云：「夢回每憶歸家好，醉去常悲行路難。誰向窮途思貢禹，臨風北望漫彈冠。」

時弟尤何亦會試落第，乞授為安徽黟縣教諭。

尤侗《艮齋倦稿文集》卷八《亡弟定中行狀》：「丙辰會試下第，即乞恩為黟縣教諭。弟家居食貧，藉館穀糊口，教育有方，至是寒氈如故，師道加嚴。黟在萬山中，與諸弟子橫經說劍，朝齏暮鹽，晏如也。」《嘉慶黟縣志》卷四《職官》注明教諭一職：「康熙十六年，尤何（任），吳縣人，舉人。」

四月初度，作詩《吾年五十九》，其時與一乘上人弈。

尤侗《看雲草堂集》卷七《吾年五十九》末云：「且與上人弈，博六兼格五（原注：是日與一乘弈）。」同卷七亦有《與一乘上人弈偶成四首》，乃為其時所作。一乘上人生平事迹不詳。

方士龔上禮卜算侗秋有大災，授梵天秘旨習之。夏，忽發痛風，
匝月乃愈。秋無恙。

尤侗《悔庵年譜》卷上。

七月，曹爾堪六十壽辰，其子曹鑒平、曹鑒章函幣致書來求壽序。

尤侗《西堂雜組三集》卷五《曹顧庵六十壽序》：「於今丙辰（1676）七
月，舉六十之觴。計長安卿大夫，以至四方貴遊門下士，冠蓋輻湊，無
不獻祝嘏之詞，為公壽者。乃令子掌公、達夫特函幣致書，索予一言。
予江湖放人，何足為公重？豈以予少公一歲，車笠之交，垂四十年，生
平老友，相知最深。壬子秋闈，掌公與舍弟何南北同舉。乙卯，兒子珍
又附小阮彝士之後，兩家世譜，祝公莫予若也。」曹鑒章，字達夫，曹
爾堪子。曹鑒平字掌公，號桐暘，嘉善（今屬浙江）人，亦爾堪子。康
熙十一年舉人，官內閣中書，著《南溪集》，生平事迹見《全清詞鈔》卷
四、《江蘇詩徵》卷四十、《康熙嘉興府志》卷十四《文苑》等。

九月重陽，泛舟陽澄湖。

尤侗《看雲草堂集》卷七《九日》：「九月九日天氣美，不去登山卻鄰水。
扁舟偶放陽城湖，秋風吹波渺千里。」

是歲發大水，朝廷以軍興匱乏，加官戶錢糧若干，稅門攤錢若干，又被迫服長邑銷圩丈田之役，賦詩紀感。

尤侗《看雲草堂集》卷七《有虎四章》。又同卷七《歲暮口號十四首》一
云：「三年無奈兩頭荒，最苦吳田半水鄉。任是水多留下在，縣官白水要
徵糧。」一云：「千門萬戶派攤錢，皁隸催符滿市廛。聞說鄉村無間架，
西山十里泊官船。」又一云：「老子休官二十年，也隨官戶納官錢。昨宵
河下官兵過，一樣當差去挽船。」

十一月七日，徐乾學母顧氏逝，年六十一，賦誄文弔之。

徐乾學《憺園文集》卷三三《先妣顧太夫人行述》、尤侗《西堂雜組三
集》卷八《徐太夫人誄》、陳維崧《迦陵文集》卷十《祭徐母顧太夫人
文》。

冬，知府高暐署中有女仙降乩，云為前太守亡妾姚娟娟。應邀作《木瀆仙姬傳》，並贈十絕句。

> 尤侗《西堂雜組三集》卷六《木瀆仙姬小傳》：「木瀆仙姬自稱慈雲侍者，丙辰冬降乩郡侯高蒼岩使君署中，嘗敘生平，乞予立傳。」尤侗《看雲草堂集》卷八《贈木瀆仙姬十絕句》亦為此作。高暐，字蒼岩，襄陵（今屬山西襄汾）人，進士。《襄陵縣志》卷十一《人物》載其：「初任雲南曲靖府推官，轉江南徽州同知，升蘇州府知府，……以精勤成疾，卒於任。少與兄曦讀書村墅，專一至忘寢食，才名遠著。」

是年，孫女尤添生，瑞出。

> 《悔庵年譜》卷上。

是年，宗元鼎作《解連環》，分題《桃花源》、《黑白衛》、《李白登科記》（又名《清平調》）、《讀離騷》四劇。

> 宗元鼎《宗定九新柳堂集》卷七。宗元鼎（1620～1698）字定九，號梅岑、香齋、東原居士等，江都（今江蘇揚州）人。康熙十八年貢生，銓注州同知，未仕卒。著《新柳堂集》、《芙蓉集》、《小香詞》，生平事迹見《清史稿》卷四八四、《清史列傳》卷七〇、《國朝詩人徵略》卷五、《晚晴簃詩彙》卷三八、《江蘇詩徵》卷三、《清詩別裁集》卷八、《全清詞鈔》卷五、《清畫家詩史》乙上。尤侗與宗元鼎頗有交往，如侗曾為宗元鼎詩集作序，《西堂雜組三集》卷三《新柳堂詩序》：「盧陵宗子梅岑過吳門，攜其所著《芙蓉集》、《新柳集》二編示予，而命之序。」宗梅岑《宗定九新柳堂集》卷七亦有詩《鶴問家弟於市中得一古竹具或以為瓦或以為策尤悔庵作減字木蘭花兩解之餘亦為之著句》。宗梅岑性狷介，然能與侗交，以見侗性之隨和。

是年，余恂卒，年五十二。

> 《民國龍遊縣志》卷十九《人物傳》：「康熙十三年，耿精忠事起，縣民皆逃散，獨（恂）誓死不去。至（康熙）十五年，以寇未靖憂憤得疾，卒年五十二。」

康熙十六年丁巳年（1677）六十歲

春朝，作詩自敘，時方禮斗。

尤侗《看雲草堂集》卷八《丁巳春朝六十自敘五疊前韻四首》一云：「賦草虛傳亡是名，江南哀絕庾蘭成。徵輸正急經三載，婚嫁才完已一生。遍地風煙多帶甲，漫天雨雪又呼庚。只應辟穀遊仙去，夜半朝元白玉京（原注：予方禮斗）。」

一月，欽蘭六十初度，賦詩祝之。

尤侗《看雲草堂集》卷八《欽序三與予齊年用前韻爲壽四首》一云：「少小追隨常比肩，忽成二老興頹然。羨君多學餘詩料，愧我無官乏俸錢。採藥當尋霍去病，徵歌欲喚李延年。及時春酒須行樂，門外風塵正滿天。」

有事至昆山，即往太倉，寓隆福寺，寺主宣月乃侗宗人。

尤侗《看雲草堂集》卷八《至太倉隆福寺二首》一云：「十年重到此招提，頭白山僧出杖藜。舊日亭臺零落盡，桃花如雨鳥空啼。」又一云：「不識吾家老衲師，年年枯坐放生池。問予何事急歸去，架上朱藤正滿枝（原注：寺主宣月是予宗人）。」宣月生平事迹不詳。

三月三十日，曹爾堪、吳綺、丁澎、沈珩、顧彩、宋既庭等會飲看雲草堂。

尤侗《看雲草堂集》卷八《顧庵藹次飛濤昭子天石既庭枉集草堂賦得三月正當三十日》，詩云：「三月正當三十日，諸公集我水哉亭。已傷春色逐飛絮，常念人生如聚萍。潦倒杯槃殊率意，婆娑裙屐漸忘形。何須長歡催頭白，遮莫高歌放眼青。」《于京集》卷三《三月正當三十日和賈島韻十首》一云：「三月正當三十日，水哉亭子記前身。故園楊柳應無恙，啼盡黃鸝自送春（原注：丁巳是日，與諸公集賦詩亦用此句首倡）。」沈珩字昭子，號耿岩、稼村，浙江海寧人。康熙三年進士，授內閣中書，康熙十八年舉鴻博，授編修。著有《周易精義》、《十三經文鈔》、《耿岩文鈔》、《耿岩詩集》等等。生平事迹見《碑傳集》卷四四、《杭州府志》卷一四五、《海寧州志稿》卷十三《典籍六》。顧彩（1650～1718），字天石，號補齋、湘槎，別號夢鶴居士，無錫（今屬江蘇）

人，貢生。著《往深齋詩集》、《闢疆園文稿》、《鶴邊詞鈔》、與孔尙任合作戲曲《小忽雷》、《大忽雷》等，生平事迹見《江蘇詩徵》卷一三一、《全清詞鈔》卷六、張慧劍《明清江蘇文人年表》、《清詩別裁集》卷二六、《全清詞鈔》卷五等。吳綺（1619～1694）字薗次、豐南，號綺園、聽翁、菔叟，別號紅豆詞人，江都（今江蘇揚州）人。順治十一年貢生，薦授弘文院中書舍人，升兵部主事、武選司員外郎，後任湖州知府。著《林蕙堂集》、《蘭香詞鈔》，又有《嘯秋風》、《繡平原》、《忠愍記》等傳奇。

四月四日立夏，通判林鼎復招諸子集虎丘平遠堂送春。

尤侗《看雲草堂集》卷八《林天友明府招同諸子集虎丘雨中送春限韻》、《百末詞》卷四《水調歌頭·平遠堂雨中送春》、還有陳維崧《迦陵詞全集》卷十四《水調歌頭·平遠堂雨中即事林天友使君席上同曹顧庵丁藥園胡存人吳香爲園次六益余澹心尤悔庵宋既庭錢宮聲顧雲美伊人天石趙旦兮毛行九分賦共用煙字》、吳綺《林蕙堂全集》卷十七《林天友別駕招集平遠堂》等，知諸子均應林鼎復之邀參加此次虎丘聚會。林鼎復乃長樂人（今屬福建），《民國長樂縣志》卷二十四：「林鼎復，字道極，一字天友。順治初，大將軍范達禮薦授常州通判，在官九載，……鼎復篤於友誼，工吟詠，兼擅書法，著有《華鄂堂詩集》。」

四月二十四日，六十初度，諸君子皆登堂爲之稱觴。

七月，送尤瑞應鄉試，再至昆山。

尤侗《悔庵年譜》卷上。

八月，感寒疾。九月少間，同年孫一致學士來訪，拉飲至蘇家，歸而瘧作，昏憒幾殆，病中作《菩薩蠻》詞八闋誌感。

《悔庵年譜》卷上。尤侗《看雲草堂集》卷八《同年孫止瀾學士枉集贈詩依韻奉答》：「玉堂分與草堂分，繡被何緣共鄂君。南國逢秋多暇日，東籬把酒有停雲。十年叢桂王孫賦，萬里黃河太史文。正是茂陵愁病後，故人尺素慰殷勤。」可知時侗病稍有好轉，孫止瀾前來看望。此詩後有《一日飲歌》述飲後之苦，如：「一日飲，一日病，兩日較量誰便宜，不

飲何如不病勝。」乃記孫一致拉往飲酒患病事。又《百末詞》卷一《菩薩蠻・丁巳九月病中有感八首》一云：「苦寒又苦熱，飛夢驚明滅。何物返魂丹，空囊無一錢。」知時病情嚴重。孫一致字惟一，號擇安、止瀾，鹽城（今屬江蘇）人。順治九年殿試第二人，歷官侍讀學士。著有《世耕堂集》。生平事迹見《江南通志》卷一六六、《江蘇詩徵》卷三十、《清詩別裁集》卷五等。

十月病起，薄遊淮揚，路遭旗兵劫金。值主人避客，興盡而返。旅中與吳綺唱和頗多，歸舟作《駐雲飛・十空曲》。

尤侗《看雲草堂集》卷八《口號二首》一云：「世間怪事無不有，旗兵白晝劫江口。我登江船遭毒手，操刀嚇人攫金走。」又「人生百事不如意，水陸跋涉投空寓。大夫臥病鹽鐵署，太守走馬吳陵去。主人不在客彷徨，二十四橋無行處，天寒悲風日暮雨。」又同卷八《寫悶三首》一云：「離家五百里，浪跡已零丁。盜賊公要奪，主人去杳冥。……悔作揚州夢，塗窮哭未醒。」又一云：「十年不作客，辛苦白頭吟。病後携殘藥，悲來碎斷琴。」可知揚州之行乃於尤侗病起，此遊途中遭劫，訪人不遇。《百末詞》卷六收有尤侗此行所作《駐雲飛・十空曲》。

是歲閩廣皆平，楚中會剿，時江南有造船之役，所見所感，作《民謠三章》記之。

尤侗《看雲草堂集》卷八《時事》：「六詔忽蠢動，八閩遂草竊。烽煙蔽三楚，鼙鼓震兩浙。」同卷八《民謠三首》之《多打吏》、《急丈田》、《伐木伐木聲許許》亦記時事。

冬，至揚州，訪舊地，念及王士禛兄弟，為王士祿作誄文。

尤侗《西堂雜組三集》卷八《王考功誄並序》：「乙卯阮亭寓先生年譜命作誄詞，予未有以應，督之再三，而終不能忘也。今丁巳冬，予復至揚州，與諸君子游，輒談起二王事，距先生歿蓋已五載，而與先生別官署則十有三年矣。登文選樓，眺平山堂、紅橋諸勝，風景依然，而其人已往。然俯仰之間，先生之鬚眉杖履猶若彷彿在焉。寒冰日落，不勝思舊之感，爲唏噓久之。案，尤侗曾於康熙四年乙巳（1665）至揚州拜訪王士禛、士祿兄弟，與此誄文中所云十三年正合。

十一月，值此揚州之遊，為孫枝蔚《溉堂詞》作序。

孫枝蔚《溉堂詞》卷首有尤侗序，末署：「康熙丁巳仲冬長洲同學弟尤侗題於廣陵旅次。」尤侗《西堂雜組三集》卷三有《溉堂詞序》。孫枝蔚（1620～1687）字豹人，號溉堂，三原（今屬陝西）人。明亡時曾起兵抗清，後南下江都作鹽商。不久，又棄商讀書，乞食江湖，而詩益工。康熙十八年（1679）詔試博學鴻詞，求罷不允，授內閣中書銜。後乃離京，客遊四方。著《溉堂集》。生平事迹見《清史列傳》、《清史稿・文苑》本傳、《江蘇詩徵》卷三十、《清詩別裁集》卷十二、《全清詞鈔》卷五。

有吳江女王媛，夫死守節孝老，為之論贊。

尤侗《西堂雜組三集》卷六《王媛貞孝論》。

是年，尤珍幼子世文生後四十天卒。

尤珍《滄湄詩稿補遺》卷一《悼文男四首》（丁巳）一云：「墮落紅塵亦偶然，四旬父子了前緣。浮雲變滅須臾事，此去應歸兜率天。」又一云：「荊布蕭然十載餘，況經多病食常蔬。懷中索乳應難飽，兒日啼饑父讀書。」案，尤珍與丘氏成婚乃於康熙五年，距時康熙十六年為「十餘載」，正合，知其幼兒當生卒於是年。尤珍《滄湄年譜》康熙十八年對此亦有載。

欽蘭卒，享年六十。

《民國吳縣志》卷六十六《列傳四》。

康熙十七年戊午年（1678）六十一歲

春，陸婿德元赴池州任職。

尤侗《看雲草堂集》卷八《送陸益孫婿之池州二首》一云：「送子上池陽，春風開講堂。傳家惟孝弟，報國在文章。鄭草垂書帶，江花照筆床。九華青色近，時可泛壺觴。」九華山位於安徽池州，故尤侗詩中有「九華青色近，時可泛壺觴」句。

冒襄有《移家江南圖》，與諸公賦詩贈之。

尤侗《看雲草堂集》卷八《冒闢疆移家詩二首》一云：「著屐漫尋鄧尉里，停車還借鄭公鄉（原注：居停鄭氏）。」冒襄《同人集》卷八有余懷《題高淡游寫贈巢民移家江南圖二首》、鄧林梓《寫贈巢民先生移家江南圖並題二首》等諸公贈和詩。由於此詩介於送陸婿及寄勞之辨詩之間，很可能該詩亦作於時，姑置於此。

春日正好，寄詩勞之辨。

尤侗《看雲草堂集》卷八《寄勞書升學使二首》有句：「遲日春光遍四郊，使君燕喜醉葡萄。」知該詩當作於春日。勞之辨（1639～1714）字書升，晚號介岩，石門（今屬浙江桐鄉）人。康熙三年進士，累官至左右通政、左副都御史等職。康熙四十七年以事罷歸，後復原職。著《靜觀堂詩集》。生平事迹見《浙江通志》卷二三六、《清詩別裁集》卷九、《康熙嘉興府志》卷十四《人物》等。勞之辨與尤侗詩文書信過從較多，另還有《靜觀堂詩集》卷十三《論詩柬尤悔庵十五首》。

三月，汪懋麟過飲水哉軒，賞菜花。

尤侗《于京集》卷三《家在江南楊柳村》後有汪懋麟附和詩，云：「家在江南楊柳村，一池清漲未全渾。年時記得開軒坐，粉蝶黃花竟入門（原注：戊午暮春，飲水哉軒，時南園菜花如錦）。」汪懋麟（1640～1688）字季用，更字蛟門，晚號覺堂，江都（今江蘇揚州）人。康熙六年進士，授內閣中書，官刑部主事。入史館，充纂修官，所撰甚富。工詩詞，與汪楫為時人目為「二汪」，又與宋犖、田雯、葉封等號稱「輦下十子」。著有《百尺梧桐閣詩集》、《文集》、《錦瑟詞》等。生平事迹見《清史稿》卷四八四、《清史列傳》卷七一、《國朝耆獻類徵》卷一四一、《碑傳集》卷五九、《全清詞鈔》卷四、《江蘇詩徵》卷七一、《清詩別裁集》卷九等。

常熟薛熙過訪看雲草堂，時其即遊陝西。

尤侗《看雲草堂集》卷八《薛孝穆過訪草堂即送其遊秦次鈍翁韻二首》一云：「薛宣經術士，才氣亦飛揚。抱膝吟吾谷，驅車下太行。白雲古道滿，青草暮春長。倘遇關西子，論文不厭詳。」可知時為春暮，薛熙過訪後即遊秦。薛熙字孝穆，號半園主人，常熟（今屬江蘇）人，布

衣。湯斌曾延之幕府，與修《江南通志》。著《依歸集》、《秦楚之際遊記》。生平事迹見《江蘇詩徵》卷一五六、《光緒常昭合志》卷三十《人物九》。

淮陰金遠水、黃大宗來訪不值而留詩以贈。三月十二日寒食，金遠水再至，侗賦詩奉答，黃大宗已歸，遂寄詩酬之。

尤侗《看雲草堂集》卷八《淮陰金遠水黃大宗過訪不值辱各贈詩遠水再至草亭依韻奉答二首》云：「蓬門高臥對垂楊，有客停車滿座香。兩地不逢思昔昔，一朝相見賦堂堂。家依叢桂王孫宅，出攬颸風公子裳。寒食春深小住好，桃花正發酒爐旁。」可知，金遠水再至之日正值寒食。又卷八《大宗已歸酬寄二首》乃酬黃大宗所作，詩云：「相望南桑與北楊，無雙姓字記黃香。乍沖寒雪尋梅市，卻趁春風到草堂。公子不留青雀舫，佳人空憶白霓裳（原注：予嘗作《木蘭花》詞為大宗悼亡）。何時訪舊淮陰里，繫馬高樓大道旁。」黃大宗、金遠水二人生平事迹待考。

三月二十九日穀雨，徐乾學招飲花溪草堂看花。

尤侗《看雲草堂集》卷八《徐健庵太史招集花溪草堂看花限韻二首》有句：「正逢穀雨田家好，莫向風前惜落花。」可知是日正逢穀雨。

五月二十八日，孫默卒，年六十六。

王漁洋《漁洋文略》卷十一《祭孫無言》、汪懋麟《百尺梧桐閣集》卷五《孫處士墓誌銘》。

夏，曹寅父暨內工部織造曹璽進京面上，獲賜宴並賞翰墨「敬慎」二字及唐人絕句。

尤侗《艮齋倦稿文集》卷十三《御書贊》：「維康熙十七年戊午夏，內工部織造臣璽入覲京師，皇上臨軒宴勞有加，隨以御書『敬慎』二大字及唐人絕句賜焉。」

原正月間詔徵博學鴻儒，命內外諸臣各舉所知，兵部尚書王熙與工部尚書陳敱永均舉薦侗。

《悔庵年譜》卷下。《聖祖實錄》卷七一：「康熙十七年（1678）正月乙

未，諭吏部：『自古一代之興，必有博學鴻儒振起文運、闡發經史、潤色詞章，以備顧問著作之選。朕萬幾餘暇，遊心文翰，思得博學之士用資典學。我朝定鼎以來，崇儒重道，培養人才。四海之廣，豈無奇才碩彥、學問淵通、文藻瑰麗、可以追蹤前喆者？凡有學行兼優、文詞卓越之人，不論已仕、未仕，令在京三品以上及科、道官員，在外督、撫、布、按，各舉所知，朕將親試錄用。其餘內、外各官，果有真知灼見，在內開送吏部，在外開報督、撫，代為題薦。務令虛公延訪，期得真才，以副朕求賢右文之意。爾部即通行傳諭。』於是大學士李霨等薦原任副使道曹溶等七十七人。」黃鴻壽《清史紀事本末》卷二十一《鴻博經學諸特科》載：「聖祖康熙十七年，春正月，召舉博學弘儒，備顧問著作之選。時海內新定，明室遺臣，多有存者，居恒著書言論，常慨然有故國之思。帝思以恩禮羅致之，至是諭吏部，凡有學行兼優，文詞卓越之士，不論已仕、未仕，令在京三品以上及科道在外督、撫、布、按，各舉所知以應，將親試錄用。」福格《聽雨叢談》卷四：「康熙八年，既復八比之文，天子念編纂《明史》必需績學能文之士，乃詔啟博學鴻詞之科，以羅博洽之彥。無論京外現任及已仕、未仕、布衣、罷退之士，均准薦舉。內由三品以上大員科道御史、外由布按兩司以上，各舉所知，惟翰林不預焉。十（六）七年詔下，次年己未三月初一日，試於體仁閣下。直隸省薦舉十五人，江南六十七人，浙江四十九人，山東十三人，山西十二人，河南五人，湖廣六人，陝西九人，江西三人，福建三人，貴州一人，其餘用兵省分未薦，共得一百八十三人。」王熙《王文靖公集》卷末附自著《年譜》丁巳年載：「奉諭舉博學鴻詞人員，具疏薦原任推官尤侗、中書汪懋麟。」尤侗《鶴棲堂稿文集》卷五《大學士王文靖公祭文》及《西堂雜組三集》卷五《寓陳大司空書》均有感激之辭，如謁恩陳敱永之《寓陳大司空書》：「若閣下之於侗雖吳越相去三百餘里，未嘗一望見顏色也，以大司空之尊，俯視邊庭散吏，不啻上下床之別也。」可知王、陳二人舉薦尤侗事。陳敱永乃陳之遴子，字雖期，號學山，浙江海寧人。順治乙未（1655）進士，由內翰林宏文院庶吉士歷官至工部尚書，謚文和。有《丹墀奏議》二十卷。生平事迹見《海寧州志稿》卷十三《典籍六》、《杭州府志》卷一二五。

六月十一日，與宋既庭同行北上，珍兒將赴公車從焉。徐釚亦於其時應試進京。

尤侗《哀絃集後·哭瑞兒文》：「吾出門在六月十一日，汝母送我於屏，汝送我于關，皆歡然無恙也。」尤侗《西堂全集·于京集》（自戊午六月至己未二月止）卷一《赴詔言懷四首》一云：「天子求賢下制書，群臣薦表滿公車。自多冠帶塡金馬，何意弓旌賁草廬。對策豈能追賈董，上言曷敢比嚴徐。入山未遠長安近，不許休官賦遂初。」勞之辨《靜觀堂詩集》卷十一《送尤慧珠宮贊省覲兼懷尊甫悔庵太史》：「一朝聖祖開芸局，忽下蒲輪賁草萊。先生襆被來奉詔，吾子登瀛正年少。」亦載尤侗應召之事。由尤侗《于京集》卷一《德州同既庭坐月》：「今夜德州月，故人欣共看。知心時俗少，行役暮年難。白露愁砧杵，秋風憶釣竿。漫誇西域獸，萬里入長安。」可知宋既庭同赴京師應試。《滄湄年譜》康熙十七年：「詔舉博學鴻儒，先大人應詔被徵，六月啓行，予隨至京。」可知尤珍是時亦因應會試隨同一道入京。徐釚《南州草堂集》卷六有《應詔入都呈司農公二首》，由於卷六詩自戊午時起，而此詩在卷首，故可知時爲六月。徐釚（1636～1708）字電發，號虹亭、拙存，晚號楓江漁父，江蘇吳江人。監生，康熙十八年舉博學鴻儒，官授檢討。會當外轉，遽乞歸。後起原官，不就。著《南州草堂集》、《詞苑叢談》、《本事詩》及《菊莊樂府》等。

行五日後，曹令在家箭風症發作。

尤侗《哀絃集後·哭瑞兒文》作於康熙十九年，云：「前歲六月，吾應詔北上，大兒同行，留汝在家侍母。豈料行五日而母病。」尤珍《滄湄詩稿·自題》：「於戊午侍家大人應詔赴京，忽遭先慈之變，風木之感，銜恨終天。」

途中，賦詩述聞見。

尤侗《于京集》卷一《熱》、《舟阻京口》、《揚州寓寺立秋》、《高郵同既庭夜話》、《碧霞元君祠》、《淮上》、《黃河二首》、《病》、《故城夜泊》、《河上老翁歎》、《舟行絕句三首》、《濟上七夕二首》、《南旺分水》、《寄家信四首》、《臨清阻風》、《德州同既庭坐月》、《滄州漫興二首》、《蟋蟀》、《雨夜侯既庭舟不至鄰舟有吹笛而歌者二首》等，以及尤珍《滄湄詩稿》卷

二《宿江陰永定禪院》、《寄家信》、《京口渡江二首》、《寓揚州馴象寺樓》、《露筋祠》、《高郵》、《淮安》、《蚤行即事》、《河口》、《駱馬湖》、《偶述二首》、《漫興》、《雨》、《七夕》、《登太白酒樓》、《南旺分水》、《自安山牐至張秋》、《舟遲寫悶》、《臨清道中》、《御河》、《滄州遲宋徵君舟不至》、《舟中遣懷二首》等均乃父子二人行舟沿途所作。

七月抵京，上書王熙感薦舉恩。

尤侗《悔庵年譜》康熙十七年云：「七月入都，時同徵者未集。」尤侗《于京集》卷一有《上大司馬宛平王公》，由於此書於進京途中諸詩作之後，故可推知該書乃此時所上，實爲合情合理。

七月七日，得瑞兒來書，知妻令病重。

尤侗《西堂雜組三集》卷七《先室曹孺人行述》：「六月十七日，（令）忽發蠱脹甚重，此瑞兒七夕之信也。」

孫致彌任高麗使還朝，賦詩賀之。

尤侗《于京集》卷一《賀孫愷似高麗使回秋捷》。孫致彌字海似、愷似，號松坪，嘉定（今屬上海）人。康熙中被薦以太學生，戊辰中進士，改庶吉士，官至翰林院侍讀。著《杕左堂詩集》、《詞》、《續集》、輯《詞鵠初編》。生平事迹見《四庫全書總目》卷一八三、《江蘇詩徵》卷三十、《清詩別裁集》卷十七、《全清詞鈔》卷六。

秋，沈虬往令嘉善，賦詩送之。

尤侗《于京集》卷一《送沈次雪令嘉善》：「薊門秋色起雙鳧，仙吏輕舟進鶴湖。」尤侗《西堂雜組三集》卷四《沈次雪詩序》：「戊午予以應詔入都，復遇沈子，沈子新授嘉善令，朱輪華轂，馳出青門，意氣豪上不減少年。時予亦以史事濫竽玉局，自顧頹然，殆將老矣。」即記康熙十七年京師會面一事。沈虬字次雪、雙庭，號繭村，江南吳江（今屬江蘇）人。以歲貢知錢塘縣，後調嘉善，生平事迹見《江蘇詩徵》卷一一九、《蘇州府志》卷一百十。

時同徵者未集，上命待詔闕下，月給米三斗、銀三兩。同人因舉公宴，會者百餘人。

尤侗《悔庵年譜》卷下。又《于京集》卷一《賜廩恭紀二十八韻》有詩句「預憂旅斧乏，早念客衣涼。特賜金三品，兼支粟一囊」記賜廩事。同卷一《同舉諸公公讌》為此次飲宴所作，詩云：「芙蓉闕下集簪裾，四海朋來慰索居。烏有客方偕子墨，楊雄文或似相如。解衣共醉新豐酒，傾蓋相逢下澤車。寄語靈臺南太史，德星可紀漢京書。」

中書舍人葉舒崇應博學鴻辭進京，以病卒，與諸公賦詩弔之。

尤侗《于京集》卷一《挽葉元禮舍人三首》、徐釚《南州草堂集》卷六《哭葉元禮舍人和棠村公韻二首》、朱鶴齡《愚庵小集》卷四《哭葉中翰元禮》等均為是時所作。葉舒崇（1638～1678），字元禮，號謝齋，別號宗三，江南吳江（今屬江蘇）人。康熙十五年進士，官至內閣中書，舉博學鴻儒，未試卒。著有《宗山集》、《謝齋詞》、《哀江南賦注》，生平事迹見徐釚《本事詩後集》、《平湖縣志》卷十八、《江蘇詩徵》卷一六一、《清詩別裁集》卷十、楊鍾羲《雪橋詩話餘集》、《全清詞鈔》卷四等。

訪王漁洋於其京邸，交王士祜。

尤侗《西堂雜組三集》卷六《王東亭進士傳》：「戊午秋，予北上，晤阮亭於京邸，則東亭進士在焉。」王士祜（1632～1681）字子側，一字叔子，號東亭、古缽山人，山東新城（今山東桓臺）人。康熙九年進士，未仕而卒。王士禛輯其詩成《古缽山人遺集》。生平事迹見《清史稿》卷四八四、《清史列傳》卷七〇、李元度《國朝先正事略》卷六、《國朝詩人徵略初編》卷八、《清詩別裁集》卷九等。

八月，西洋國進貢獅子，時待制闕下諸公皆賦詩詠之。

《聖祖實錄》卷七六：「康熙十七年八月庚午，西洋國主阿豐素遣陪臣本多白壘拉進表貢獅子。」尤侗《西堂雜組三集》卷一《西洋貢獅子賦》、《皇清文穎》卷六十二王士禛《大西洋貢獅子歌應制》、同書卷四十四徐嘉炎《大西洋國貢獅子賦》、彭孫遹《松桂堂全集》卷二《西域獻獅子》、高士奇《隨輦集》卷三《西洋貢獅子歌》、徐嘉炎《抱經齋文集》卷一《大西洋國貢黃獅子賦》、葉方藹《葉文敏公集》卷十三《西域貢獅子行》、陳廷敬《午亭集》卷二十一《觀西洋進貢獅子》、陳維崧《迦陵詞全集》

卷十一《雪獅兒‧戊午秋西域獻黃獅子至一時待詔集闕下者不下百人皆作詩歌揄揚盛事崧亦填詞一首》等均爲此所作。

八月間，得妻兄曹隆吉函，知妻令所患箭風已愈。九月十九日酉時，曹令以疾逝，享年五十八歲，臨終之時檀香滿屋。

尤侗《西堂雜組三集》卷七《先室曹孺人行述》：「繼云：『仍是箭風，有專科延治，已愈。』此婦兄曹隆吉八月之信也。瑞兒時赴鄉試，無信至。十月十六日訃至，則云：『氣血兩虛，眾醫皆投參術無效，竟不起矣。』……婦生於故明天啓辛酉八月十一日申時，卒於皇清康熙戊午九月十九日酉時，享年五十有八。」尤侗《哀絃集‧王阮亭先生貽箚云十一月望前一日夢先生以嫂夫人小照屬題視之乃疊像也覺與子側家兄言之深爲歎異予有感焉漫成二絕》後自注：「亡婦臨終滿屋聞栴檀香。」

十月十六日訃至京，慟哭之，請歸不允，遂遣珍兒星夜回鄉奔喪。並草文致祭，作《先室曹孺人行述》及悼亡詩若干。

尤侗《西堂雜組三集》卷八《祭先室曹孺人文》：「維康熙十七年十月十六，杖期拙夫尤侗在京師聞吾妻敕封孺人曹氏於九月十九日病故，驚痛幾絕，以奉旨候試不得歸，乃遣長男珍星夜奔喪。」尤侗《艮齋倦稿詩集》卷五《題傷絃稿三首》序：「予於戊午入京，喪妻曹氏，哭之，過時而悲，有《哀絃集》。」陳維崧《迦陵文集》卷十《尤母曹孺人誄》：「維康熙十有七年九月十九日，尤母曹孺人卒於家，春秋五十有八。……孝廉（尤珍）邸中聞訃，既素鞿星奔，麻衣遄返。悔庵方以金門待詔，玉幾求賢，築館都亭，授餐闕下，屢申請急之祈，未驗還鄉之夢。」尤珍《滄湄年譜》康熙十七年：「冬，聞先母訃，奔喪南歸。」

時彭定求移侗同寓，彭孫遹亦晨夕相勞苦。

尤侗《悔庵年譜》卷下。《哭亡婦曹孺人詩六十首》一云：「骨肉情親寄一塵，頻沽斗酒慰燈前。人間那得消愁處，夜炷清香叩玉仙（原注：彭子訪濂移予同寓）。」彭定求《南畇老人自訂年譜》康熙十七年：「冬，尤悔庵先生、羨門叔方以薦舉應試，從弟寧求舉丁巳鄉試，公車至，同住京寓。」可知彭孫遹、尤侗、彭寧求等是時皆寓彭定求處。案，如前載尤侗七月已入都，彭定求當以侗妻亡事始移之同住。

杜登春子杜香武卒，賦詩為悼。

尤侗《于京集》卷一《挽杜九高令子香武三首》一云：「孤鴻啼罷斷猿啼，旅舍寒冰落日低。才寫輓歌先下淚，難言我自哭亡妻（原注：予方悼亡）。」杜登春字九高，一字九皋，號讓水，江南華亭（今上海松江）人。拔貢，官廣州同知。著有《尺五樓詩文集》，生平事迹見《江蘇詩徵》卷一〇三、《嘉慶松江府志》卷五十六《古今人傳八》等。

王士禛讀侗悼亡詩後，又示侗以悼亡之作，二人倍生傷感。

王士禛《漁洋精華錄》卷八《悼亡詩（原注：哭張宜人作）》。尤侗《哀絃集》之《又律詩十首》後有王士禛評語：「讀悔庵先生悼亡諸篇，雖木石腸亦應感動，況根觸舊愁如僕乎？因簡篋中往作《悼亡詩三十五首》質之悔庵。語云：『下瀨之魚，因復俱流。』其吾兩人之謂歟？」尤侗《于京集》卷一《題王阮亭侍讀悼亡詩後三首》乃讀王阮亭此時悼亡詩而作，一云：「彈絕哀絃曲未終，相憐相泣病相同。吾家雖有閨房秀，那及王家林下風。」

十一月八日乃曹令歿後七七之期，時值冬至，遂就寺禮懺，請杜真人降乩。諸公亦往弔之，所作挽詩收入《哀絃集》。

尤侗《西堂雜組三集》卷八《七終再祭亡室文》：「嗚呼，今日何日，吾妻七七之期終矣。正值小至，故吾就寺禮懺，並以麥飯奠汝。吾自聞訃以至今日，血淚未乾。前二十二日，送大兒歸去，臨歧哭別，哀感路人。彭親家念我孤寂，接往同住。……今日者，都門諸老先生百餘人，同舉諸公不下百人，同鄉親友數十人，皆來赴弔，為文祭汝。」案，曹令卒於九月十六日，其七七之日當為十一月八日，可推算尤侗乃於十一月八日暨冬至之日為亡妻舉行禮懺。《哀絃集》後附諸公挽詩，作者有梁清標、王士禛、汪琬、李天馥、孫一致、施閏章、沈荃、毛奇齡、彭孫遹、宋實穎、孫枝蔚、李念慈、葉封、鄭重、王頊齡、王鴻緒、陳錫嘏、李因篤、馮雲驤、彭定求、張烈、黃與堅、周清原、李澄中、沈玠、丘象隨、方象瑛、龍燮、陳維岳、倪燦、米漢雯、嚴繩孫、喬萊、高詠、張鴻烈、白夢鼐、毛升芳、龐塏、陸葇。又有挽詞，作者有毛際可、鄧漢儀、曹貞吉、徐釚、曹廣端、陳維崧、田茂遇、朱彝尊、李良年。又有汪楫、馮甦作挽騷，宋德宜作誄文，及彭孫遹、施閏章、宋實穎等所作祭文。

尤侗《西堂雜組三集》卷四《葉井叔悼亡詩序》：「戊午九月，予在京師，喪婦曹氏，哭之，過時而慟。諸君子哀之，並作挽詩以相弔也。而葉子井叔之詩有夢迴腸斷之句，予讀之泫然。」亦載悼亡一事。

黃道周到壇訓告，自其時至除夕，侗與二彭應法吟詩多首。黃道周號侗曰：「敦艮子」。守壇仙吏為同鄉徐汧。

尤侗《悔庵年譜》卷下。尤侗《于京集》卷一《春朝應右局教和羨門韻》、《玉皇降辰應教和前韻》、《戊午除夕限韻四首（原注：凡限韻者皆仙乩所限韻，與羨門、訪濂同作，後仿此)》均為應法事而作。黃道周（1585～1646），字幼平，又作幼玄，一字螺若，號石齋，漳浦（今屬福建）人。天啓二年（1622）進士，福王時官禮部尚書，唐王時為武英殿大學士。曾率兵抗清，至婺源，兵敗不屈而死。著《易象正》、《三易洞璣》、《太函經》、《洪範明義》、《續離騷》、《石齋集》等，生平傳記見《明史》卷二五五。徐汧，字九一，號勿齋，長洲（今江蘇蘇州）人，徐柯、徐枋之父。崇禎戊辰進士，選庶吉士，授檢討，遷右諭德，福王時任少詹事，清兵破南京後投水而死。生平事迹見《明史》卷二六七。案，黃道周、徐汧均殉明而卒，由於尤侗請做法事道場，故於此出現。

十一月間，宋犖奉旨視榷贛州，京師諸公賦詩送之。

尤侗《于京集》卷一《送宋牧仲榷使贛州》、宋犖《西陂類稿》卷四十七《漫堂年譜》、王士禛《漁洋續集》卷十一《送宋牧仲員外榷贛州四首》、孫枝蔚《溉堂續集》卷六《送宋牧仲員外榷稅虔州兼寄懷易堂諸子》、徐釚《南州草堂集》卷六《送宋牧仲比部榷關贛州》、潘耒《遂初堂詩集》卷三《送宋牧仲摧（榷）贛關三首》、徐嘉炎《抱經齋詩集》卷十四《浣溪紗·送宋牧仲比部之贛州》、陳錫嘏《兼山堂集》卷八《送宋牧仲榷稅贛州三絕句》、王崇簡《青箱堂詩集》卷三十三《送宋牧仲榷贛關》、陳維崧《湖海樓詩集》卷六《送宋牧仲員外出榷贛關》、魏禧《魏叔子文集外篇》卷十《贈宋員外榷關贛州敘》、汪琬《鈍翁續稿》卷十三《送宋牧仲榷贛州關詩序》等均為贈別之作。其中趙經達輯《汪堯峰先生年譜》康熙十七年戊午載：「仲冬，宋牧仲榷贛州關，諸相識率皆往餞又贈以詩，先生（即汪琬）作序。」證實諸公此次為宋犖送行之事。

十一月十四日，王漁洋夢侗以妻曹令小像屬題，視之卻為疊像，
醒來與兄士祜言之。

> 尤侗《哀絃集‧王阮亭先生貽箚云十一月望前一日夢先生以嫂夫人小照
> 屬題視之乃疊像也覺與子側家兄言之深為歎異予有感焉漫成二絕》，其一
> 云：「君為天女我維摩，卻倩王維作輓歌。何處掲來何處去，眾香國裏好
> 婆娑。」

十七日，王崇簡卒於里第。

> 王熙《王文靖公集》後附自著《年譜》、葉方藹《葉敏公文集》卷五《光
> 祿大夫太子太保禮部尚書王公墓誌銘》等。《聖祖實錄》卷七八：「康熙
> 十七年十二月，予故原任太子太保禮部尚書王崇簡祭葬，諡文貞。」

十一月底，署名昌黎學人者為序《哀絃集》。

> 尤侗《哀絃集》卷首有序，末署云：「戊午仲冬之杪，昌黎學人偶題。」

康熙十八年己未年（1679）六十二歲

是春，清兵平湖南，賦詩頌之。

> 尤侗《于京集》卷一《湖南凱歌四首》。

自元旦起，杜黃二真人繼做法事，直至二月三日。侗賦詩並作
《桂香殿賦》等獻之。

> 尤侗《悔庵年譜》卷下。《西堂雜組三集》卷一《桂香殿賦》、《于京集》
> 卷一《己未元旦限韻四首》、《上元即事限韻四首》、《憶江南早梅限韻》、
> 《旅夜聞春雁聲限韻》等均為此期所作。

二月十五花朝，十四日，曹廣端招同朱彝尊、李因篤、鄧漢儀、
潘耒、陸次雲、徐嘉炎、董俞、吳雯、彭孫遹、陳維崧、徐釚、
汪楫、孫枝蔚等應試博學鴻儒者會集宴飲。

> 據徐釚《南州草堂集》卷六《花朝前一日曹正子招同李天生孫豹人鄧孝
> 威尤悔庵彭羨門李屺瞻陳其年汪舟次朱錫鬯李武曾王仲昭陸冰脩沈融谷
> 陸雲士楊六謙李渭清顧赤方吳天章潘次耕董蒼水田髯淵吳星若諸君讌集
> 園亭二首》，可知是日曹廣端邀集宴飲者有李因篤（良年）、孫枝蔚（豹

人)、鄧漢儀(孝威)、尤侗(悔庵)、彭孫遹(羨門)、李念慈(屺瞻)、陳維崧(其年)、汪楫(舟次)、朱彝尊(錫鬯)、李良年(武曾)、王仲昭、陸嘉淑(冰脩)、沈暤日(融谷)、陸次雲(雲士)、楊還吉(六謙)、李澄中(渭清)、顧景星(赤方)、吳雯(天章)、潘耒(次耕)、董俞(蒼水)、田茂遇(鬚淵)、吳星若等二十二人。尤侗《于京集》卷一《花朝前一日曹正子招諸同人雅集二首》、朱彝尊《竹垞文類》卷九《同諸公集曹主事廣端齋得郎字》、李因篤《受祺堂詩》卷二十一《曹主事正子招集屬賦近體二首》、彭孫遹《松桂堂全集》卷十八《己未花朝諸名士讌集曹玉淵宅分韻賦詩予方臥痾不至詩亦後成即此簡曹并諸子》、徐嘉炎《抱經齋詩集》卷九《花朝前一日曹正子主政讌集同人即席分得行字先字》等均爲其時所作。李因篤(1631～1692),字天生,更字孔德,號子德、中南山人,陝西富平籍,其先爲陝西洪洞人。明諸生,舉康熙十八年博學鴻儒,授檢討。著《受祺堂集》。生平事迹見吳懷清編《天生先生年譜》、《清史列傳》卷六十七、《清史稿》卷四八〇李顒傳附、顧炎武《亭林文集》卷五《富平李君墓誌銘》、《清詩別裁集》卷十一。鄧漢儀(1617～1689)字孝威,號舊山、舊山農、缽叟,泰州(今屬江蘇)人。康熙十八年鄧漢儀亦舉博學鴻儒,授內閣中書,歸里。著《蕭樓集》、《淮陰集》、《燕臺集》、《被徵集》、《慎墨堂筆記》等,生平事迹見《清史稿》卷四八四《文苑》一、《清史列傳》卷七一《文苑傳》二、《江蘇詩徵》卷一五〇、《清詩別裁集》卷十二、《全清詞鈔》卷五等。尤侗《西堂雜組三集》卷三有爲鄧漢儀所作《蕭樓集序》,知其與尤侗應有私交。潘耒(1646～1708)字次耕,號稼堂,晚號止止居士,吳江(今屬江蘇)人。舉博學鴻儒,授檢討。著《遂初堂詩集》、《文集》、《別集》、《類音》,生平事迹見《清史列傳》、《清史稿·文苑傳》、《清詩別裁集》卷十二、沈彤《徵仕郎翰林院檢討潘先生耒行狀》。陸次雲,字雲士,號北墅,錢塘(今浙江杭州)人。曾官江蘇江陰知縣,有政績。有《澄江集》、《北墅緒言》、《玉山詞》等。生平事迹見《清史列傳》卷七〇《文苑傳》一、《國朝詩人徵略》卷一四、《道光江陰縣志》卷一五、《杭州府志》卷一四五、《清詩別裁集》卷十五、《全清詞鈔》卷八。徐嘉炎(1631～1703),字勝力,號華隱,秀水(今浙江嘉興)人。副貢,康熙己未召舉博學鴻儒,授檢討,官至內閣學士。著《抱經齋詩集》,又有《說經》、《談史》、《見聞雜

錄》等。生平事迹見《清史列傳》卷七〇、《清史稿》卷四八九、《國朝先正事略》卷三九、《國朝詩人徵略初編》卷一一、《清詩別裁集》卷十二、《全清詞鈔》卷五。董俞，字蒼水，號樗亭，江南華亭（今上海）人。順治十七年舉人，康熙十八年舉博學鴻儒未中。著《樗亭集》、《浮湘集》、《度嶺集》等，生平事迹見《國朝耆獻類徵初編》卷四二三、《光緒重修華亭縣志》卷十六《人物》。翁方綱《蓮洋吳徵君年譜》康熙十八年己未：「花朝前一日集曹正子園。」證實吳雯亦參與此次聚會。吳雯（1644～1704），字天章，號蓮洋、玉溪生，奉天遼陽人，占籍山西蒲州。諸生，康熙十八年舉博學鴻儒不遇。著《蓮洋集》，生平事迹見《碑傳集》卷一三八、《清詩別裁集》卷十四、《全清詞鈔》卷五。曹廣端字正子，順天（今屬北京）人，官主事。

二月二十三日寒食，獨登毗盧閣，懷宋琬、施敬先、陸壽名。

尤侗《于京集》卷一《寒食登毗盧閣二首》一云：「獨登毗盧閣，蒼然見帝都。東風作寒食，百草滿平蕪。」又由「苦憶松陰下，攜樽共故人（原注：壬辰清明日，宋荔裳攜酒，同施爾恭、陸處實小飲松下，今三子皆已亡矣）」句，可知尤侗此次登毗盧閣，憶及亡友。

三月初一，太和殿御試博學鴻儒。試題為《璿璣玉衡賦》並四六序、《省耕詩》排律二十韻，賜飯體仁閣下。

《康熙實錄》卷八〇：「康熙十八年己未三月丙申朔，……試內外諸臣薦舉博學鴻儒一百四十三人於體仁閣，賜宴，試題《璿璣玉衡賦》、《省耕詩》五言排律二十韻。」福格《聽雨叢談》卷四：「己未試題：《璿（璿）機玉衡賦》、《御製省耕七（五）言排律詩》二十韻。」趙經達輯《汪堯峰先生年譜》康熙十八年：「奉詔三月初一日考試，是日平明，諸薦舉人員一百八十六人齊集太和門，以次魚貫入詣太和殿前，鴻臚寺唱行九叩頭，禮畢，赴東體仁閣下，發題《璿璣玉衡賦》並四六序、《省耕詩》排律二十韻，用黃紙十張寫題，放黃幃桌上，跪領題訖，用矮桌列墀下，坐地作文。日中，鴻臚引出，跪聽上諭，云：『諸士皆讀書博古，當世賢人，朕隆重有加，遂命光祿授餐，使知敬禮至意。』引上閣設席，詔二品三人陪宴，既畢，叩頭謝恩。從容握管，完者先出，未完者命給燭，至漏二下始罷。吏部收卷，翰林院總封，進呈御覽。」尤侗《西堂雜組

三集》卷一《璿璣玉衡賦》、《于京集》卷二《三月朔日太和殿御試賜飯
體仁閣下恭紀二律》、《御試省耕詩二十韻》、王頊齡《己未三月初一日御
試博學鴻儒於太和殿前賜宴體仁閣下恭紀》等均爲是時所作。

二十九日，榜發。欽取五十人，其中上上卷二十名列一等，侗列二等十一名。

《康熙實錄》卷八十：「康熙十八年己未三月……甲子（即三月二十九
日），諭吏部：『薦舉到文學人員，已經親試，其取中：一等彭孫遹、倪
燦、張烈、汪霦、喬萊、王頊齡、李因篤、秦松齡、周清原、陳維崧、
徐嘉炎、陸葇、馮勖、錢中諧、汪楫、袁佑、朱彝尊、湯斌、汪琬、邱
象隨；二等李來泰、潘耒、沈珩、施閏章、米漢雯、黃與堅、李鎧、徐
釚、沈筠、周慶曾、尤侗、范必英、崔如岳、張鴻烈、方象瑛、李澄中、
吳元龍、龐塏、毛奇齡、（錢）金甫、吳任臣、陳鴻績、曹宜溥、毛升芳、
曹禾、黎騫、高詠、龍燮、邵吳遠、嚴繩孫，俱著纂修《明史》。』『其
見任、候補及已仕未仕各員，作何分別？』『授以職銜，其餘：見任者，
仍歸原任；候補者，仍令候補；未仕者，俱著回籍。』」黃鴻壽《清史紀
事本末》卷二十一：「帝見應舉者踴躍奔赴，乃大悅，詔戶部月給俸祿廩。
至是親試體仁閣，試題《璿璣玉衡賦》、《省耕詩》五言排律二十韻。得
士五十人：彭孫遹、倪燦、張烈、汪霦、喬萊、王頊齡、李因篤、秦松
齡、周清原、陳維崧、徐嘉炎、陸葇、馮勖、錢中諧、汪楫、袁佑、朱
彝尊、湯斌、汪琬、邱象隨列一等。李來泰、潘耒、沈珩、施閏章、米
漢雯、黃與堅、李鎧、徐釚、沈筠、周慶曾、尤侗、范必英、崔如岳、
張鴻烈、方象瑛、李澄中、吳元龍、龐塏、毛奇齡、錢金甫、吳任臣、
陳鴻績、曹宜溥、毛升芳、曹禾、黎騫、高詠、龍燮、邵吳遠、嚴繩孫
列二等。俱授爲翰林院官，纂修《明史》。」《己未詞科錄》載：「上元倪
燦、寶應喬萊、長洲汪琬、尤侗、范必英、吳江潘耒、徐釚、華亭王頊
齡、吳元龍（長人）、上海錢金甫、太倉黃與堅、無錫秦松齡、嚴繩孫、
武進周清原（浣初）、江陰曹禾、宜興陳維崧、常熟周慶曾（燕孫）、儀
眞汪楫、山陽丘象隨、張鴻烈（岸齋）、李鎧、山東趙執信、浙江朱彝尊、
毛奇齡、安徽施閏章、龍燮等在北京應清博學鴻儒試得官，與修《明史》。」
毛奇齡《文華殿大學士太子太傅兼刑部尚書易齋馮公年譜》己未年：「時

兩廣平，朝廷徵天下文學之士，倣古制科例，名博學鴻儒。……御試賜酒饌優禮，選取五十人，皆授以翰林官，餘高年者間授中書職銜，遣回籍。」吳懷清爲李因篤撰《天生先生年譜》：「春三月丙申朔，詔試博學鴻儒於體仁閣，……甲子揭曉，先生名列一等第七。」年歲「甲子」後吳懷清還注云「是月二十九日」。汪敬源《續修文清公年譜》：「己未，公（即汪琬）年五十六歲，召試體仁閣下，欽取彭孫遹等五十人，上親署名，列公甲等。蘇府共薦二十人，特授翰林：錢中諧、馮勖、汪琬、尤侗、范義（必）英、周慶曾、潘耒、徐釚；特授中書：朱鍾仁；與試未用者八人：黃始、宋實穎、金居敬、葉奕苞……；患病行催不到者一人：蔡方炳；丁憂不到者一人：惠周惕；未試病故者一人：葉舒崇。」另如王士禛《池北偶談》卷二、陸以湉《冷廬雜識》卷一、《啁啾漫記》等均載有康熙十八年詔考博學鴻儒事。

四月十五日，聖駕禱雨，賦詩記之。

《康熙實錄》卷八〇：「康熙十八年四月……己卯，上詣天壇祈雨，自西天門步行至祭所……。讀祝甫畢，甘霖隨降。」尤侗《于京集》卷二《四月十五日聖駕禱雨立降喜成二律限韻》。

二十日，博學鴻詞中式諸翰林到任，二十一日赴史館。

王紹蘭《許鄭學廬存稿》卷二《毛西河先生史館入直圖疏證據》。毛奇齡《制科雜錄》：「乃擇四月二十日到任，各朝服、頂帶於欽天監火神廟齊到衙門行禮畢，次日遂赴史館。」可知諸鴻博翰林於四月二十一日赴史局，楊謙《朱竹垞先生年譜》亦同此載。

二十四日，時逢初度，聞授官信賦詩感懷。

尤侗《哀絃集·生日得授官信口占寄亡婦絕句四首》其一：「白首君恩拜爵時，泥金無路報卿知。香車一去長遺恨，不作回波歡喜詩。」尤珍《滄湄詩稿補遺》卷一《家大人授官翰林喜而有感二首》爲是時所作。

五月端午有雨，感懷亡妻。

尤侗《哀絃集》之《小重山·午日對雨》。

五月十七日，博學鴻詞中式者授官，侗授檢討。

《康熙實錄》卷八十一：「康熙十八年五月庚戌，授薦舉博學宏詞邵吳遠爲侍讀，湯斌、李來泰、施閏章、吳元龍爲侍講；彭孫遹、張烈、汪霦、……曹禾爲編修；倪燦、李因篤、秦松齡、周清原、陳維崧、徐嘉炎、馮勖、汪楫、朱彝尊、邱象隨、潘耒、徐釚、尤侗、范必英、崔如岳、張鴻烈、李澄中、龐塏、毛奇齡、吳任臣、陳鴻績、曹宜浦、毛升芳、黎騫、高詠、龍燮、嚴繩孫爲檢討。」邵長蘅《青門旅稿》卷一《五月十七日喜聞諸公同官翰林賦贈五十韻》序云：「上親試之，得五十人，悉命官翰林纂修《明史》，蓋異數也。」清福格《聽雨叢談》卷四：「尤侗江南長洲人，拔貢生。降調直隸永平府推官。取二等十一名，用檢討。」

二十六日，上諭《明史》史局總裁爲翰林院掌院學士葉方藹、掌坊張玉書，原翰林院掌院學士徐元文即家起爲監修總裁官。

《聖祖實錄》卷八一：「康熙十八年五月己未，命內閣學士徐元文爲《明史》監修總裁官、掌院學士葉方藹、右庶子張玉書爲總裁官。」丁傳靖爲張玉書編《張文貞公年譜》康熙十八年己未載：「五月，奉敕修明史。」徐元文《含經堂集》卷六《赴監修明史之召途中簡葉訒庵張素存二總裁暨史館諸公四首》，即爲由家入京途中所作。

侗列第五班，分纂弘正諸臣列傳。

尤侗《明史擬稿》卷首自序云：「康熙十八年，詔徵博學鴻儒纂修《明史》，與選者五十人，分爲五班，自洪武至正德編次亦如之。予班第五，則所纂者弘正時事也。」

七月，李因篤返鄉歸養，賦詩送之。

尤侗《于京集》卷二《送李子德檢討歸養二首》、王頊齡《世恩堂詩集》卷六《送李天生歸養》。吳懷清爲李因篤所作《天生先生年譜》康熙十八年：「夏五月庚戌，詔授檢討，旋乞養，具呈吏部及通政司，皆不納，不得已冒封事上之，帝鑒其誠，許之，不以違制罪也。」楊謙《朱竹垞先生年譜》康熙十八年：「七月，……送李檢討因篤終養。天生入史館，亟上書陳情，請歸養其母。先生餞之慈仁寺，揮涕而別。」

為免臣朔之饑，作《無酒歌》、《蔬食歌》、《獨宿歌》以勵志。

尤侗《于京集》卷二《無酒歌》、《蔬食歌》、《又歌》、《獨宿歌》等皆為
此間所作。

秋，宋既庭南歸，與諸公別之。

尤侗《于京集》卷二《送既庭南還》、彭孫遹《松桂堂全集》卷十八《題
既庭松風圖兼送南還》等。其中，馮溥《佳山堂詩集・七言律詩》之
《送宋既庭》有句「燕市相逢酒重沽，又看秋色罯黃廬」，又陳維崧
《湖海樓詩集》卷六《宋既庭孝廉余三十年老友也客歲夏秋間與余先後
被召入都又同下榻廣平夫子寓廬幾一載矣秋日南歸賦五言古詩二十八韻
送之》，可知宋既庭乃於秋日回鄉。又案，《民國吳縣志》卷六十八《列
傳六》載宋實穎：「己未以博學宏詞召試，罷歸。」福格《聽雨叢談》卷
四「己未宏詞科徵士題名」條：「宋實穎，江南長洲人，庚子舉人。與試
未中。」

七夕，仍寓訪濂舍中，時彭孫遹、季式祖前來會飲。

尤侗《于京集》卷二《七夕羨門孚公過訪濂寓齋小飲和韻》、又《哀絃集》
有《七夕有感二首》、彭孫遹《松桂堂全集》卷十八《七夕分韻》為是時
作。由《七夕羨門孚公過訪濂寓齋小飲和韻》語，可推知當時尤侗仍寓
訪濂齋中，而彭孫遹則似已搬離。季式祖字孚公，泰興（今屬浙江）人，
監貢，官浙江錢塘縣丞。

七月十五，京城燈火熱鬧，賦詩以記。

尤侗《于京集》卷二《中元即事》：「銀河斜轉玉繩低，秋氣蕭森萬籟齊。
天子於時駕白駱，地官此夜放金雞。焚香並禮上皇誥，燃燭重分太乙藜。
又著朝衫騎馬去，曉鐘正度鳳樓西。」

七月二十八日，京師地震。又有人傳侗死，遂作詩笑之曰：「寄
謝世人皆欲殺，於陵仲子獨無恙。」憶丙午年事，戲云：「這秀
才恰兩遭也。」

尤侗《于京集》卷二《地震紀異》有云：「孟秋日庚申，京師地忽動。」
《于京集》卷三又有《得家信人有傳予地震死者戲為作此》：「吾比坡公

卻兩遭，人之爲言良足懼（原注：丙戌秋客金陵，或傳子死）。年過六十生若浮，墓木拱矣復何求。……寄謝眾人皆欲殺，於陵子仲猶無恙。」尤侗《哀絃集・除服題寄三首》一云：「君死何緣我獨生，夜臺消息未分明。江南尺土皆無恙，正好長眠莫浪驚（原注：家中有傳予地震死者，故及之）。」尤珍《滄湄詩稿》卷二《久不得京信（原注：時有地震之異）》：「閉戶驚秋早，思親夢夜闌。雁飛千里急，砧響萬家寒。遠信逢人問，長途遣使難。庭前風動竹，喜見報平安。」《聖祖實錄》卷八四：「康熙十八年七月，庚申，京師地震。」董含《三岡識略》卷八：「己未七月二十八日巳刻，京師地震，自西北起，飛沙揚塵，黑氣障空，不見天日，人如坐波浪中，莫不傾跌。未幾，四野聲如霹靂，鳥獸驚竄。是夜，連震三次，平地坼開數丈。得勝門下裂一溝，水如泉湧。官民震傷，不可勝計，至有全家覆沒者。二十九日午刻，又大震。八月初一日子時，復震如前。自後時時簸蕩，十三日，震二次。十九至二十一日，大雨三日，衢巷積水成河，民房盡行沖倒。」邵長蘅《青門旅稿》卷一《地震詩傚仿昌黎體》有云：「歲在己未斗指申，月之二十八朝日暾，京師地震駭厥聞。」彭定求《南畇老人自訂年譜》康熙十八年：「八月，京師地震。」

中秋，焚香拜月。彭孫遹為《西堂雜組三集》作序。

尤侗《于京集》卷二《中秋焚香望月限韻二首》。尤侗《西堂雜組三集》卷首彭羨門之序，末署云：「康熙己未中秋，海鹽同學年弟彭孫遹拜撰。」

為久留計，移寓斜街。

彭定求《南畇老人自訂年譜》載：「悔庵先生、羨門叔均捷鴻詞科，授職，遷寓。」尤侗《于京集》卷二《移寓留別訪濂二首》一云：「依棲三百日，暫別亦傷神。」又一云：「逆旅方艱食，清秋自索居。」案，尤侗於康熙十七年（1678）十月十六日左右移居彭訪濂處，三百日後搬移，時應值康熙十八年（1679）八月間。

九月，葉封將歸黃州，諸公送之。

施閏章《施愚山集・詩集》卷四十《葉井叔暫歸黃州》：「節近重陽不肯

留，黃花苦憶故園秋。」知爲九月。尤侗《于京集》卷二《送葉井叔歸黃州》、陳維崧《湖海樓詩集》卷六《送葉慕廬歸黃州》、王頊齡《世恩堂詩集》卷六《送葉慕廬還黃州》、潘耒《遂初堂詩集》卷四《送葉慕廬還黃州》、彭孫遹《松桂堂全集》卷十八《送葉慕廬歸黃州即用夏日閒居元韻》、葉方藹《葉文敏公集》卷十三《送慕廬兄歸楚》、王士禛《漁洋續集》卷十五《送葉井叔歸楚》等均爲時作。葉封字井叔，號慕廬，別號退翁，湖北黃陂人，世籍浙江嘉興。順治己亥進士，除延平推官，改河南登封知縣，旋遷西城兵馬司指揮，後以博學鴻詞遷工部主事，未上而卒。著有《慕廬集》、《嵩山志》、《嵩陽石刻記》。生平事迹見《光緒黃州府志》卷十九《文苑》、《清史列傳》卷七〇《文苑傳》一等。

徐乾學爲《西堂雜組三集》題序。

尤侗《西堂雜組》卷首有徐乾學序，末署：「康熙十八年菊月年家同學弟徐乾學題於閶門舟次。」

九月十九日，亡妻周忌，賦詩遣懷。

尤侗《哀絃集·九月十九日亡婦周忌述懷哀三首》一云：「歲月忽如墜，羈旅愁飛翻。朝看白露滋，暮已青霜繁（原注：是日霜降）。伊人逝一載，音容邈何存。昔爲參與昂，今爲辰與昏。辰昏不相見，幽明並銜冤。塊然坐一室，私慟聲還吞。失我歲寒友，重裘豈能溫。誰勸加餐食，多病廢饔飧。望空遙設祭，想像臨芳樽。庶杖慈悲力，鐘鼓招靈魂。」

深秋，徐元文至京。

尤侗《于京集》卷三《喜徐立齋學士至京二首》其一：「不過經年別，迢遙便覺疏。紅塵方遲爾，白髮轉愁予。重直西清席，偕披東觀書。相逢亟問訊，幾日食無魚。」徐元文《含經堂集》卷七《入都日恭詣後左門奏聞蒙遣近侍傳慰賜茶》有句：「三階澄早旭，萬戶肅秋旻。」可知時乃秋日。

彌壑禪師至京，侗賦詩贈之。

李澄中《白雲村文集》卷三《法王寺彌壑禪師塔銘》：「己未秋，宮詹沈文恪公邀至京師延壽寺，大學士馮公聞師名，復延至長椿寺。」尤侗

《于京集》卷三《贈彌壑禪師二首》有句：「掲來說法長安道，朔雪寒風天雨花。」彌壑原名行灃，江南人。爲禪宗五派中臨濟宗第三十二世法祖。

十月五日立冬，赴太和殿早朝。

《聖祖實錄》：「康熙十八年十月，丙寅，上御太和殿視朝，文武陞轉各官謝恩。」尤侗《于京集》卷三《立冬日太和殿早朝用杜紫宸殿韻》。

寄懷高輔辰，述懷。

尤侗《于京集》卷三《寄懷高二亮》：「二十年前孤竹城，獨騎匹馬踏莎行。……因風問訊聲牙叟，新按琵琶第幾聲。」

十月十六日除服，賦詩感懷。

尤侗《哀絃集・除服題寄三首》。同卷前《九月十九日亡婦周忌述懷哀三首》有注云：「予聞訃在十月十六日，故未除服。」可知乃於是年十月十六日始除服。

曾作詩《家在江南楊柳村》，時忽感夢，請梅庚圖之，京師諸公紛紛賦詩和焉。

尤侗《于京集》卷三《題畫二首》序云：「予歲朝作詩，有「家在江南楊柳村」之句，蓋思歸也。羈旅經年，忽忽入夢，因乞梅子耦長圖之，以代臥遊。題二斷句，貽諸公屬和焉。」詩一云：「家在江南楊柳村，臨池更有水哉軒。可憐庾信空蕭瑟，獨向長安夢小園。」又一：「家在江南楊柳村，畫圖極目暗銷魂。煩君添上淩風舸，一葉蒲帆直到門。」詩後有梅庚、施閏章、王士禛、汪琬、彭孫遹、陳維崧、毛奇齡、黃與堅、彭定求、倪燦、汪懋麟等附和詩。梅庚字耦長，一字子長，號雪坪、聽山居士，江南宣城（今屬安徽）人。康熙二十年舉江南鄉試，後任浙江泰順知縣。著《知我錄》、《天逸閣集》、《玉笥遊草》、《吳市吟》。生平事迹見《清史列傳》卷七〇《文苑傳》一本傳、鄭方坤《本朝名家詩鈔小傳》卷三、《國朝詩人徵略初編》卷九、《清詩別裁集》卷十三、《清畫家詩史》乙上等。

時近歲暮，患肺病。十一月十九日冬至，夜賦詩感懷。

尤侗《于京集》卷三《至夜旅懷和韻二首》一云「沍寒最苦逼衰年，肺病偏憐內火然」，又云「韶光易老惟殘歲，貧病相宜是故鄉」。同卷三其後《歲暮雜詩四首》有云：「衰年苦病肺，攤書不能讀。」知時患肺病殊重。

二十七日，曹爾堪卒，年六十三。

施閏章《施愚山集・文集》卷十九《翰林院侍講學士曹公顧庵墓誌銘》。尤侗《于京集》卷三《哭曹顧庵學士二首》一云：「萬里天寒誰賦鵩，百年客散不留髡。同歸更有龍眠老，長夜相逢傾幾樽（原注：予語愚山：『吾輩此時正如酒闌歌罷，賓客各散，但散有遲速耳』）。」

十二月，太和殿遇火。

《聖祖實錄》：「康熙十八年十二月，甲子，太和殿災。」彭定求《南畇老人自訂年譜》：「十二月，太和殿火。」

除夕，與訪濂共度。再哭亡婦。

尤侗《于京集》卷三《己未除夕二首》一云：「再度京華歲又闌，他鄉親舊暫盤桓。三千里外都為客，六十餘年焉用官。」彭定求《南畇老人自訂年譜》康熙十八年載是年作有《除夕歸興詩》。訪濂是尤侗之舊友，又是兒女親家，此「親舊」即應指訪濂。《哀絃集・除夕再哭亡婦六首》亦有「親舊相逢且盡杯，思君獨夜悵徘徊」句，可證之。

是年，書坊刻《西堂雜組三集》。珍女淑嘉生。

康熙十九年庚申年（1680）六十三歲

正月，訪濂以病乞假歸省。

尤侗《于京集》卷三《重憶江南早梅和訪濂韻四首》一云：「他年同上朝元閣，峭緊芒鞋第一機（原注：時訪濂將歸省朝元閣元墓看梅處）。」同卷三《送彭修撰歸省》：「憑託南鴻與問訊，蓺溪春水近如何。」彭定求《南畇老人自訂年譜》康熙十九年：「正月，以病乞假，八月旋里。」

春，憶江南早梅，賦詩記之。

尤侗《于京集》卷三《重憶江南早梅和訪濂韻四首》。

三月三十日，感丁巳聚會賦詩。

尤侗《于京集》卷三《三月正當三十日和賈島韻十首》一云：「三月正當三十日，水哉亭子記前身。故園楊柳應無恙，啼盡黃鸝自送春（原注：丁巳是日與諸公宴集賦詩，亦用此句首倡）。」又一云：「三月正當三十日，蕭騷白髮異鄉身。不知明月高樓上，絲管誰歌子夜春。」

四月，廷試閱卷，取松江貢生顧建。

尤侗《悔庵年譜》卷下。

五月初五，黃周星於南潯投水而死，年七十。

孫枝蔚《溉堂後集》卷三《聞黃九煙自投水死哀且異之賦二詩記其事》：「（黃周星）年七十，泛舟浙東，披髮長嘯，自沉水死。」《國朝耆獻類徵》卷四七三汪有典撰黃周星傳云：「（九煙）年七十，忽感愴傷心，仰天歎曰：『嘻！而今不可以死乎？』自撰墓誌，……與妻孥訣，取酒縱飲盡數斗，大醉，自沉於水，時庚申五月五日也。」另萬言《管村文集》卷二《黃周星傳》、陳鼎《留溪外傳》卷五《笑蒼老子傳》等亦載有黃周星卒事，不過陳鼎《笑蒼老子傳》中云九煙卒年「七十三」，與前豹人、汪有典所云「七十」不同，以豹人與九煙同時，且依「七十」之說。蔣寅《王漁洋事迹徵略》對此亦有載述。

六月十九日，瑞兒以病卒於家，年僅二十八歲。七月十七日，始接訃音，噭然哭之。

尤侗《哀絃集後·哭瑞兒文》：「維康熙十九年六月十九日，吾兒瑞以病卒於家。至七月十七日，珍兒以訃音至，汝父聞之，一慟幾絕。既守職不得歸，越五日，乃遣人回，以酒飯奠汝，勉敘一言。告於吾兒之靈曰：『嗚呼，痛哉，兒何死也！』兒生二十八年，今思之猶昨日也。」尤侗《艮齋倦稿詩集》卷五《題傷絃稿三首》序：「越庚申，又夭我瑞兒，哀復加焉，亦有哭子詩文續後。」尤侗《哀絃集後》有《哭瑞兒詩二十首》、尤珍《滄湄詩稿》卷一《哭亡弟弘璧二首》均為哭悼之作，尤珍《滄湄年譜》康熙十九年對尤瑞卒事亦有記。

六月二十七日，五弟尤俊以疾卒於家，享年五十二歲，聞訃更

添傷感。

尤侗《西堂雜組三集》卷八《祭二兄五弟文》：「康熙十九年六月二十七日，五弟伊士以病卒於家。」尤侗《哀絃集後・復聞五弟訃信哭之四首》一云：「每因家事借躊躇，猶聽亡兒問起居。素日知醫翻不治，枕中應火禁方書（原注：弟近爲兒輩檢校家事，兒未亡時，數往問疾，又嘗學醫，乃以小恙不起）。」

過翰林院劉井柯亭，有感賦詩，徐釚等和之。

尤侗《于京集》卷三《劉井柯亭二首》序云：「翰林院中舊有柯亭劉井，井爲劉文安定之所鑿，柯學士潛手植二柏，造瀛州亭以臨之，李西涯詩所云『我行樹下日千匝』是也。今遺迹尚存，而其人已往，予過之，慨然有感，爲二詩誌之。」同和者有徐釚《南州草堂集》卷七《劉井柯亭二首》、彭孫遹《松桂堂全集》卷十九《和悔庵柯亭劉井韻》等。

八月十一日，亡妻曹令生日，賦詩感悼。

尤侗《哀絃集後・八月十一日亡婦生忌正六十矣感成二絕》。

十八日，亡兒尤瑞生辰，悼之。

尤侗《哀絃集後・八月十八日亡兒生忌又悼二絕》。

月末，康熙賜諸臣鮮藕。

尤侗《于京集》卷三《賜藕恭紀（原注：八月晦日）》：「碧藕如船太液池，侍臣分賜折瓊枝。生成天上玲瓏骨，拔出泥中冰雪姿。蓬館携來秋色裏，草堂批向晚涼時。君恩欲解相如渴，引起羈人萬縷絲。」

九月，葉方藹題翰林院壁，眾人賦詩以和。

葉方藹《葉文敏公集》卷十三《題翰林院壁用東坡清虛堂韻》、尤侗《于京集》卷三《葉院長先生和東坡清虛堂詩題翰林院次韻》，中有「瞥見玉樹飛霜葩」句，案，是年霜降於九月一日，知時很可能爲九月間。又馮溥《佳山堂詩集・七言古詩》之《和葉訒庵尚書翰林院題壁之作》、彭孫遹《松桂堂全集》卷十九《和院長葉夫子題翰林院壁用東坡清虛堂韻》、陳維崧《湖海樓詩集》卷七《恭和掌院葉訒庵先生題翰林院壁次東坡清

虛堂韻》、徐嘉炎《抱經齋詩集》卷六《掌院訒庵夫子見示題院壁詩用東坡清虛堂韻同諸子作》等均爲是作。

翰林院新修，賦詩記之。

《于京集》卷三《舊翰林院新修再次一首》有云：「長安索米一無有，街頭九月賣黃花。」知時爲九月。此詩於和葉方藹詩後，又可推知和葉詩當作於九月間。

十月初五，二哥尤價卒，春秋六十七，侄兒自英回鄉奔喪。

尤侗《西堂雜組三集》卷八《祭二兄五弟文》：「康熙十九年……十月初五日，介人二兄復病歿。」《哀絃集後·十月聞二兄訃哭之五首》一云：「送汝奔喪起戴星，臨岐執手痛難勝。翻思舊日傷心事，一樣西風滿地冰（原注：送英侄奔喪，前歲珍兒歸亦十月也）。」

高珩歸淄川，與諸公賦詩送之。

《聖祖實錄》卷九二：「康熙十九年十月，刑部右侍郎高珩以老乞休，允之。」尤侗《于京集》卷三《送高念東侍郎歸淄川》、馮溥《佳山堂詩集·七言古詩》之《長歌贈高念東》、王士禛《漁洋續集》卷十三《送念東先生予告還山八首》、《再送念東先生八首》、施閏章《施愚山集·詩集》卷五十《送高少司寇念東先生歸淄川八首》、陳維崧《湖海樓詩集》卷七《題文衡山雪景送少司寇高念東先生還淄川》、徐釚《南州草堂集》卷八《題文待詔雪景送高念東侍郎歸淄川》、宋犖《西陂類稿》卷三《奉送高念東先生予告還山六首》、徐嘉炎《抱經齋詩集》卷十《送高念東少宰還山二首》等均爲此時所作。

十二月，有人貽贈灤鯽，感而賦詩。

尤侗《于京集》卷四《有貽灤鯽者書二絕句》一云：「偏涼汀下釣臺邊，日飽鮮鱗不用錢。此日長安轉彈鋏，何如早趁打漁船。」由於《于京集》卷四收自庚申十二月至壬戌三月止詩，而此詩後有《庚申除夕》，故可知爲十二月間事。

滿洲人司業達鼐延至家讀書甫，浹月乃辭。

《悔庵年譜》卷下。

是年，將軍王進寶、提督趙良棟率師平蜀上露布叛亂。作《平蜀頌》進呈，同進者數十人，康熙指侗名謂「庫葉二學士」，又曰「此老名士也」。

> 《聖祖實錄》卷八八。尤侗《悔庵年譜》卷下。尤侗《西堂雜組三集》卷二《平蜀頌》、彭孫遹《松桂堂全集》卷三十六《平蜀頌》、《皇清文穎》卷三十三翁叔元《平蜀頌》、徐釚《南州草堂集》卷十七《平蜀頌》、潘耒《遂初堂文集》卷一《平蜀賦》、徐元文《含經堂集》卷七《平蜀誌喜四首》、徐嘉炎《抱經齋詩集》卷一《平蜀雅詩十五首》等等均爲是時所作。案，康熙帝對尤侗此二贊謂，很可能源自於尤侗創作了《清平調》、《讀離騷》二雜劇，不過若眞是如此，又可知尤侗戲曲的流傳之廣及其劇壇名聲之大，以至流傳禁內。

康熙二十年辛酉年（1681）六十四歲

元旦，作《靜》、《敬》二箴自勖。

> 尤侗《西堂雜組三集》卷七《靜箴》、《敬箴》、《于京集》卷四《辛酉元旦》皆爲此日所作。

陳維崧妻儲氏於去年冬十二月六日卒於家，二月訃聞始至京。

> 尤侗《西堂雜組三集》卷八《陳孺人誄》序云：「康熙十有九年十二月六日，吾友陳其年太史夫人儲氏以疾卒於家，明年正月訃至京，太史爲位邸次，哭之慟。凡同人之在長安者，無不弔也。」陳維崧《湖海樓文集》卷六《贈孺人儲氏行略》：「嗚呼，余安忍敘述吾妻之遺事哉？自二月聞訃以來，白晝則惝然中惡意忽忽有所亡，……妻生甲子九月初六日酉時，卒康熙庚申十二月初六日丑時，享年五十有七。」關於儲氏訃聞至京時間，尤侗誄文云爲正月，陳維崧自云爲二月，且依陳維崧云。

汪琬南歸，贈詩送之。

> 尤侗《于京集》卷四《送汪鈍翁南歸七首》、汪琬《鈍翁續稿》卷五《北遊詩》末有《留別四首》。趙經達輯《汪堯峰先生年譜》：「康熙二十年辛酉五十八歲，二月請告南歸，連遇大風，舟行甚遲，……抵家有《南歸詩稿》。」證實汪琬南歸是在二月，由此，尤侗送別詩一云「三月桃花夾

荼花，小園櫻筍佐新茶。搔頭卻向長安笑，不見東華十丈沙」，當爲設想鈍翁回鄉後的情形。

十九日，仁孝皇后、孝昭皇后兩宮大葬，送至沙河。

《聖祖實錄》卷九四：「康熙二十年二月癸卯，仁孝皇后、孝昭皇后梓宮啓行，上親臨送，王以下滿漢官員及公主王妃以下大臣命婦以上俱齊集，舉哀跪送。」尤侗《于京集》卷四《恭送仁孝皇后孝昭皇后兩宮大葬擬輓歌四首》、韓菼《有懷堂文稿》卷八《恭擬仁孝皇后謚冊文》、《恭擬孝昭皇后謚冊文》、陳廷敬《午亭集》卷二十一《孝昭皇后挽詞四章》、徐嘉炎《抱經齋詩集》卷八《辛酉仲春同同館諸公過沙河恭送仁孝孝昭二皇后殯即事二首》等等均爲是時作。

三月末，同汪懋麟遊王熙怡園，小飲，感念文貞公王崇簡。

《于京集》卷四《宛平公怡園同汪蛟門攜樽小飲四首》一云：「陶陶當首夏，景物並清嘉。日晚朱簾卷，風低白祫斜。輕雷起鶴埒，細雨落楸花。濠濮何須羨，蓬壺別一家。」又一：「謝傅東山日，琴書聊自怡。夔龍臥丘壑，魚鳥上階墀。……永懷先德在，喬木世臣遺（原注：感念文貞公也）。」詩後有《三月正當三十日》，可推知時爲三月間事。汪懋麟（1640～1688）字季用，更字蛟門，晚號覺堂，江都（今江蘇揚州）人。歷任內閣中書、刑部主事、入史館充纂修官，著有《百尺梧桐閣詩集》、《文集》、《錦瑟詞》。生平事迹見《清史稿》卷四八四、《清史列傳》卷七一、《國朝耆獻類徵》卷一四一、《碑傳集》卷五九、《全清詞鈔》卷四、《江蘇詩徵》卷七一、《清詩別裁集》卷九。

三月三十日，和汪懋麟詩誌感。

尤侗《于京集》卷四《三月正當三十日》：「三月正當三十日，春風已去十三天。家鄉疑望蓬萊島，客夢如遊混沌年。禿筆殘書新活計，落花啼鳥舊因緣。那能暫貰東淶酒，一醉西山綠草邊。」案，是年三月十八日立夏，故有「春風已去十三天」云云。同卷四《是日和蛟門漫興詩六首》一云：「輞川同作秀才詩，我比汪倫拙復遲。萬事銷磨莊化蝶，一生惆悵墨悲絲。每思濠上鯈魚樂，正合山梁雌雉時。吟罷舉杯還自罰，短箋聊報故人知。」

四月，廷試閱卷，取建寧貢生鄭文煒。

《悔庵年譜》卷下。

五月五日，有感賦詩。

《于京集》卷四《午日》：「明朝夏至長如許，賭罷圍棋日未斜。」案，是年五月六日夏至，故有「明朝夏至」一說。

七月二十一日，康熙御瀛臺，召滿漢諸臣泛舟，賜宴，頒彩幣，賜藕。

《聖祖實錄》卷九六：「康熙二十年七月壬申，召大學士以下各部、院衙門員外郎以上官員至瀛臺，命內大臣佟國維等傳諭，曰：『內閣及部、院各衙門諸臣，比年以來，辦事勤勞，今特召集爾等賜宴。因朕方駐瀛臺，即以太液池中魚藕等物賜諸臣共食之，又賜彩緞表裏。』大學士率諸臣叩謝，各依次坐。上命內大臣等以金尊（樽）賜飲一巡，宴畢，諸臣各謝恩出。」尤侗《年譜圖詩》之《瀛臺賜宴會圖》：「長安七月秋風起，清露晨流暮雲紫。龍蔥佳氣滿皇州，瀛臺如在青天裏。宮監初開西苑門，御庖已設大山樽。詔命百僚魚貫入，詞臣大小盡承恩。」又尤侗《于京集》卷四《七月二十一日上御瀛臺召滿漢諸臣泛舟賜宴兼頒彩幣有差宴畢仍賜蓮藕恭紀詩三十首》、宋犖《西陂類稿》卷三《康熙二十年七月二十一日上御瀛臺召滿漢諸臣泛舟賜宴兼頒彩幣有差宴畢仍賜菱藕紀恩二十韻》等等均載此事。

方象瑛妻吳孺人先於五月亡於京邸，八月其子亦亡，侗文以哀弔。

尤侗《西堂雜組三集》卷六《吳孺人傳》：「戊午九月，喪我孺人曹氏，予哭之，於今三年，哀未忘也。……吾年友方子渭仁，今年五月，吳孺人卒京邸。先時，次君引祀往祥符，就婚於毛氏，八月中忽焉病亡，尚未聞母訃也。……予兩人者，相弔也思，所以相慰者不可得。於是，方子出孺人行述示予，命作傳。」方象瑛（1632～1685以後）字渭仁，號霞莊，遂安（今屬浙江）人。康熙六年進士，官中書，康熙十八年舉博學鴻儒，授編修，歷官侍講。著《健松齋集》。生平事迹見《清史列傳·毛際可傳》後附、《清詩別裁集》卷九、《杭州府志》卷一七〇。

中秋，作《賀新郎》詞悼亡妻，陳維崧和之。

尤侗《百末詞》卷五《賀新郎・中秋再和》。陳維崧《迦陵詞全集》卷二十八亦有悼亡詞《賀新郎》，題下自注：「中秋感懷，和尤悔庵原韻。」

九月二日，王士祜卒於阮亭京城府邸，年僅五十。

《漁洋山人自撰年譜》卷下、王士禛《漁洋續集》卷十四《哭兄東亭先生四首》、徐乾學《憺園文集》卷二八《進士東亭王君墓誌銘》、尤侗《西堂雜組三集》卷六《王東亭進士傳》、張貞《渠亭文稿・新城王公東亭誄》、邵長蘅《青門旅稿》卷五《進士王東亭傳》等。

九月十九日，亡妻曹氏三周年忌，賦詩記之。時珍兒已北上。

《于京集》卷四《亡妻三周誌感三首》一云：「累咽重歊悲復悲，哭殘弱婦哭嬌兒。香車遠去何多日，玉樹生埋又幾時。白髮長銜離別淚，青山未買送歸詞。關河迢遞風霜冷，盼斷征鞍落日遲（原注：時大兒北上）。」

十月初一，自序《擬明史樂府》。

《西堂詩集・擬明史樂府》卷首序末注云：「康熙辛酉良月朔日。」

十月間，珍兒以應會試抵京，省於旅邸，悲喜交集。

尤珍《滄湄年譜》康熙二十年。尤珍《滄湄詩稿補遺》卷一《北上述懷二首》一云：「三年懷抱幾曾開，不斷新愁接舊哀。」又一云「麻衣初卸淚沾裾，又束征衫上計書」。尤侗《于京集》卷四《喜珍兒至京三首》一云：「三年離別各天涯，千里羈棲老歲華。塞北雁飛吳市月，江南人夢帝城花。相逢觸目容顏改，重話傷心涕淚賒。白髮可憐骨肉在，風塵回首久無家。」知侗父子三年後乃相見。

彭孫遹得子，祝之。

尤侗《百末詞》卷四《念奴嬌・羨門五十一歲夫人四十九歲十月得子名日百齡是可賀也調百字令》。案，彭孫遹生於崇禎辛未（1631）年，故可知其五十一歲生子當於康熙辛酉（1681）年，與尤侗詞題所云相合。

十一月，大將軍貝子章泰、綏遠將軍總督蔡毓榮等率師攻雲南，平吳世璠叛。康熙帝大喜，謁世祖陵告成功，頒詔大赦天下，

覃恩封贈諸臣。侗父瀹得贈徵仕郎翰林院檢討，母鄭氏得贈太孺人，妻曹令得贈孺人。

《聖祖實錄》卷九八。尤侗《西堂雜組三集》卷二、毛奇齡《西河集》卷一均有《平滇頌》，《皇清文穎》卷三十三有徐乾學、孫在豐《平滇頌》，徐釚《南州草堂集》卷十七《平滇雅》、陳廷敬《午亭集》卷一《獻平滇雅表》、《平滇雅》、潘耒《遂初堂文集》卷一《平滇賦》、徐嘉炎《抱經齋詩集》卷一《蕩平滇黔恭進鐃歌鼓吹曲十四首》、王士禛《漁洋續集》卷十四《十一月十八日紀事》、陳維崧《迦陵文集》卷二《平滇頌》等，均乃是時作。尤侗《西堂雜組三集》卷七《先考遠公府君暨先妣鄭氏行述》：「會遇皇上二十年蕩平，覃恩得贈侗父瀹爲徵仕郎翰林院檢討，故母鄭氏爲孺人，侗感激榮哀……。」尤珍《滄湄年譜》康熙二十年：「是時，雲南蕩平，先大人恭遇覃恩，授徵仕郎，先王父贈徵仕郎翰林院檢討，先王母、先母俱贈孺人。」尤珍《滄湄文稿》卷五《擬上以滇南蕩平恭進太皇太后皇太后徽號大赦天下群臣賀表》亦爲是時所作。

冬日，應馮溥相國之邀往長椿寺，請彌壑禪師傳戒，彌壑出其《西林語錄》示之。

尤侗《西堂雜組三集》卷四《西林語錄序》：「近應益都相公之請，說戒長椿，與數晨夕，出所著《語錄》示予。」又《于京集》卷四《奉陪益都公長椿寺請彌壑禪師傳戒敬和原韻》有云：「鳳城深處奈園開，毒鼓逢逢上講臺。十笏地隨居士住，七條衣待相公來。觀空始見眞修業，說偈還推老辨才。正是檀林雪霽後，天花散滿不須栽。」知時爲冬日。馮溥（1609～1691），字孔博，號易齋，山東益都人。順治四年進士，授編修，後累擢至文華殿大學士，卒諡文毅。好獎掖後進，多與名士才子來往。康熙十八年召試博學鴻儒，與葉方藹、李霨及杜臻四人爲閱卷官，得門人最盛。著《佳山堂集》。生平事迹見《清史列傳》本傳、《清詩別裁集》卷二、毛奇齡《文華殿大學士太子太傅兼刑部尙書易齋馮公年譜》等。

吳兆騫自關外至京師。

尤侗《于京集》卷四《吳漢槎自塞外歸喜贈二首》、王士禛《漁洋精華錄》

卷九《和徐健庵宮贊喜吳漢槎入關之作》、馮溥《佳山堂詩集・七言律詩》之《喜吳漢槎至都賦贈》、宋犖《西陂類稿》卷六《吳漢槎歸自塞外邀同王阮亭祭酒毛會侯大令錢介維小集作歌以贈用東坡海市詩韻》、徐元文《含經堂集》卷七《吳漢槎自塞外還次家大兄韻二首》、徐釚《南州草堂集》卷八《喜漢槎入關和健庵叔韻》、潘耒《遂初堂詩集》卷四《漢槎表兄歸自塞外次韻誌喜二首》、陳維崧《湖海樓詩集》卷八《喜漢槎入關和健庵先生原韻》、葉方藹《葉文敏公集》卷十三《吳孝廉歸自塞外》、王頊齡《世恩堂詩集》卷七《喜吳漢槎入關和韻》等均爲時作。

十二月初一，自序《外國竹枝詞》。

尤侗《西堂詩集・外國竹枝詞》卷首《自序》末注：「康熙辛酉臘月朔日。」

十二月二十八日，房兄尤承獻卒，年八十。

尤侗《艮齋倦稿文集》卷八《先兄爾欽墓誌銘》：「兄諱承獻，字爾欽，生前萬曆壬寅正月十四日丑時，卒康熙辛酉十二月二十八日亥時，享年八十。」

王國璽知景州，來函問訊，並以《月將堂近草》索序。

尤侗《西堂雜組三集》卷四《月將堂近草序》：「今年辛酉，王子官於景州，郵書問訊，並所爲《月將堂近草》而索予序。」《民國景縣志》卷十一：「王國璽，閩縣舉人，（康熙）二十年任（景縣知州）。」

除夕，與珍兒守歲。

尤侗《于京集》卷四《辛酉除夕同珍兒守歲用除字韻二首》有句：「急景匆匆歲又除，羈愁四載暫眉舒。已無燈火追圍坐，且共杯盤慰倚閭。」案，尤侗於康熙十七年六月離家進京，距時康熙二十年年末將近四年，與詩中所云「羈愁四載」合。

康熙二十一年壬戌年（1682）六十五歲

元旦朝賀，賜慶成宴。

《聖祖實錄》卷一〇〇。尤侗《于京集》卷四《壬戌元旦朝賀賜宴恭紀

用元字韻》、徐元文《含經堂集》卷七《壬戌元日早朝賜百官宴恭紀》等
作於是時。

二月，康熙帝往盛京告祭太祖、太宗二陵。

《聖祖實錄》卷一○一。尤侗《于京集》卷五《大駕謁陵恭紀二首》紀
事、尤珍《滄湄詩稿》卷三《聖駕謁陵恭賦二首》。

大學士張英（敦復）將給假歸葬，與諸公賦詩贈之。

尤侗《于京集》卷四《送張敦復學士給假歸葬二首》一云：「十載西清
直，君恩許暫歸。薊門青草發，江路白雲飛。」又一：「天子朝陵寢，先
生返墓廬。九重推孝思，三徑幸休居。」張英回鄉值康熙帝謁陵，那麼
時亦應爲二月間。另馮溥《佳山堂詩集·七言律詩》之《送張敦復學士
給假歸葬》、李澄中《臥象山房詩集》卷二十二《贈學士張敦復先生假歸
樅陽》、王頊齡《世恩堂詩集》卷七《送學士張敦復前輩給假葬親》等均
爲送別之作。張英（1637～1708）字敦復，號樂圃，諡文端，桐城（今
屬安徽）人。康熙六年進士，由編修累官文華殿大學士、兼禮部尚書。
著《恒產瑣言》、《篤素堂詩文集》，生平事迹見《國朝耆獻類徵初編》
卷九等。

三月三日，與諸公禊集馮溥相國萬柳堂。

尤侗《于京集》卷四《上巳萬柳堂禊飲和益都公原倡二首》、馮溥《佳山
堂詩集·七言律詩》之《三月三日萬柳堂雅集》、陳維崧《湖海樓詩集》
卷八《和益都馮夫子禊日遊萬柳堂原韻》、施閏章《學餘堂詩集》卷四十
二《三月三日集萬柳堂奉和馮相國原韻二首》、徐釚《南州草堂集》卷八
《上巳萬柳堂修禊和益都公韻二首》、潘耒《遂初堂詩集》卷四《上巳修
禊應制》、徐嘉炎《抱經齋詩集》卷十《壬戌上巳萬柳堂重修禊事和益都
夫子韻二首》、李澄中《臥象山房詩集》卷二十二《上巳相國馮公招飲萬
柳堂次韻》、張遠《梅莊集·五律》之《上巳萬柳堂馮太夫子限韻》等皆
爲時作。

會試，尤珍獲雋，吳諶下第。因太和門工未竣，延至九月初一始殿試。

《明清進士題名碑錄》。尤珍《滄湄年譜》康熙二十一年：「予三十六歲，會試中式第一百九十一名。」尤珍《滄湄詩稿》卷三《送慎旃下第南歸二首》一云：「皎皎白駒不可留，河梁更上木蘭舟。江湖到處煙波闊，好趁歸颿汗漫遊。」

四月廷試閱卷，取黟縣舉人吳鶍、海鹽貢生彭迪曾。

《悔庵年譜》卷下。

十四日，禮部遣使往封琉球國王，檢討汪楫任正使，中書舍人林麟焻任副使，諸公賦詩送之。

《聖祖實錄》卷一○二：「康熙二十一年四月辛卯，命翰林院檢討汪楫爲正使，內閣中書舍人林麟焻爲副使，往封琉球國世子尚貞爲琉球國中山王。」尤侗《于京集》卷五《送汪舟次檢討使琉球四十韻》、馮溥《佳山堂詩集·七言律詩》之《送汪舟次奉使冊封琉球國王》、《送林玉岩副使冊封琉球國王》、王士禛《漁洋精華錄》卷九《送汪舟次檢討林石來舍人奉使琉球四首》、韓菼《有懷堂詩稿》卷一《送林舍人使流求》、施閏章《學餘堂詩集》卷二十三《送汪舟次檢討冊封琉球》、陳廷敬《午亭集》卷二十三《送汪舟次使琉求》、彭孫遹《松桂堂全集》卷二十一《送汪舟次出使琉球》、《送林石來使琉球》、徐釚《南州草堂集》卷九《送汪舟次同年奉使琉球二首》、孫枝蔚《溉堂後集》卷四《送汪舟次冊封琉球二首》、徐元文《含經堂集》卷八《送汪舟次使琉球》、汪琬《鈍翁續稿》卷八《送宗人舟次出使流求》、顧汧《鳳池園詩集》卷二《送汪檢討舟次林中翰石來冊封琉球》、潘耒《遂初堂詩集》卷四《送同年汪舟次奉使琉球》、徐嘉炎《抱經齋詩集》卷六《送別汪悔齋同年出使琉球》、李澄中《臥象山房詩集》卷二十二《送汪舟次檢討出使琉球》、胡會恩《清芬堂存稿》卷一《送汪悔齋檢討奉使琉球二十韻》、張遠《梅莊集·五律》之《汪太史冊封琉球》、龐塏《叢碧山房詩初集·翰苑稿》卷七《送汪舟次太史奉命冊封琉球世子》、王頊齡《世恩堂詩集》卷七《送汪舟次冊封琉球》、宗元鼎《宗定九新柳堂集》卷二《送汪舟次翰林冊封琉球國歌》等均爲此時所作。林麟焻字石來，號竹香，福建莆田人。康熙庚戌進士，授中書舍人。曾偕檢討汪楫奉使冊封琉球，官至貴州提學道僉事。有《玉岩詩集》、《竹香詞》、《列朝外紀》、《莆田縣志》等。生平事迹見《清史列傳》

卷七〇、《國朝詩人徵略初編》卷八、《民國莆田縣志》卷三十、《全清詞鈔》卷四。汪楫（1623～1689），字舟次，號悔齋。原籍安徽休寧，江蘇江都（今揚州）人。以歲貢署贛榆訓導，康熙十八年舉鴻博，授檢討，充冊封琉球正使，仕至福建布政史。著《悔齋集》，生平事迹見《清史列傳・文苑》本傳等。

五月七日，陳維崧卒於京，享年五十九歲。

陳維崧《迦陵詞全集》卷十《愁春未醒・牆外丁香花盛開感賦》後陳宗石跋對陳維崧卒事有載。另，尤侗《于京集》卷五《哭陳其年二首》、《西堂雜組三集》卷八《公祭陳其年檢討文》、馮溥《佳山堂詩集・七言律詩》之《挽陳其年》、徐乾學《憺園文集》卷二九《陳檢討誌銘》、《漁洋續集》卷十五《挽陳其年檢討》、李澄中《臥象山房詩集》卷二十二《哭陳其年檢討》、洪昇《稗畦集・哭陳其年檢討》、龐塏《叢碧山房詩初集・翰苑稿》卷七《哭陳其年檢討》、張遠《梅莊集・五律》之《挽陳太史維崧》等均為悼陳維崧亡所作。

五月下旬，尤珍自序《晬示錄》。

尤珍《滄湄文稿》卷三《晬示錄小序》末署云：「時壬戌夏五下澣尤珍識於京邸。」

六月，四弟尤侊逝。

《悔庵年譜》卷下言尤侊卒於六月，然《尤氏蘇常鎮宗譜》卷十二《蘇郡對門支》載侊「卒康熙壬戌七月十二日」，二者相牴牾。案，侊乃侗親弟，故其卒日當以侗記為準，時為六月。

六月上旬，尤珍作《晬示錄後序》。

尤珍《滄湄文稿》卷三《晬示錄後序》末署：「時六月上瀚珍又識。」

長安閒居無聊，作《苦憶》詩。

《于京集》卷五《苦憶二首》為是時所作，《艮齋倦稿詩集》卷二（丙寅詩）又有《自和苦憶詩四首》：「壬戌之夏，予在長安作《苦憶詩二首》。」《苦憶二首》其一：「苦憶水哉亭上坐，披襟散髮納涼時。輕雷送雨鳴荷蓋，細浪迎風卷柳絲。蟹眼乍烹棋罷局，雞頭初剝酒盈巵。隔牆又聽兒

童笑，來報梧桐月滿枝。」其二：「而今老向長安道，矮屋三間入甕時。門外馬蹄塵似糞，案頭蠅腳墨成絲。朝回有客投名刺，病後無錢卻酒卮。長日只堪高枕臥，夢隨蝴蝶繞南枝。」尤珍《滄湄詩稿》卷三《家大人憶水哉軒次韻二首》其一：「憶昔林居常避暑，窺園不廢下帷時。蟬依古柳吟風葉，魚戲新荷淰雨絲。晝永攤書頻試茗，晚涼覓句正銜卮。更逢八月秋花發，叢桂庭前香滿枝。」其二：「惜別園林經隔歲，踦樓旅舍歷三時。……彈鋏思魚誰治具，典衣貰酒漫盈卮。春江一櫂歸歟好，鄧尉梅花放幾枝。」

七月，徐乾學任《明史》總裁官。

《聖祖實錄》卷一〇三：「康熙二十一年七月壬申，以左贊善徐乾學充纂修《明史》總裁官。」

八月二十六日，相國馮溥將致仕返歸益都，諸公宴集於萬柳堂送之。

《聖祖實錄》卷一〇三：「康熙二十一年六月甲辰，文華殿大學士馮溥以老乞休，得旨：『卿輔弼重臣，端敏練達，簡任機務，效力有年，勤勞素著，依毗方殷，覽奏以年邁請休，情詞懇切，准以原官致仕。』」毛奇齡《文華殿大學士太子太傅兼刑部尚書易齋馮公年譜》：「康熙二十一年八月二十六日，御筆又印章一方，上勒『適志東山』四字，又墨刻《昇平嘉宴詩》一冊次，日辭謝。上遣中書舍人羅映臺護送到家，京朝官數百人同餞之彰義門外，祖帳相望十餘里，京城小民有牽市泣下者。」馮溥《佳山堂詩集·七言律詩》之《致仕將歸諸同人置酒萬柳堂話別漫題二律》、《佳山堂詩集·五言古詩》之《贈別己未諸子》、尤侗《于京集》卷五《萬柳堂宴集益都公席上留別奉和二首》、朱彝尊《曝書亭集》卷十二《送益都馮先生集萬柳堂次韻二首》、毛奇齡《西河集》卷一八三《同朝士餞益都夫子於萬柳堂即席和夫子留別原韻》、彭孫遹《松桂堂全集》卷二十一《奉和馮益都夫子秋日讌集萬柳堂即席留別之作》、徐釚《南州草堂集》卷八《奉送益都公致政歸里四首》、徐元文《含經堂集》卷八《送大學士益都馮公詩四首》、徐嘉炎《萬柳堂餞別益都夫子次留別原韻二首》、王頊齡《世恩堂詩集》卷七《萬柳堂公餞益都相國馮公和席間留別原韻》、李澄中《臥象山房詩集》卷二十二《送相國馮公致政歸臨朐》、

張遠《梅莊集‧七律》之《馮太夫子歸里》、龐塏《叢碧山房詩初集‧翰苑稿》卷七《奉和益都馮相國萬柳堂留別原韻》、《送馮相國歸益都》、潘耒《遂初堂詩集》卷四《萬柳堂公餞益都公次韻奉和二首》等均為是時所作，毛奇齡《西河集》卷三十六亦有《公餞益都夫子於萬柳堂賦別倡和詩序》。案，徐釚《南州草堂集》卷八自庚申五月至壬戌八月止，而此送別之詩又在卷末，可證實其時為八月末。

黃與堅贈簑衣、餅，賦詩謝之。

《于京集》卷五有《黃忍庵貽簑衣餅戲答三首》一云：「虎丘月市二山門，慣卷簑衣堆滿盆。京邸相逢驚一笑，更思長蕩買餛飩。」由於該詩在送別馮溥詩後，而在送別徐釚詩前，故置此間。黃與堅（1621～1701）字庭表，號忍庵，江南太倉（今江蘇太倉）人。順治十六年進士，授推官，旋以奏銷罣誤。康熙十八年舉博學鴻儒，授編修，擢贊善，後以葬親乞歸。著《忍庵集》、《願學齋文集》等。生平事迹見《清史列傳》、《清史稿》文苑本傳、《江蘇詩徵》卷六四、《清詩別裁集》卷六、《清畫家詩史》甲下等。

九月，徐釚引疾歸里。

徐釚《南州草堂集》卷八《奉送益都公致政歸里四首》即有注云：「時余亦移疾將歸江南。」同卷九《出都留別諸同人二首》亦記歸里之事，知徐釚歸里與馮溥致仕回鄉時間相近，而馮溥回鄉諸公餞行於八月二十六日，徐釚歸里則很可能在九月初左右。馮溥《佳山堂詩集‧七言律詩》之《送徐電發翰林假歸》、潘耒《遂初堂詩集》卷四《送同年徐電發假歸》、胡會恩《清芬堂存稿》卷三《送徐虹亭檢討還吳江》等均為送別之作。

九月初一，殿試舉於太和門前，彭寧求中探花，珍兒賜進士第，十月初八欽點庶常。時孫尤世求十五歲，補府學弟子員。

《聖祖實錄》卷一〇四：「康熙二十一年九月乙巳朔，策試天下貢士金德嘉等於太和門前。」尤珍《滄湄文稿》卷四《松筠堂記》：「彭子瞻庭壬戌廷對為第三人，官翰林者三載……。」尤珍《滄湄年譜》康熙二十一年：「九月，殿試第二甲第二十六名，賜進士出身。十月，欽點翰林院庶

吉士，習滿書。……是歲，世求補郡學弟子員。」尤珍《滄湄詩稿》卷三《九月初四日臚傳恭紀》、《初六日賜恩榮宴恭紀》、《十一日賜諸進士折鈔銀兩恭紀》、《十六日謁文廟釋褐恭紀》、《十月初八日保和殿引見蒙恩點庶吉士恭紀》等均爲是時所作，尤侗《于京集》卷五亦有《珍兒成進士欽點庶常感而有作》記事。

先自六月初一奉旨，各官每日朝集，凡百餘日。九月十日，大理司務趙時揖上疏請免，詔復舊例。

《聖祖實錄》卷一〇四：「康熙二十一年九月甲寅，大理寺司務趙時楫疏言：『我皇上宵旰精勤，命部、院全班奏事，日集午門，兢業咨儆，誠太平萬世之基。但諸臣每夜三更早起，朝氣耗傷，未免日間辦事，反難精密，不若分班啓奏，俾其精神，遞相節養。至於官員中有居僻遠者，有拮据輿馬者，有徒行策蹇及抱病勉行者，或令滿漢正佐輪流，或將朝期比前量爲增益，以立不刊之典……。』得旨：『九卿詹事科道會議具奏。』」

尤侗《于京集》卷五有《早起》、《曉入西苑二首》詩記早起事，又同卷五有《贈趙申伯大理（原注：先是每日朝集，趙上疏請免，得允）》，詩云：「一紙封章輦下傳，班行耳語各欣然。豈惟之子稱司直，自是君王聽轉圜。寒月三更休問夜，春風十日始朝天。自慚飽食閒無事，讀破殘書晝斜眠。」王士禛《池北偶談》卷二：「壬戌夏有旨：文武官每日五更入朝，列班午門外，候部院啓奏官出始散歸署。既而大理寺司務趙時楫上疏言之，尋有旨：九卿詹事、掌印給事中、掌道御史如故，餘並停。」

十一月，彭訪濂至京，補原官。來訪，飲酒話舊。

彭定求《南畇老人自訂年譜》：「十一月，至都，補原官，寓保安寺旁。」尤侗《于京集》卷五《酬訪濂見過次韻二首》一云：「低頭東野舊雲龍，風雨三年喜再逢。」案，彭定求於康熙十九年春離京，距今約三年，故有「三年喜再逢」句。又一云「挑燈重話故人情，忽忽鄉心酒畔生」，知時飲酒話舊。尤珍《滄湄詩稿》卷三《喜訪濂殿撰至京二首》、彭孫遹《松桂堂全集》卷二十二《喜訪濂至》亦爲是時所作。

十二月，瑞兒遺妻金氏病歿。

　　《悔庵年譜》卷下、尤珍《滄湄年譜》康熙二十一年。

除夕前三日，施閏章招同黃與堅、彭孫遹、徐嘉炎及珍兒共
飲。

　　《愚山先生年譜》卷四、彭孫遹《松桂堂全集》卷二十二《歲除前三日
　　過愚山齋中飲》、徐嘉炎《抱經齋詩集》卷十《壬戌除夕前三日同悔庵忍
　　庵羨門三同年暨謹庸庶常集愚山先生齋次羨門韻二首》等均有記此事。
　　同時，尤侗《于京集》卷五《歲除前三日愚山招同忍庵羨門華隱暨珍兒
　　共飲次羨門韻二首》一云：「天街此日人如蟻，恰是吾曹晏坐時。那得大
　　官供石炭，且逢老友斫銀絲。愁深易覺壺觴竭，話久渾忘更漏遲。莫怪
　　世途輕薄甚，古來白首見相知。」又一：「浪迹天涯感慨長，東華誰辨軟
　　紅香。交情共聽三年雨，旅況平添兩鬢霜。下酒最忺寒具美，傳柑應讓
　　熱官忙。還憐分手成岐路，有客將歸舊草堂。」透露了自己將歸隱還鄉
　　之意。

除夕，與珍兒、彭孫遹賦詩唱和。

　　尤侗《于京集》卷五《壬戌除夕再用除字韻二首》、尤珍《滄湄詩稿》卷
　　三《壬戌除夕次韻二首》、彭孫遹《松桂堂全集》卷二十二《除夕和悔庵》
　　皆作於時。

侗修史三載，纂《列朝諸臣傳》、《外國傳》共三百餘篇，《藝文
志》五卷，並撮其事可備借鑒者作《擬明史樂府》一百首，《外
國竹枝詞》一百一十首，其他詩別輯為《于京集》。

康熙二十二年癸亥年（1683）六十六歲

元旦朝賀，賜慶成宴，與珍兒均與焉。

　　《聖祖實錄》卷一〇七。尤侗《于京集》卷五《癸亥元旦朝賀賜宴恭紀
　　再用元字韻》、彭孫遹《松桂堂全集》卷二十二《元旦賜宴太和門和悔庵》
　　為是時作，尤珍《滄湄年譜》康熙二十二年對此亦有載。

聞金氏訃，感念亡兒尤瑞。

尤侗《于京集》卷五《人日同石樓鳳岡飲忍庵齋次石樓韻》詩云：「人世光陰同露電，天涯涕淚總冰霜（原注：時聞亡兒婦歿）。」同卷五《春朝書感》云：「感念亡兒若初歿，五更殘夢獨沾巾。」

初七，同龍燮、曹宜溥會飲黃與堅齋中。

尤侗《于京集》卷五《人日同石樓鳳岡飲忍庵齋次石樓韻》：「猶喜相知聚一堂，燈前談笑學蒙莊。過年稍謝詩逋急，卜夜徒勞酒政忙。人世光陰同露電，天涯涕淚總冰霜。闌珊殘臘龍鍾醉，明日春風舞袖長。」彭孫遹《松桂堂全集》卷二十三《和石樓人日同悔庵鳳崗集忍庵寓齋即事》亦乃時作。龍燮字理侯，又字二爲、石楱，號石樓、雷岸，又號改庵，望江（今屬安徽）人。康熙十八年舉博學鴻詞授翰林檢討，後遷大理寺評事，官至屯田員外郎。著《和蘇詩》三集、傳奇《江花夢》（又名《瓊花夢》）及雜劇《芙蓉城記》等。生平事迹見《乾隆望江縣志》卷七、《皖志列傳稿》卷一、莊一拂《古典戲曲存目彙考》。曹宜溥，字子仁，號鳳岡，湖廣黃岡（今屬湖北）籍，江西東鄉人。廕生，康熙十八年舉博學鴻儒，官檢討。篤學勵節操，著有《鳳岡詩集》。生平事迹見《光緒黃州府志》卷十九《儒林》。

二十六日，詔命侍讀明圖、編修孫予立、周燦出使安南，京師諸公賦詩送之。

《聖祖實錄》卷一〇七：「康熙二十二年正月戊辰，命翰林院侍讀明圖爲正使、編修孫卓爲副使，往封安南國王嗣黎維正爲安南國王。」尤侗《于京集》卷五《送孫予立編修使安南》云：「正是春風仙艾發，庵羅果子佐行庖。」知爲春日。彭孫遹《松桂堂全集》卷二十三《送孫予立使安南》、邵長蘅《青門旅稿》卷一《送孫編修使安南》、高士奇《苑西集》卷四《送孫予立編修奉使安南》、潘耒《遂初堂詩集》卷五《送孫予立編修周星公儀曹奉使安南》、李澄中《臥象山房詩集》卷二十三《送孫予立編修奉使安南》、顧汧《鳳池園詩集》卷四《送孫予立編修冊封安南》、王熙《王文靖公集》卷八《送孫予立編修出使安南》、《送周星公儀部出使安南》、王士禛《漁洋續集》卷十六《送孫予立編修周星公禮部奉使安南二十四韻》、王頊齡《世恩堂詩集》卷八《送孫予立冊封安南》等均爲是時作。案，《江南通志》卷一六七：「孫卓，字予立，宣城人。襄之子。淹博經

史，敦崇氣誼。康熙己未進士，對策第二人，授翰林編修，奉使冊封安南，卒於粵西道中。」周燦，字紺林，號星公，陝西臨潼人。順治十六年（1659）進士，選庶吉士，改光祿寺主事，外擢南康府知府，官至四川提學道，曾於康熙二十二年出使安南。著《使交紀事》、《安南世系略》、《願學堂文集》等。生平事迹見於建邦《湖山堂集》卷三《四川學使周星公先生傳》。

二月，徐秉義南歸。

尤侗《于京集》卷五《送徐果亭中允歸二首》一云：「東海君龍腹，聲名副次公。雖爲蓬島客，雅有竹林風。草閣三江上，征帆二月中。帝城雲樹裏，矯首望冥鴻。」彭孫遹《松桂堂全集》卷二十三《送徐果亭先生歸昆山》、高士奇《苑西集》卷四《送徐果亭先生》、王頊齡《世恩堂詩集》卷八《送徐果亭前輩假旋》、顧汧《鳳池園詩集》卷四《送徐果亭中允南歸》、李澄中《臥象山房詩集》卷二十三《送宮允徐彥和先生歸昆山》、潘耒《遂初堂詩集》卷五《送徐果亭前輩假歸》、徐嘉炎《抱經齋詩集》卷四《送中允果亭叔南歸四首》、顧景星《白茅堂集》卷二十五《送果亭歸昆山》均爲是時作。

四月告假，越兩月乃得請。

《悔庵年譜》卷下、尤珍《滄湄年譜》。

王頊齡妻卒，賦悼亡詩，與諸公閱而弔之。

王頊齡《世恩堂詩集》卷七《悼亡四十二韻》、《午日感亡內作》、《送亡內殯還鄉》。尤侗《于京集》卷五《爲王瑁湖悼亡》、陳維崧《迦陵詞全集》卷十三《爲王瑁湖編修悼亡》、彭孫遹《松桂堂全集》卷二十三《讀顥士悼亡詩有賦》、徐嘉炎《抱經齋詩集》卷九《讀王瑁湖同年悼亡詩》、李澄中《臥象山房詩集》卷二十三《讀王瑁湖侍讀悼亡詩》、龐塏《叢碧山房詩初集·翰苑稿》卷八《讀王瑁湖悼亡詩》、胡會恩《清芬堂存稿》卷三《題王瑁湖同年悼亡詩後》等均爲是作。王頊齡字顥士，一字容士，號瑁湖，晚號松喬老人，江南華亭（今上海松江）人。康熙十五年進士，十八年舉博學鴻儒，歷侍講學士、禮部侍郎，拜武英殿大學士。著有《世恩堂集》，生平事迹見《清史稿》卷二六七、《清史列傳》卷一

○、《江蘇詩徵》卷四八、《全清詞鈔》卷四、《光緒重修華亭縣志》卷十六《人物》等。

六月十六日，黃與堅序《于京集》。

尤侗《于京集》卷首有黃與堅序，末題：「康熙癸亥六月既望太倉年眷弟黃與堅譔。」

閏六月十三日，施閏章以疾卒於京師寓舍，享年六十六歲。

《愚山先生年譜》卷四：「康熙二十二年癸亥，先生年六十六歲，閏六月十三日丑時以疾卒於邸齋。」年譜後附湯斌《翰林院侍讀前朝議大夫愚山施公墓誌銘》。又尤侗《于京集》卷五《哭施愚山四首》、湯斌《湯子遺書》卷八《祭同年施愚山文》、王士禛《漁洋續集》卷十六《施愚山先生哀詩》、李澄中《臥象山房詩集》卷二十三《哭侍讀施愚山先生》、張遠《梅莊集·七律》之《弔宣城施侍讀暨及門高檢討》、梅文鼎《績學堂文鈔》卷六《祭施侍讀愚山文》、龐塏《叢碧山房詩初集·翰苑稿》卷八《哭施愚山侍讀》、顧景星《白茅草堂集》卷二十三《哭施閏章》、王熙《王文靖公集》卷二十三《祭侍讀施愚山文》、邵長蘅《青門旅稿》卷一《哭施愚山先生十韻》等均載施閏章卒事。

早秋，宋犖以通永僉事奉檄偕部使按海濱地，諸公賦詩別之。

宋犖《西陂類稿》卷六《康熙癸亥秋余以通永僉事奉檄偕部使按海濱地自鹽山抵山海關迂迴將三千里為日三十有八得詩二十四首率於馬上口占授兒至使書之用代紀事云》、朱彝尊《曝書亭集》卷十一有《送宋僉事犖之官通潞四首》、潘耒《遂初堂詩集》卷五《送宋牧仲之官通永》、李澄中《臥象山房詩集》卷二十三《送宋牧仲觀察通永》、尤侗《于京集》卷五《送宋牧仲分守通永》均記此事。案，是年閏六月十五立秋，又由於侗此詩於《將歸再用前韻六首》前，而其七月歸，可推知時為閏六月與七月之際事。

杜登春令廣昌，詩以贈別。

尤侗《于京集》卷五《送杜讓水令廣昌》：「峻絕飛狐道，平臨倒馬關。曾看千騎塞，暫借一琴閒。青草留春隴，黃雲照市闤。杜陵詩興在，挂

笏對香山。」王頊齡《世恩堂詩集》卷八《送杜讓水之任廣昌次家弟薛澂韻》一云：「分符百里實雄哉，況復花封近五臺。漢闕共看嚴助去（原注：讓水初任翰林孔目），岩邦喜睹魯恭來。放衙對奕當明月，臥閣鳴琴長綠苔。卻笑馬卿偏善病，無因道左餞行杯（原注：時予移疾）。」杜登春字九高，一字九皋，號讓水，江南華亭（今上海松江）人。拔貢，官至廣州同知，著《尺五樓詩文集》。生平事迹見《江蘇詩徵》卷一〇三。

七月命下，有黃庭同歸。黃與堅、毛奇齡、彭孫遹、徐嘉炎、李澄中等聚喬萊齋中為侗餞別。賦《歸興》六首，和者甚眾。

《悔庵年譜》卷下。尤侗《于京集》卷五有《歸興六首》、《將歸再用前韻六首》。彭孫遹《松桂堂全集》卷二十三《送展成南還即用後歸興韻六首》、李澄中《臥象山房詩集》卷二十三《送尤悔庵檢討歸長洲》、又同卷二十三《與悔庵庭表大可羨門勝力飲石林齋中》有云：「秋花欺老鬢，薄宦羨歸人（原注：時悔庵將歸）。」知李澄中與黃與堅（庭表）、毛奇齡（大可）、彭孫遹（羨門）、徐嘉炎（勝力）、喬萊（石林）等為尤侗餞行事。諸公亦有贈詩，如潘耒《遂初堂詩集》卷五《送同年尤悔庵假歸二首》、王頊齡《世恩堂詩集》卷八《尤悔庵給假歸里作歸興詩誌別依韻送之》、龐塏《叢碧山房詩初集‧翰苑稿》卷八《送尤展成太史旋里》即為是時作。尤珍《滄湄文稿》卷四《御書亭記》：「臣父在京修史者五年，以病乞歸。」案，尤侗自康熙十七年秋至京師，至時康熙二十二年七月正值五年。此外，尤珍《滄湄詩稿》亦有詩詠尤侗歸事，如《滄湄詩稿》卷三《家大人將歸敬呈二首》、《送黃蒇山（原注：時隨家大人南歸）》，可知當時黃庭與尤侗一同返鄉，其中尤珍《送黃蒇山》一詩云：「秋風初起唱驪歌，話別連宵意若何。雁去相思傳尺素，月明有夢繞關河。閒從驢背吟詩細，晚倚郵亭把酒多。獨滯京華違色養，自憐歸計尚蹉跎。」知尤侗與黃庭還鄉乃於初秋七月。黃庭字一經、蒇山，號說研，江南長洲（今江蘇蘇州）人，康熙十四年舉人。著《說研老人詩稿》、《消夏詞》、《歲寒詞》、《采香涇詞》、《玉河西干池》等。生平事迹見《江蘇詩徵》卷六五、《全清詞鈔》卷四、《清詩別裁集》卷十六。李澄中字渭清，號雷田，又號漁村，山東諸城人，原籍成都。康熙己未召試博學鴻詞，官

至翰林院侍讀。著《臥象山房詩集》、《白雲村文集》、《艮齋文選》等。
生平事迹見《四庫全書總目》卷六十四、《清詩別裁集》卷十二、《鶴徵
錄》卷二等。喬萊，字子靜，號石林，別號畫川逸叟，寶應（今屬江蘇）
人。康熙丁未進士，舉博學鴻儒，官至侍讀。善畫山水，工詩文，著《喬
氏易俟》、《康熙寶應縣志》、《使粵日記》、《石林賦草》、戲曲《香雪亭新
編耆英會記》等。生平事迹見《清史稿》卷四八四、《清史列傳》卷七十、
《康熙寶應縣志》卷九、《道光重修寶應縣志》卷十七、《全清詞鈔》卷
四、《清畫家詩史》乙上。

行前，王士禛亦為之餞行，囑為亡兄王士祜作誄。

尤侗《西堂雜組三集》卷六《王東亭進士傳》：「今秋予急請出都，祭酒
祖餞青門，又屬予為東亭作傳。予交東亭雖晚，然讀其詩想見其人已非
一日，即西樵兄弟往往為予道東亭素履，有寄予懷者。車中即祭酒所纂
行述，為綴成之。」

中秋至定州，州守同年秦生鏡飲於閱古堂。

尤侗《于京集》卷五《定州秦使君招飲閱古堂拈中秋二字韻》有云：「青
門歸去趁西風，行到中山秋正中。千里恰隨明月至，一樽暫對故人同。」
《艮齋倦稿文集》卷二《冰玉堂詩序》：「癸亥之秋，予請急南歸，假道
定州，州守為年友秦水心使君，故吾郡司馬也。留予止三日，宴於閱古
堂，觀東坡雪浪石。時正中秋，明月在天，賓客滿座，賦詩贈答，極歡
而罷。」案，《蘇州府志》卷五五載秦生鏡：「康熙三年閏六月任（總捕
同知）。」秦生鏡任職蘇州期間，應與尤侗有所結識，故有「故吾郡司馬
也」云云。《道光定州志》卷十《人物·職官》載秦生鏡「（康熙）二十
一年任（定州知州）」，與時二人聚會之事合。《康熙鄒縣志》卷二：「秦
生鏡字水心，執中季子。資性英敏，詩文過目成誦，早歲食餼，從父宦
遊，綽有才名。順治九年辛卯恩貢，授四川順慶府別駕，……康熙甲辰
升蘇州郡丞，凡江南疑難重獄，上官悉以委讞，斷決明允，平反甚多。
丙午以母憂歸里，壬戌服闋，改補定州知州。……升戶部江西司員外
郎，……著有《蜀道》、《吳門》、《西江》、《中山》諸集。」

過臨城，憩宋廣業衙舍。載酒遊青龍潭，經陳餘汦水，上而弔

之。入林縣，飲趙廷珪署中。

> 《悔庵年譜》卷下。《于京集》卷五《臨城宋使君同遊青龍潭》：「太行山
> 色繞城牆，官舍秋高半夕陽。聯騎偶過村郭外，行廚暫醉石崖旁。……
> 憑弔戰場泯水上，土人猶指釣盤岡。」《民國吳縣志》卷六十八《列傳
> 六》：「宋廣業，知臨城縣，俗健訟，有大猾俗稱『一門五虎』者，置之
> 法，民得安枕。邑遇荒旱，捐俸煮粥活饑民。設義學，輯邑志，未竟，
> 以艱去。」趙廷珪，字禹玉，號正修，康熙癸卯甲辰鄉會試聯魁，選知
> 林縣，後取授河南道御史。生平事迹見《光緒常昭合志》卷二十六《人
> 物之五》。

九月，至衛輝，同年田慶曾分守河北，留三日，上望京樓。

> 《于京集》卷五《登衛輝望京樓贈田介眉大參》有云「已出京門汗漫遊，
> 登高還上望京樓」，爲是時作。據《河南通志》卷三五載：「田慶曾，山
> 東昌樂人，拔貢布政司參議，分守河北道，康熙二十一年任。」可知是
> 年田慶曾正值河北道任上。《嘉慶重修昌樂縣志》卷十五：「田慶曾，字
> 介眉，（順治三年）拔貢，任南羅縣知縣，行取戶部郎中，外轉河南道，
> 尋升福建提刑安（按）察司署布政司事。」

自懷慶至濟源，族子尤應運爲令，相見甚歡。九日登高，與應
運偕遊段侍郎別墅，至玉川煎茶處，謁濟瀆廟，觀濟水狀流，
望王屋山。天壇盛產何首烏，採以歸。

> 《于京集》卷五《九日濟源族侄天階攜酒同遊段侍郎盧墅二首》一云：「玉
> 川昔日煎茶地，柯古當年載酒時。綠野回頭今已矣，青山對面尚如斯。」
> 又一云：「已向鐵庵尋勝蹟，還從盧墅撰良辰。百年望古空秋草，九日登
> 高有旅人。」同卷五《濟瀆》：「中州維嵩高，黃河爲至鉅。……遙指王
> 屋山，雲旗往來處。」均記此遊。尤應運，字天階，《乾隆濟源縣志》卷
> 八載：「（應運）福建晉江人，拔貢，康熙十九年任（濟源縣令）。纂輯志
> 書，修理文廟、官署，皆自爲記，其移市北門，則邑紳段錦祚有文記之，
> 升寧紹分司。」

又由孟縣徐登瀛具舟渡河，入大梁，晤開府王日藻，釀酒道故，
聽耿介先生講學而去。

《悔庵年譜》卷下。《于京集》卷五《汴城懷古》：「自古名都說大梁，兵戈浩劫幾滄桑。繁臺莫問歌吹地，艮嶽空傳花石綱。……金橋明月依然在，樂府誰家唱憲王。」徐登瀛，仁和（今浙江杭州）人，貢選孟縣縣令，康熙二十年起任。王日藻字印周，號卻非，江南華亭（今上海松江）人。順治乙未進士，官至戶部尚書。生平事迹見《江蘇詩徵》卷四六、《清詩別裁集》卷四、《光緒重修華亭縣志》卷十六《人物》。耿介（1618～1688），初名沖璧，字介石，號逸庵，河南登封人。順治九年進士，康熙初除直隸大名兵備道，又召爲少詹事。後乞休歸，講學嵩陽書院。生平事迹見《清史稿》卷四八〇、《清史列傳》卷六六。

回鄉途中，屢夢亡妻曹令，偶見孤雁南飛，頗生感慨。

《于京集》卷五《途中頻夢亡室有感四首》一云：「千里關山路九回，繡鞋辛苦踏霜來。燈前鬢影依稀在，不信妝臺隔夜臺。」又一云：「整夜淒涼半枕孤，夢中相見卻勝無。精魂應笑山頭石，空寄西風日望夫。」同卷五《見孤雁南飛》：「極目長空雁陣飛，憐君失侶去無依。風吹木葉遺音斷，月落沙汀顧影稀。夜永沉吟悲獨宿，曉寒珍重送人歸。也知客路淒涼甚，尚戀吳江舊釣磯。」

抵揚州，少息，渡江歸時已十一月初六也。六年未見，與親友銜杯相慰藉，又至官山及斜塘掃墓。

《悔庵年譜》卷下。

是年，吳瞻應試吏部銓選未得，失意南歸。

尤珍《滄湄文稿》卷三《送吳景南進士南歸序》：「予友吳子景南以己酉舉於鄉，癸丑成進士，候選縣令者十年矣，而不得除授。歲在癸亥，吏部咨取直省進士試內閣中書舍人，吳子名在咨取中，因詣部，應試又不得與其選，其南歸也，默默然若有不自得於中者。」吳瞻字琇弁，號景南，康熙癸丑進士，候選縣令十年而不得除授，仕途不達，後學道。

鄭成功孫鄭克塽奉表降清，清廷著其率所屬官軍民人登岸。

康熙二十三年甲子年（1684）六十七歲

正月初八，亡兒瑞出孫女尤添痘殤，年僅九歲。

婿陸德元邀往鄧尉觀梅，重過聖恩寺，登朝元閣。會阻陰雨，即歸家居，忽忽不樂。《悔庵年譜》卷下。

三月三日，自序《看雲草堂集》。

尤侗《看雲草堂集·自序》：「迨戊午應召於京，橐筆史館者五載，迄癸亥，始得引疾還里，乃瞻衡宇草堂無恙也。然而，風景不殊，俱成陳迹，音容如在，已作古人。每一念及，俯仰流連，未嘗不感歎而繼以泣也。因抽篋衍，得所著詩若干首，刪而錄之，以誌歲月，爲《看雲草堂集》。」末署云：「康熙甲子三月三日。」

星家言甲子不利，宜出遊以壓之。四月始出發遊閩中，清明途經西湖。

尤侗《艮齋倦稿詩集》卷一詩餘《西子妝·將游湖上清明日禾水道中適見吳夢窗有湖上清明自度曲因和其韻》、《湖上用前調韻》。

往遊止及延建，此次徑達福州。

《艮齋倦稿詩集》卷一《過子陵釣臺》、《渡仙霞嶺》等均爲遊途所作。

值吳興祚鎮粵東，詩以詠之。

《艮齋倦稿詩集》卷一《閩遊雜詠十六首》其一：「朝歌吳質最風流，去後還聞士女謳。遙望廣南千里月，餘光那得照并州（原注：吳伯成撫軍今鎮粵東）。」

遊閩途中，遇姚啟聖、施維翰總督喪回。

《艮齋倦稿詩集》卷一《閩遊雜詠十六首》其一：「海若相逢井底蛙，賀君鼓吹日喧嘩。祇看百尺仙霞嶺，幾道銘旌廣柳車（原注：途中遇姚、施二總督喪回）。」案，《欽定八旗通志》卷三三九：「姚啓聖，漢軍鑲紅旗人，康熙十七年五月任福建總督，二十二年十一月卒。」《浙江通志》卷一二一《總督部院》載施維翰：「康熙二十二年任，二十三年改爲福浙總督，自後皆福浙總督。」《大清一統志》卷五十九：「施維翰，字及甫，上海人，順治壬辰進士。……調福建總督，未抵任卒。」《皇朝通志》卷

五十二：「福建總督施維翰，諡清惠，康熙二十三年八月諡。」

時金鋐中丞為三山主人，總制王國安亦至巡海，方設官於臺灣，未暇尋賓客宴遊之樂。故高臥簡出，然畏暑未得歸。幸居停鄭烈有小園，竹木翳如，差足消夏。

《悔庵年譜》卷下。王國安，蓋平（今屬遼寧）人，據《聖祖實錄》卷一一五，康熙二十三年五月由浙江總督調為福建總督，官至兵部左侍郎。生平事迹見《大清一統志》卷三七、卷二一五、《浙江通志》卷一四九。

閩中士大夫聞聲相訪，莆田方鴻負笈從遊。時值夏令，木蘭盛開，荔枝熟，方鴻以宋家香相餉。侗讀其《瓊光集》，歎為海南奇士。

《悔庵年譜》卷下。《艮齋倦稿詩集》卷一《方翊霄餉荔枝並詩八首依韻答之》一云：「壺中別有軟紅鄉，謫下瑤宮小玉娘。一夜薰風吹客舍，開籠先認宋家香。」又一云：「如君才調擅青箱，贈我丹枝帶墨香。只此遊囊罷彈鋏，飽飡勝裹鄭莊糧。」同卷一《紫岩貽勝畫並荔譜率成長句》亦為時所作。方鴻，字翊霄，莆田（今屬福建）人，有《瓊光集》，具體生平事迹不詳。

六月間，湯斌獲補授江寧巡撫。

《聖祖實錄》卷一一六。方苞考訂、楊椿重編《湯文正公年譜定本》康熙二十三年：「六月，江寧巡撫余國柱入為左都御史。上時在安興，諭大學士曰：『所貴道學者，必身體力行，見諸實事，非徒託之空言，今有道學名者甚多，考其究竟，言行相違。學士湯斌頗有實行，典試浙江，操守甚善，可以右副都御史補授江寧巡撫。』」

八月，翰林院檢討汪楫、中書舍人林麟焻自琉球冊封而歸。

王士禛《池北偶談》卷二。

九月杪秋，暑氣方退，俶裝就道返鄉。從者七人無恙，獨廚童小慶忽得血症暴亡，埋於烏石山下，為之泣悼。先是住處有畫眉飛來，籠而侗之，攜至舟中一宿而隕，尺土埋之。

《艮齋倦稿詩集》卷一《哀廚童小慶》:「汝從予行役,新婚未幾時。思家成渴病,寄旅少良醫。棄置背遺屨,埋藏戀敝帷。傷心建江水,同渡不同歸。」同卷一《哀畫眉二首》一云:「悵然家園有所思,他鄉花發木蘭時。空床久斷蘅蕪夢,怕聽雕龍叫畫眉(原注:偶得畫眉,畜之籠中)。」同卷一又有《黯淡灘》、《建溪行》等,皆載此遊。

過建寧,門人鄭彤友留飲東谿草堂,屈指舊遊已二十餘年。度仙霞嶺,至清河店。聞知康熙帝有南巡之信,星夜兼程進抵杭州,知已回鑾,彷徨恨歎,賦詩紀感。

案,尤侗曾於康熙元年遊福建,至此康熙二十三年正二十餘年。關於康熙帝是年南巡事,《聖祖實錄》卷一一七有詳載。尤侗亦有詩紀之,如《艮齋倦稿詩集》卷一《恭紀(原注:聖駕南巡三首)》、《恭和(原注:聖製幸闕里詩)》、《恭和(原注:聖製閱河堤詩)》。此外,《江南通志》卷五十五:「(康熙)二十三年十一月初十日,聖駕南巡,閱高家堰工。」董含《三岡識略》卷九:「九月二十八日辛卯,上東巡。……十一月朔壬戌,午刻駐江寧府,……初五日丙寅,幸燕子磯,登舟出大江。」鄭彤友生平事迹不詳。

十月,吳兆騫卒於京師旅舍,年五十四。

徐釚《南州草堂集》卷二十九《孝廉漢槎吳君墓誌銘》:「漢槎以前辛未十一月某日生,其卒以康熙二十三年十月某日,年五十四。」同卷十一《哭吳漢槎》亦為悼亡所作。

十二月十五日,自序《西堂小草》。

尤侗《西堂小草自序》落款題為:「康熙甲子臘月大寒日。」案,是年大寒乃十二月十五日。

以蠟盡下堂傷足,一步不可行,乃於除夕署門謹謝客。

《悔庵年譜》卷下。

康熙二十四年乙丑年(1685)六十八歲

元旦立春,是日雨雪。時傷足仍未愈。

《艮齋倦稿詩集》卷一《乙丑元旦二首》：「百年南難遇歲朝春，春次王正寅次辰。雞戶恰迎彩燕舞，虎符還逐土牛陳。天垂瑞業初回暖，人沐陰膏漸返淳。曾與太和門下宴，至今清夢繞丹宸（原注：辰時立春，是日雨雪）。」同卷一《又自述一首》：「腳疾槃跚謹謝客，鬢毛禿速可憐人。婦歸地下空帷冷，兒在京華敝篋貧（原注：時予下堂而傷其足）。」

自出遊後亦園廢，淒然有黍離之感。乃役人築垣，種竹栽蓮，築亭修園，復有鴛鴦飛來。

《悔庵年譜》卷下。

二月，足疾始愈。鼓興買舟前往西湖，觀桃柳，入靈隱，眺飛來峰，上天竺禮大士。寓門人周霖處，為時一月，其間與開府趙士麟、鹽使李紹聞有周旋。

《悔庵年譜》卷下。尤侗《艮齋倦稿詩集》卷一《贈趙玉峰中丞》：「清獻家風自不群，開牙越絕樹奇勳。聲名已遍東西城，號令兼施南北軍。濂洛書傳講鼓奏，河渠志就棹歌聞。祇應飛蓋湖山上，遙望天邊五色雲。」同卷一《古松歌為李德中鹽使賦》：「閣鈴衙鼓時紛拏，誰知得遇隴西李。蟠根仙種眞吾途，冷如霜華堅如石。」同卷一《西湖漫興四首》一云：「十年臣夢賦歸來，乍見西湖心目開。」案，《清史稿》卷二八一：「（趙士麟）康熙三年進士，……二十三年授浙江巡撫，……二十五年移撫江蘇，……召為兵部督捕侍郎，調吏部，皆能舉其職。」《聖祖實錄》卷一一四：「康熙二十三年二月己酉，以左副都御史趙士麟為浙江巡撫。」可知是年趙士麟確任職杭州。趙士麟（1629～1699），字玉峰、鱗伯，河陽（今屬雲南）人，康熙三年進士，後歷浙江巡撫、江蘇巡撫，內擢兵部右侍郎，轉吏部左侍郎。著《讀書彩衣全集》。生平事迹見《碑傳集》卷十九徐文駒《吏部左侍郎趙先生士鱗行狀》、《清史稿》卷二八一、《大清一統志》卷二一五。李紹聞，原名李見龍，字飛卿，後順治帝欽賜名李紹聞，字德中，蒙陰（今屬山東）人。順治十六年（1659）進士，初任浙江秀水知縣，後累升提督四夷館太常寺少卿，誥授中憲大夫。生平事迹見《大清一統志》卷二二一、《浙江通志》卷一五〇。

門人周霖七叔父周興衛將於三月舉五十壽觴，請為作壽文。

《艮齋倦稿文集》卷四《周興衛五十壽序》:「武林之有周氏,以義門稱。其流寓吳中,與予內家瓜葛獲交。興則爲人慷慨,不愧第五之名,因識其難弟興衛、興封、興閒,皆瞿瞿良士也。洎興封爲池陽明府,時來京師,晨夕尤數。而猶子雨三遊予門牆,多歷年所,故予於周氏家事稔悉之若同室然。今予奉假南歸,而衛君於乙丑三月舉五十觴,雨三率其諸弟從予乞言,其辭曰:『吾七叔父之治家也,厚同氣,撫子姓,恩義藹然。』」

過王晫牆東草堂,並賦《千秋歲》詞一闋以贈。

錢塘王言愼(王晫子)蒐輯《千秋歲倡和詞》(康熙中霞舉堂刊本)卷首有濟南李濤述修序,睦州方象瑛渭仁題辭,尤侗悔庵引,卷內還有尤侗唱和一首。王晫(1636~?)原名棐,字丹麓,號木庵,自號松溪子,仁和(今浙江杭州)人。曾刻《檀幾叢書》、著《霞舉堂集》、《遂生集》、《今世說》等。生平事迹見《清史列傳》卷七○、《國朝耆獻類徵》卷四七五、《杭州府志》卷一四五、《全清詞鈔》卷五等。案,《國朝杭郡詩輯》卷六:「王晫,初名棐,字丹麓,號木庵,又號松溪。……年十二補諸生,稍長棄去。居湖墅,爲往來舟車之衝。四方士夫過武林者必造霞舉堂,故座客常滿。」可知,尤侗此次杭州之遊造訪王晫也是很自然的。

遊西湖間,交林雲銘,序其《吳山勦音》。

《艮齋倦稿文集》卷二《吳山勦音序》:「乙丑暮春,予養疾西湖,獲交三山林西仲先生。先生故吾徽明府,歸隱建溪,旋遭耿逆之禍,繫獄二年,幾飽虎口,僅而後免。流寓武林,客舍蕭然,終日兀兀以著書爲事。予既讀其全集,瀕行,復出《吳山勦音》示予而屬爲序。」林雲銘,字西仲,福建侯官(今屬福建福州)人。順治戊戌進士,官徽州通判。著《挹奎樓集》、《吳山勦音》等,生平事迹見《四庫全書總目》卷一四八、《全清詞鈔》卷二、《閩侯縣志》卷七一《文苑上》。

歸而休夏不出。

尤珍告假省觀南還,五月得旨,七月十八日抵家。

尤珍《滄湄年譜》康熙二十四年:「夏四月告假,五月得旨南歸,秋七月

抵家。」《滄湄詩稿》卷四《三月（原注：時方以病請假）》、《移疾偶吟
四首》均爲時作，如《移疾偶吟四首》一云：「三年聯袂步瀛洲，珥筆鳴
珂記勝遊。一別河梁空悵望，可憐鱗羽異沉浮。」尤珍《滄湄類稿附錄》
收周金然《送謹庸省觀南歸次韻四首》等爲是時送行所作。又《滄湄詩
稿》卷五《歸家》：「抖擻征衣浣客塵，歸來依舊得閒身。乍看綠樹如新
識，遙對青山是故人。過耳鄉音聽漸熟，入唇家釀飲還醇。莫勞親友重
重問，欲杜柴荊理釣綸。」

康熙二十年覃恩馳封未領，時敕書至，家人叩迎郊外，祭祀告祖，宴餉親族。

尤侗《悔庵年譜》卷下。

八月，送孫世求至昆山應考，過中秋。

《艮齋倦稿詩集》卷三《中秋》有「十載中秋天一涯」句，注云：「自戊
午至壬戌在京師，癸亥在定州，甲子在福州，乙丑在昆山，丙寅在無錫，
丁卯在金陵。」

九月有事於皖江，由金陵陸路至安慶，撫軍薛柱斗是同年，話舊甚歡，半月而別。

《艮齋倦稿詩集》卷一《贈同年薛梁公中丞二十四韻》。《艮齋倦稿文集》
卷十《吳遊草序》有云：「乙丑冬予至皖，訪同年薛梁公中丞。」薛柱斗
號梁公，延長（今屬陝西）人，拔貢。據《聖祖實錄》卷一一四，康熙
二十三年二月薛柱斗以太常寺卿任爲安徽巡撫，又《乾隆延長縣志・宦
績》載薛柱斗：「幼穎悟，由拔貢初任陽安縣丞，歷升安徽巡撫，政績隨
處有聲。……未幾升刑部侍郎，執法不回，貴戚斂迹。以老告歸，囊橐
然。」

返池州，適周疆郡丞方視貴池縣，與教諭錢垲、訓導宗觀有修學之舉，遂為之記。

尤侗《艮齋倦稿文集》卷一《重修貴池縣學碑記》：「歲乙丑冬，予有皖
江之役。路次池陽，適予友郡臣周君方視貴池縣篆有修學之舉，而教諭
錢君、訓導宗君皆予故人也，因造於學而觀焉。」《艮齋倦稿文集》卷

二《文廟紀略序》對此亦有載。周疆字興封，號競庵，錢塘（今浙江杭州）人。據《光緒貴池縣志》卷十六：「周疆……康熙年間任池州府同知，攝東流、貴池兩縣令，所至葺學宮，興文教，瀏覽名勝輒多題詠，擢知安慶府。」著《棣鄂堂詩》、《秋浦唱酬集》。宗觀字民表，號鶴問，江都（今江蘇揚州）人，江寧（今江蘇南京）籍。副貢生，《光緒貴池縣志》卷十七言其「康熙二十年任貴池訓導」，後遷常熟。生平事迹見《江蘇詩徵》卷三、《蘇州府志》卷五七。又據《光緒貴池縣志》卷十四，康熙二十年起錢墢即任貴池縣儒學教諭。錢墢，蘇州人，歲貢。生平事迹不詳。

周疆重修古杏花村，邀侗與諸廣文縉紳為平原十日飲，並示以《秋浦唱酬集》，侗為之題辭。

《艮齋倦稿詩集》卷一《題古杏花村二首》序云：「杏花村本杜牧清明詩，明太守顧元鏡建坊表之後，有改為牧童指處者，里人請還舊名而未復也。今郡司馬周競庵重加修飾，題曰：杏花村。……此村幸藉小杜一詩以傳，而村之有坊，顧公創之於前，周公修之於後，皆賢使君可傳者，村雖小，君子大之，大復古也，予過池陽，賦詩以誌。」

同卷一《題郎趙客杏花村志》：「從來未有花村志，好事今推郎士元。我欲移家武陵住，也編仙史紀桃源。」《艮齋倦稿文集》卷七《秋浦唱酬題辭》：「予從皖江歸，過訪周競庵使君及諸廣文先生，為平原十日飲。……瀕行，使君出唱酬集一卷。」

因風雨阻之，未得登九華，遙望慨歎。

《悔庵年譜》卷下。《艮齋倦稿詩集》卷一《望九華》、《一指岩》、《艮齋倦稿文集》卷七《秋浦唱酬題辭》均有記遊。其中，《望九華》詩云：「九華可望不可登，此語雖然僕未能。雲海迷離變白石，芙蓉隱約空蒼藤。我無酒肴亦既醉，子有車馬何弗乘。漫為秋浦渡頭客，卻負新羅國裏僧。」

泛舟還，然江水迅急而不得渡。遂從蕪湖策騎至白下，歲暮天寒，匆匆而歸。歸途丹陽築壩，又陸行三十里，乃歸家。跋涉勞苦，頹然倦遊。

《悔庵年譜》卷下。

十月，巡撫湯斌毀蘇州上方山祠。

尤侗《艮齋倦稿文集》卷一《上方山毀祠記》：「今康熙二十四年，大中丞湯公來撫吾吳，方修古典、闢異教，以上方爲淫祠首，嚴婦女燒香之禁。亡何，僧徒巫祝群而嘩之，奔走聚會者日益眾。公乃大奮厥怒，遣健卒數人，舁其木偶投之火，土偶沉之河，更其祠，祀漢壽亭侯。於是五聖之香火遂絕。」董含《三岡識略》卷九：「十月，巡撫湯公斌，拘蘇州上方山僧人，責問何故誘婦女入寺燒香。即鎖僧前去，將五通神像拋入太湖中。隨具疏……。奉旨：『各直省淫祠濫祀，惑眾誣民，有關風化，著勒碑永禁。』」方苞考訂、楊椿重編《湯文正公年譜定本》康熙二十四年：「蘇州府城西十里有楞伽山，俗名上方山，山有五通神祠，遠近賽禱如鶩，歲費金錢數十百萬。諺謂其山曰『肉山』，其下石湖曰『酒海』，少年婦女疾，必曰『五通神將娶之』，其婦女亦恍惚夢與神遇，羸瘵而死，一歲常數十家。公語其屬曰：『鬼神福善禍淫，治幽贊化，若祭者免禍，不祭者即降以災，此與貪官何異？若娶婦說，直一淫昏鬼耳！』命取像之木偶者火之，土偶者投於湖，撤祠材以修學宮、葺城垣，民始而駭，繼而疑，終乃帖然大服。」王廷燦《潛庵先生年譜》康熙二十四年：「吳中數多淫祠事，楞伽山五通神尤嚴盛，寒劇暑載，鼓吹牲帛，往賽者無虛日，奸巫淫尼，闌入人閨閣，競相煽惑，吳人以是益困。先生取土偶投諸湖中，眾大駭，已而大悅。」《道光蘇州府志》卷一四八《雜記四》：「湯荊峴斌巡撫江蘇，毀上方山五通祅廟，撤土偶撲之而投諸水。有人於地中得古石碣，上刻『肉山酒海，遇湯而敗』八字，云仙人張三豐書也。」湯斌（1627～1687）字孔伯，號荊峴，別號潛庵，諡文正，睢州（今河南睢縣）人。順治九年進士，康熙十八年舉博學鴻儒，後官至禮部尚書，管詹事府，又轉工部尚書。著有《湯子遺書》、《潛庵詩餘》。生平事迹見《清史列傳·大臣》本傳、王廷燦《潛庵先生年譜》、《四庫全書總目》卷六三、《大清一統志》卷四九、《蘇州府志》卷六八、《全清詞鈔》卷二。

十月間，長孫女尤淑勤嫁於庠生陸熾。

尤珍《滄湄年譜》康熙二十四年：「十月，長女歸於陸氏。」

冬，再跋湯卿謀《湘中草》。

　　尤侗《西堂全集》附《湘中草》卷首有尤侗此跋，末署：「康熙乙丑冬日
　　侗又跋。」

是年，攜李徐侯甫力主重修長洲縣尊美堂，落成，請為記。

　　《艮齋倦稿文集》卷一《重建長洲縣堂碑記》：「長洲縣治，宋以前不可
　　考已，至紹興初，始有尊美堂之名。……迄我皇朝鼎革之交，兵燹狼藉，
　　此堂蕩然墟矣。……康熙乙丑攜李徐侯甫怒然念之，遂請於上官，聚國
　　族而謀，得舊宅五楹，鬻而遷焉。……堂成仍名曰尊美，大復古也。侯
　　乃設醮以落之，而授簡於予。」

天童山人本皙過吳門，請為天童山長生田碑作記。

　　《艮齋倦稿文集》卷一《天童山長生田碑記》：「曉公既幸先業之漸恢復，
　　嘉眾緣之廣結，欲勒豐碑以垂永久，特過吳門，請記於予。」本皙字山
　　曉，號嘯堂，長壽（今屬重慶）魏氏。道忞天童首座。有《嘯堂初集》、
　　《宗門寶積錄》等。生平事迹見《新續高僧傳四集》卷九、《正源略集》
　　卷六、《雍正寧波府志》卷三二、《雍正浙江通志》卷一九九等。

是年，宋實穎任職興化教諭。

　　《咸豐重修興化縣志》卷六《秩官表》「教諭」條，康熙二十四年下有「宋
　　實穎」名，同卷六《宦績》載宋實穎：「由舉人考授推官，會缺裁，應補
　　知縣。康熙十八年以博學鴻詞就徵試不遇，改授興化教諭。」

康熙二十五年丙寅年（1686）六十九歲

二月，與葬師卜地，往來於穹窿元墓諸山，累旬不得。因於官
山祖墳旁築丙屋數間，閏四月為先妻舉襄權厝於是，亡兒婦亦
附焉。

　　尤侗《悔庵年譜》卷下。尤珍《滄湄年譜》康熙二十五年：「予四十歲，
　　先大人舉先母柩權厝於丙舍。」

三月，湯斌擢授禮部尚書，管詹事府事，賦詩送之。

　　《聖祖實錄》卷一二五：「康熙二十五年三月甲戌，諭吏部：『江寧巡撫

湯斌在講筵時素行勤慎，朕所稔知。及簡任巡撫以來，潔己率屬，實心任事，允宜拔擢大用，風示有位，特授爲禮部尚書，管詹事府詹事。』」方苞考訂、楊椿重編《湯文正公年譜定本》對此亦有載。尤侗《艮齋倦稿詩集》卷二（丙寅詩）《送湯潛庵中丞還朝二十六韻（原注：特進禮部尚書掌詹事府事）》：「聖主當陽日，元良齒冑時。三階需傅相，貳體藉經師。說命從天齎，皋謨動帝咨。講筵昔啓沃，直閣每書思。理學無勣說，文章有正辭。道高心自格，才大政能施。南國推登是，東郊賴尹茲。治民空岸獄，禁鬼絕淫祠。約法安耆老，陳書教小兒。勤眞忘夜寢，儉並廢晨炊。自此年時熟，因之風俗移。福星一路戴，勁草九重知。……吳山瞻氣象，江水寫鬚眉。朝右尊人望，田間失我私。公歸應不復，詠歎袞衣詩。」彭定求《南畇老人自訂年譜》康熙二十五年：「潛庵湯公自江蘇巡撫特召爲大宗伯掌詹事府事，入都陛見。」尤珍《滄湄詩稿補遺》卷二《送湯大中丞晉秩還朝二十六韻》亦爲時作。

六月，於水哉亭納涼。又泛舟鴛鴦湖，三日而返。

《悔庵年譜》卷下。《艮齋倦稿詩集》卷二《自和苦憶詩四首》序云：「甲子重築此亭（水哉亭），丙寅六月納涼其上，忽憶此詩（原注：壬戌所作《苦憶詩二首》），風景不殊，恍然如夢，不覺悲喜交集，因和原韻復得四首，既用自慰，亦以誌今昔之感也。」

中秋往無錫，送先賢尤袤之棺於惠山家祠，釋菜於東林書院，謁道南祠。

《艮齋倦稿詩集》卷二《送先文簡公入家祠感賦》：「木主今朝修鼎薦，土垣他日俟丹塗。追思四將中興日，何獨遺編一字無。」同卷二《丙寅仲秋釋菜東林書院謁道南祠聽講有述二首》一云：「依庸堂戶久凋零，書帶猶遺芳草青。禮在仲冬宜舍菜，學爲弟子共橫經。百家參伍誰能說，一室東西皆可銘。瞻仰告曾規矩至，後人容易便趨庭。」《康熙無錫縣志》卷六《學校》：「東林書院亦名龜山書院，宋楊文靖公時學河洛而歸，程顥目送之，曰：『吾道南矣！』至常州無錫縣留十有八年，此爲文靖講學地甚久，故其後即東林爲書院，而名其祠以道南。」

九月，孫世求娶婦華氏。

《悔庵年譜》卷下、尤珍《滄湄年譜》康熙二十五年。

十月，修先塋墓道，疏瀹沼池，立碑紀之。

《悔庵年譜》卷下。

十六日，序陸次雲《北墅緒言》。

陸次雲《北墅緒言》卷首有尤侗序，末署：「康熙丙寅小春既望長洲治年弟尤侗拜撰。」案，《初學記》謂「十月天時暖似春」，十月即小春，可知尤侗是在十月間爲陸次雲集子作序。《艮齋倦稿文集》卷三《北墅緒言序》云：「平原公子，獨推北墅之才；玄晏先生，即是西堂之客。」可見尤侗與陸次雲之往來及對陸之讚賞。

十一月，至江陰，送世求應鄉試。

是年，金閶周君卿刻《西堂全集》成，請以行世，因附以湯卿謀《湘中草》六卷。

《悔庵年譜》卷下。

是年，六弟定中得升陝西延安府神木知縣，明年到任。

《艮齋倦稿文集》卷八《亡弟定中行狀》：「丙辰會試下第，即乞恩爲黟縣教諭，……已歷九年，巡撫保舉稱職，丙寅升神木知縣。」《神木縣志》卷二：「尤何，江南蘇州人，由舉人康熙二十六年任（知縣），寬和敦厚。」《乾隆長洲縣志》卷二十四《人物四》：「（尤）何舉壬子鄉試，教諭黟縣，以課士最授神木令。」

康熙二十六年丁卯年（1687）七十歲

元旦賦詩二首詠懷。

《艮齋倦稿詩集》卷二《歲朝詠懷二首》一云：「不意浮生七十年，追尋舊夢轉茫然。兩朝知遇難忘國，一世窮通總信天。」又一云：「老翁七十復何求，喚我爲官便掉頭。田舍衹憐形影伴，朝班猶愧姓名留。」

正月，孫枝蔚卒，年六十八。

孫枝蔚《溉堂後集》卷首子孫匡序。

杜門謝客，然親友元月十八日前來祝嘏，由珍兒宴犒之。

《悔庵年譜》卷下。

春，方舟郵其近作詩詞，請為刪定。

《艮齋倦稿文集》卷三《盤谷集序》：「往者方舟刻其少游草，予既爲之序矣，丁卯春，復郵其近作詩詞，屬予刪定。」方舟當爲字，本名不詳，活動於清初，好詩文，有《少游草》、《盤谷集》。

至武林，寓昭慶寺，觀華山書玉律師傳戒。三月八日，裘用貞招同金谷士張園賞牡丹。

《艮齋倦稿詩集》卷二《卓火傳建計籌山昇元觀詩》。同卷二《贈宜潔律師》：「華山聞正範，聖水見威儀。四眾歸禪定，三年結止持。曉鐘金殿震，夜咒石壇施。坐看傳衣日，春風擁導師。」同卷二其後又有《穀雨前一日裘用貞招同金谷士張園看牡丹》：「西湖景物最夭斜，況是名園鬥麗華。老去看花渾似夢，春來把酒便爲家。輕風不用檀槽攪，暖日偏宜蘇幙遮。莫怪主人留客醉，消醒恰有雨前茶。」案，是年三月九日穀雨，故穀雨前一日即爲三月八日。裘用貞、金谷士生平事迹不詳，不過，據《乾隆長洲縣志》卷二十四，金居敬字谷似，不知此處是否侗集刊刻或記載有誤，暫置於此待考。書玉乃清代律僧，字宜潔，號佛庵，俗姓唐，江蘇武進人，具體事迹不詳。

三月間，流連西湖，與友人聽雨賞花，春盡始歸。

《艮齋倦稿詩集》卷二有詠西湖諸景之詩《飛來峰》、《泠泉亭》、《湖心亭》、《放生池》、《南屏》、《孤山》、《落星石》、《棋盤石》。又同卷二《寓寺漫興》：「西湖流寓已兼旬，彈指韶光又暮春。」可知時爲三月間事。

四月，宋犖升山東按察使，抵任。

宋犖《西陂類稿》卷四十七《漫堂年譜》。

五月一日，葉封卒於家，年六十五。

王士禛《蠶尾集》卷三《誥授奉直大夫工部虞衡清吏司主事慕廬葉公墓誌銘》。

六月間，杜濬卒，年七十七。

汪士淪原編、王葆心拾補《杜茶村先生年譜》。《變雅堂遺集・附錄》卷一方苞《杜茶村先生墓碣》，方苞此文還可見《方苞集》卷十三。

八月，送世求應鄉試，至江寧。

原夏酷暑無納涼處，重建揖青亭，為舟居之形，對原有設計拓加潤飾。落成，重陽九日邀友人遊揖青亭。

尤侗《艮齋倦稿文集》卷一《重建揖青亭記》云：「甲寅閩難作，城南屯駐防之兵。予恐其窺我園也，遂毀是亭，距今又十有三載。先是戊午予應詔入都，六年不歸。……客有詰予者，曰：『子之為是亭也，……今子年七十矣，而僕僕焉土木是營，得無有一生幾兩之歎哉？』」案，吳三桂、耿精忠起兵叛清乃康熙十三年（1674）前後事，距時康熙二十六年正合十三年左右。尤珍《滄湄文稿》卷四《重建揖青亭記》：「予既請假之二年，侍家大人避暑亦園，思得爽塏之所以供登眺而寓遊息，遂重建揖青亭於園之東南隅，修舊業也。」尤侗《艮齋倦稿詩集》卷二《揖青亭落成九日與諸子登高漫興四首》，其一云：「吾歸五載後，乃有此茅亭。」一云：「只須打兩槳，便可泛滄州（原注：亭形似舟，故云）。」又一：「已屆重陽節，黃花勒未開。幸無風雨妒，賴有碧山陪。」知重陽節友聚之事。

十月，珍兒北上還朝。送至丹陽，並寄懷婿德元、友訪濂。

尤珍《滄湄年譜》康熙二十六年：「冬十月，啟行赴京。」尤珍《滄湄詩稿》卷五《將入都寄訪濂司業》、《漫興》、《錄別三首》、《途中寫懷》等均為是時所作。其中《錄別三首》一云：「偃息才二載，茶鐺兼藥囊。幸免肉食鄙，藜藿飽所嘗。閉戶拙生計，出門難辦裝。」尤珍《滄湄詩稿補遺》卷二《世求至京書示二首》有句：「乞歸只二載，饑驅復相累。」尤侗《艮齋倦稿詩集》卷二（丙寅詩）《送珍兒北上四首》一云：「送汝北征去，淒然岐路間。年衰離別苦，歲暮道途艱。綠酒空盈椀，白雲正滿山。斜陽回首處，懸望大刀環。」又一云：「言歸方二載，于役敢遲遲。家食誠難久，行裝豈易治。典衣猶未辦，索米復何之。莫為飢寒累，風人詠素絲。」前康熙二十四年乙丑年載有尤珍告假還鄉事，此處所云「偃

息才二載」、「言歸方二載」與之正合。同卷二《憶珍兒道中四首》其一：
「十月從來應小春，如何分手早寒新。長安此去三千里，滿地霜華愁殺
人。」可知侗與珍分手乃於十月近歲暮之時，亦可知其內心不捨之意。
同卷二還有《因珍兒北上寄示陸婿儼庭並呈彭訪濂》：「與子分攜四載剩，
歲月遙遙移斗柄。僕作江南汗漫遊，否即深山長養病。子也拜官入成均，
國子先生著名姓。相思雖有百封書，夢中聲欬不相應。前年送帑歸京師，
團欒私喜話家慶。」尤侗自康熙二十二年於京師史局回鄉，與彭定求分
別至今確已四載餘，同「與子分攜四載剩」句相合。又，詩有「前年送
帑歸京師」句，前年即康熙二十四年，尤侗該詩云其是年曾送帑進京，
然而並無相關詩文記載，其自撰年譜康熙二十四年對此亦無提及，僅「九
月有事於皖江」之載，恐與此有關；而所送之帑，很可能即是陸婿之妻
兒，姑置此以待他證。

十月十一日，湯斌卒，享年六十一歲。

方苞考訂、楊椿重編《湯文正公年譜定本》康熙二十六年載：「公薨時十
月十一日丙辰卯時也，享年六十有一。」

往鎮江訪友不遇，至江陰，送李振裕督學內召還朝。又至洞庭，以天寒不及登縹緲峰而回。

《悔庵年譜》卷下：「十月，珍兒北上，送至丹陽，往鎮江訪人不遇，還
至江陰，送督學李醒齋內召還朝。」《艮齋倦稿詩集》卷二《舟中寫悶》
道：「風色禾斜逆不堪，來時西北返東南。送子遠行意自苦，尋人不遇心
如惔。」同卷二又有《洞庭阻風》詩以記當時天公不作美，「偶爾扁舟泛
洞庭，北風烈烈雨冥冥。龍威丈人竟逐客，蒼水使者方揚靈。日色常抱
黿鼉黑，山嵐半卷樓臺青。黃甘陸吉爾何在，試一呼之消酸醝。」知此
遊不順。李振裕（1641～1704），字維饒，號醒齋，江西吉水人。康熙九
年進士，選庶吉士，授檢討，官至戶部尚書，後以事革職。喜與文士酬
唱而與王士禛不合，著《白石山房集》。生平事迹見《清詩別裁集》卷九、
《清詩紀事初編》卷七。

冬，吳綺過蘇門，時吳子有目疾，侗往訪之。

《艮齋倦稿文集》卷三《還晴記序》：「吾友吳薗次喪其子而喪其明，逾

三年矣。丁卯冬，復來蘇門，予訪之，則令兩童子扶出，握手相勞苦。」

原十月，宋犖升任江蘇布政史，十二月抵蘇州。

宋犖《西陂類稿》卷四十七《漫堂年譜》。《民國吳縣志》卷六《職官表五》中「布政史」載：「宋犖，商丘人，二十六年任。」

十二月十五日，太皇太后崩。

《悔庵年譜》卷下。《聖祖實錄》卷一三二：「康熙二十六年十二月己巳子時，太皇太后崩於慈寧宮。」徐釚《南州草堂集》卷十三《大行太皇太后挽詞四首》、勞之辨《靜觀堂詩集》卷六《大行太皇太后挽詩次徐健庵總憲韻六首》、尤珍《滄湄詩稿》卷六《大行太皇太后挽詩六首》、陳廷敬《午亭集》卷二十五《太皇太后挽辭》、《太皇太后仙馭》、龐塏《叢碧山房詩二集·舍人稿》卷二《太皇太后挽章》等均為是作。

除夕，作詞《駐雲飛·十休歌》十首消遣自慰。

《艮齋倦稿詩集》卷二《駐雲飛·十休歌》。

是年，秋多大風，發屋拔木，又蟲災，有詔敕二十七年地丁銀及二十六年未完者。

《悔庵年譜》卷下。

是年，宋德宜卒，享年六十二。

徐乾學《憺園文集》卷三三《祭宋文恪公文》、《再祭宋文恪公文》等均為悼亡所作。《民國吳縣志》卷六十八《列傳六》載宋德宜：「康熙二十三年拜文華殿大學士加太子太傅，二十六年以疾卒於官，年六十二。」

康熙二十七年戊辰年（1688）七十一歲

宋犖有詠綠牡丹詩，諸公和之。

宋犖《綿津山人詩集》卷六《綠牡丹二首》、尤侗《艮齋倦稿詩集》卷三《宋牧仲方伯綠牡丹詩和韻二首》、徐嘉炎《抱經齋詩集》卷九《和宋院判牧仲綠牡丹詩二首次原韻》。

二月，重至武林，遊西湖。一春苦雨，不能入山，僅從湖舫望

山色空濛而已。

> 《艮齋倦稿詩集》卷三《湖上苦雨》、《春分》、《枕上口占》記陰雨天氣，其中《湖上苦雨》：「一年一度到西湖，及到西湖一事無。風雨滿天疑逐客，琴書獨坐欲忘吾。泥中雪積橋眞斷，煙外梅殘山更孤。只借酒杯供潑墨，灰堆畫作米家圖。」《年譜圖詩》之《西湖泛月圖》云：「紀游也，予於乙丑、丙寅、丁卯、戊辰四至西湖。」

二月十五日大雪，有記。

> 《艮齋倦稿詩集》卷三《清平樂‧花朝大雪》：「西湖一半冰堆，六橋活葬殘梅。更有一般奇絕，雪山又見飛來」。

是春會試，尤珍分房得士八人，欽點庶常三人姚士囍、潘宗洛、施震銓。

> 《明清進士題名碑錄》、尤珍《滄湄年譜》。尤珍《滄湄文稿》卷二《潘書原文稿序》：「戊辰春，余奉命分校禮闈，得士八人。」《滄湄詩稿》卷二十一《潘書原督學楚中卻寄（原注：潘爲予戊辰分校所得士）》。《滄湄詩稿》卷九《送姚綏仲編修給假南歸四首》題注云：「姚爲予戊辰分校所得士。」《滄湄詩稿》卷十二《送施長六戶部罷官南歸次訪濂韻二首（原注：施爲予戊辰分校所得士）》。潘宗洛（1657～1716）字書原，號巢雲，又號垠谷，宜興（今屬江蘇）人，康熙戊辰進士，官至湖南巡撫。著《潘中丞集》。生平事迹見《四庫全書總目》卷一八三。姚士囍字綏仲，江南桐城（今屬安徽）人，康熙戊辰進士，官編修。著《瞻雲草》、《南歸草》、《餘齋詩集》、《泳園文集》等。生平事迹見《江南通志》卷一六七。施震銓，字長六，號稼村，長洲（今江蘇蘇州）人，施爾恭孫。康熙乙卯鄉試第一，戊辰進士。生平介紹見《民國吳縣志》卷六十八《列傳六》。

清明適值湖上，詠詩記之。

> 《艮齋倦稿詩集》卷三《和〈清明詩〉序》：「予在湖上，值清明，日見孤山祭掃者，偶憶此詩（即東坡《清明詩》），因反其意和韻一首，亦可破涕爲笑也。」詩云：「百年坏土千年木，荒墳宿草無人哭。長眠魂魄幾時還，但見西湖咽水綠。紅粧笑倚碧桃樹，墓門半是提壺處。家家陌上

醉扶歸，夕陽又聽樵歌去。」

時沈珩（昭子）、毛奇齡（大可）、方象瑛（渭仁）、毛際可（會侯）皆至，略有唱和。

《悔庵年譜》卷下。毛際可字會侯，號鶴舫、松皋老人，遂安（今屬浙江）人。任河南彰德府推官、改知城固，調祥符令，後舉博學鴻儒不第。著《安序堂文鈔》、《松皋詩選》、《浣雪詞鈔》。生平事迹見《清史列傳・文苑》本傳、《杭州府志》卷一七〇、《全清詞鈔》卷二、《清畫家詩史》甲下。尤侗《艮齋倦稿文集》卷二有為毛際可所作《浣雪齋詞序》，毛際亦可曾作詞《減字木蘭花》為尤侗悼亡，收入《哀絃集》，知二人有所交往。

歸後，於家閒居，賞花遣興。

《艮齋倦稿詩集》卷三《花前漫興》：「牡丹先放才三朵，芍藥新開只五枝。花到貧家寧見少，人當老境不爭遲。」同卷三又有《始落一牙戲作》，均為閒居所作。

四月十一日，汪懋麟卒，年僅五十。

王士禛《蠶尾集》卷六《汪比部傳》：「……既得疾，彌留令洗硯磨墨嗅之，復令烹佳茗以進，自謂香沁心骨，口占二絕句云云，大笑，呼奇絕而逝，實康熙二十七年四月十一日也，年止五十。」

四月中，奉先君尤淪神主牌位入府學鄉賢祠。

《悔庵年譜》卷下。

四月，宋犖升授都察院右副都御史，巡撫江西等處兼理軍務。五月抵任。

宋犖《西陂類稿》卷四十七《漫堂年譜》。

三伏苦熱，日坐揖青亭納涼避暑，成《亦園十景竹枝詞》。

《艮齋倦稿詩集》卷三《避暑》。同卷三《亦園十景竹枝詞跋》曰：「姑蘇有十景，猶之燕臺金陵瀟湘西湖各占勝地而言。若吾廬在姑蘇一隅，而所謂亦園者，不過十畝之間，一丘一壑，奚似泰山之于丘垤，河海之

于行潦哉。」其中分詠《南園春曉》、《草閣涼風》、《葑溪秋月》、《寒村積雪》、《綺陌黃花》、《水亭菡萏》、《平疇禾黍》、《西山夕照》、《層城烟火》、《滄浪古道》十景，尤珍《滄湄詩稿》卷七亦有《家大人命詠亦園景十首》。《民國吳縣志》卷三十九：「亦園中有十景，曰：南園春曉、草閣涼風、葑溪秋月、寒村積雪、綺陌黃花、水亭菡萏、平疇禾黍、西山夕照、層城烟火、滄浪古道，又有揖青亭、水哉軒，皆自為記。」

八月十五，作《中秋》誌感。

《艮齋倦稿詩集》卷三《中秋》：「十載中秋天一涯，今年卻喜晚還家。」

秋至澄江，吳綺（時年壽七十）前來舟中坐談敘舊，時綺眚目復明。

《艮齋倦稿文集》卷三《還晴記序》：「戊辰秋，偶至澄江，忽見薗次乘軒張蓋，過予舟中，坐談良久，不似向者悢悢何之矣。是歲，值其七十壽辰，因賀以詩曰：『阮公青白依然在，看盡青山看白山。』」《艮齋倦稿詩集》卷三《鷓鴣天‧吳薗次七十》有「珠作架，錦為屏，紅橋重見老人星。阮公青白依然在，看盡青山看白丁（原注：薗公目眚復明）。」

九月十九日，曹令忌辰十周年，延請青松庵僧九人禮懺，並薦亡兒、兒媳、孫女，演瑜伽，義施食一壇，追念逝者，不覺泫然。

《艮齋倦稿詩集》卷三《九月十九日先妻忌辰禮懺志感二首》一云：「彈指光陰忽十年，瓣香何處弔重泉。釵鈿久委塵沙地，鐘鼓空聞忉利天。綠鬢佳人長已矣，白頭老子尚依然。西風不住吹離恨，嘹嚦孤鴻叫暮烟。」又一：「稽首慈悲兩足尊，一家死別最酸辛。沉埋偏苦女流輩，短折還哀年少人（原注：並薦亡兒、兒婦、孫女）。佛與消災寶懺在，鬼猶求食紙錢陳（原注：演瑜伽義）。從今永斷幽明界，莫戀三生未了因。」

十一月，得曾孫，時值奉詔覃封。

《艮齋倦稿詩集》卷三《喜得曾孫二首》一云：「今朝開口笑，且喜得曾孫。……正遇黃封降，扶筇獨拜恩（原注：時奉詔覃封）。」其二有「七十才餘一，居然號太公。單傳成小戶，四葉衍衰宗」句，均載得曾孫事。

尤珍《滄湄年譜》康熙二十七年：「冬，太皇太后祔廟，恭遇覃恩，賜表裏各一，敕授文林郎，室丘氏封孺人。」

十二月，訪濂還鄉省觀。

彭定求《南畇自訂年譜》康熙二十七年：「十二月，升翰林院侍講。念長寧公（即定求父瓏）年日高，久作歸計。先於是秋遣眷屬附漕艘南下，長寧公寄示曰：『汝須俟雍職量移，方可乞假。』故復需次以待，即於改官三日後投牒吏部，乞假省親。歲暮，出彰義門，同人賦詩贈行。」尤珍《滄湄詩稿》卷六《送彭訪濂侍講省觀南歸二首》乃為送別而作，其一云：「除書新下才三日，請急幡然歸故廬。自是廟堂崇孝治，肯容臣子乞閒居。都門臘月冰霜淨，驛路春風花柳舒。陟岵不勞瞻望久，騑騑四牡到庭間。」

是年，外孫女金氏嫁於太學生潘肇鉉。

康熙二十八年己巳年（1689）七十二歲

正月初一，作詩記之。

《艮齋倦稿詩集》卷三《己巳元旦》：「震澤高峰七十二，老夫今歲與之齊。」

十一日，彭瓏卒，終年七十七歲。

彭定求《南畇文稿》卷十《敕封國子監司業顯考一庵府君事狀》：「府君生於前明萬曆癸丑九月二十五日，卒於皇清康熙己巳正月十一日，享年七十有七。」另彭定求《南畇老人自訂年譜》、徐元文《含經堂集》卷二十八《敕封國子監司業雲客彭先生墓誌銘》亦載有彭瓏卒事。

正月八日起，康熙帝南巡視察黃河河工。二月三日，舟至蘇州，時萬歲樓落成。侗與諸臣迎至惠山，朝於行宮，受賞賜。駕幸虎丘靈嚴元墓，又隨往錢塘、會稽。二月下旬回鑾，復送至惠山。

《聖祖實錄》卷一三九。董含《三岡識略》卷十補遺：「康熙二十八年己巳正月初九日，皇上南巡狩，至於會稽，蠲江南賦二百二十餘萬。所經

之地，結彩懸燈，焚香燃燭，以望臨幸。士女皆豔妝擁觀，自上元至二月盡乃止。我郡彩棚，亦綿亙二十里，遊人喧闐，鼓吹之聲，徹夜不絕。」尤侗《艮齋倦稿詩集》卷三有《駕幸虎丘適萬歲樓落成恭紀一首》，同卷三又有《聖駕南巡恭紀八首》一云：「省方宜黜陟，賢者賜金繒。匪止分升降，因之示勸懲。恩推田舍老（原注：七十以上皆賜肉帛），波及比丘僧。別有蘋婆果，聊酬書畫能。」尤侗時年七十二，故當時應受賞賜。又案，《民國吳縣志》卷十九：「虎邱山距城西北七里，……入門而左，為清聖祖、高宗南巡駐蹕行宮，山之絕頂為靜觀齋，清聖祖御題，即千頃雲舊址。」

閏三月，送帑北上，途中頗受人刁難，時逢初度，賦詩誌感。六月送抵東昌，舟返。

《悔庵年譜》卷下。尤侗《艮齋倦稿詩集》卷三《途中生日漫書七首》一云：「無端送帑泛孤舟，到處仇讎與命謀。大小難過八十一，恰如三藏記西遊。」一云：「趙家廝養霍家奴，叱吒讙呶無事無。爾輩不堪犬豕食，吾儕任作馬牛呼。」又一云：「七十衰翁已白頭，三千里外復何求。人情更助羊腸險，客況還添牛後羞。」可知送帑之時曾受人刁難，頗為不易。又同卷三其後《東昌返棹》：「官船卸卻換民船，兩日才能坦腹眠。苦海幸離黑獺去，野田欣共白鷗還。回飆罷聽鐃吹鬧，下瀨徐看竹纜牽。始信吳江葭葦裏，漁歌欸乃更悠然。」可推知，當時為難尤侗的可能是一些下等官兵吏卒。尤珍《滄湄詩鈔》卷一《偶成》（己巳詩）題注云：「時家大人遣帑至京。」詩云：「索居亦已慣，褊性殊寡諧。妻帑忽相聚，惆悵無歡懷。每日攤書印屋梁，愁心遙寄白雲長。多情惟有天邊月，半照京華半故鄉。」《滄湄年譜》康熙二十八年亦有記侗父送帑事。

舟中讀六弟尤何自神木來信，悵然有感。時尤珍亦收尤何去信，亦答之。

《艮齋倦稿詩集》卷三《舟中閱定中六弟神木所寄詩悵然有懷卻寄二首》一云：「江南一望白雲天，何處秦關屈野川。春草祇憐客夢斷，秋風空倩雁書傳。對床夜雨長千里，分手家園忽十年。正是孤舟人不寐，新詩讀罷自淒然。」又一：「我嘗從事歷邊州，爾亦單車向隴頭。骨肉那堪垂老別，肝腸同結異鄉愁。但逢知己鳴長劍，莫厭微官歎敝裘。何日政成馳

傳去，燕臺暫作竹林遊（原注：珍兒在都）。」尤珍《滄湄詩稿》卷六《寄六叔父神木縣四首》一云：「薊門西望是秦中，雲樹迷離驚斷鴻。忽見尺書天外到，相思一夜起霜風。」

途中欲訪友，皆不遇，加之天炎水涸，勞苦備至，歸而臥病。

《艮齋倦稿詩集》卷三有《新河》、《渡江》、《逆風》等記之。其中《渡江》末注：「自清江浦維揚京口訪人皆不遇。」

寄詩張衡，時值張任職陝西。

尤侗《艮齋倦稿詩集》卷三《寄張晴峰少參》：「漢京雅重張平子，曾聽雷琴雜弄聲。文旆久看七里瀨，使車今到五原城。遙知塞外無烽火，盡說胸中有甲兵。我託雁行頻寄訊，南樓風月好逢迎。」尤珍《滄湄詩稿》卷六《寄張晴峰少參》中「攜琴今向秦中去，建節開牙五原路。官閣坐簾一再彈，鸞吟鳳嘯頻軒翥」句，亦記張衡任職陝西之事。張衡（1628～1701），字友石，號晴峰，景州（今河北景縣）人。順治十八年進士，仕至榆林東路道，有《稧亭詩選》，生平事迹見《清詩紀事初編》卷五。

在家杜門休夏，秦生鏡遣使致書，並携其所著《冰玉堂詩》前來邀序。

《艮齋倦稿文集》卷三《冰玉堂詩序》：「癸亥之秋，予請急南歸，假道定州。州守為年友秦水心使君，故吾郡司馬也，留予止三日。……今己巳越七載矣，休夏杜門，公忽遣使致書，並齎所著《冰玉堂詩》而屬之序。」

七月，孝懿皇后崩，哭臨三日。

《聖祖實錄》卷一四一。尤珍《滄湄文稿》卷六《恭擬祭孝懿皇后文（原注：七月十五日）》、《恭擬三祭孝懿皇后文（原注：七月二十七日）》、《恭擬上諡冊祭孝懿皇后文》、陳廷敬《午亭集》卷二十六《孝懿皇后挽詞六首》等均作於是時。

至吳江，再入穹窿遮山。

《悔庵年譜》卷下。

聞毛奇齡老來得子，賀之。

> 《艮齋倦稿詩集》卷三《聞毛大可得子戲賀二絕》一云：「洗兒指日便摩
> 空，吾輩應成百歲翁。努力著書三萬卷，他年口授小毛公。」

十一月二十八，親家鄭兼山五十誕辰，携酒壽之。越十二月初
一，卻聞其訃，遂往哭之。

> 《艮齋倦稿文集》卷八《鄭兼山墓表》：「先是己巳十一月二十八日，為
> 吾親家鄭君兼山五十誕辰，予携觴上壽，遂留書齋小飲，握手道故，君
> 健甚無恙也。越十二月朔，忽以君訃音至，予驚愴亟往哭之。」鄭兼山
> 生平事迹不詳。

是歲秋旱，有蟲災，禾谷不登。朝廷有蠲荒之令。

> 《聖祖實錄》卷一三九。《艮齋倦稿詩集》卷三《己巳除夕》：有「朝廷
> 方下蠲荒令，可許推恩及硯田」句，勞之辨《靜觀堂詩集》卷六《己巳
> 二月二日錫山道中迎駕恭紀二首》有句「黃詔風行重免賦」，後注：「江
> 南已免去年正賦新奉詔旨積逋盡蠲。」均載時年蠲荒事。

康熙二十九年庚午年（1690）七十三歲

正月初一，往圓妙觀朝賀龍亭，賦詩以記。

> 《艮齋倦稿詩集》卷四《庚午元旦》：「可笑野老衰憊甚，尚穿朝服拜宸
> 旒（原注：是日於圓妙觀朝賀龍亭）。」

一月間，序曹亮武《南耕詞》。

> 曹亮武《南耕詞》卷首有尤侗序，末署云：「庚午上春長洲尤侗撰。」《艮
> 齋倦稿文集》卷三《南耕詞序》。

曾孫痘殤，哭之。

> 《艮齋倦稿詩集》卷四《哭曾孫痘殤六首》一：「玉雪嬌兒絕可憐，常時
> 嬉戲小堂前。彩衣繡褓猶遺弄，忍看金錢化紙錢。」又一云：「老翁顛倒
> 哭嬰孩，雙淚模糊眼不開。早起怕將青鏡照，阿誰更挽白鬚來。」

二月二十五日清明，念及亡曾孫憂悶傷感。

> 《艮齋倦稿詩集》卷四《無花無酒過清明四首》一云：「無花無酒過清明，

玉樹凋殘剩幾莖（原注：庭前玉蘭半枯）。我弔樹兮樹弔我，謝庭何處覓香嬰。」

二十六日，康熙帝與釋超揆談及侗。

《艮齋倦稿文集》卷十四《奏對備忘錄題跋》後附有康熙帝與釋超揆奏對語錄：「庚午二月二十六日，上問：『南方才子如尤侗這樣人還有麼？』揆奏：『尤侗尚健，詩文宕逸，《西堂雜組》為世傳誦。餘人雖有，恐未能與之齊名。』上曰：『你說得是。』」超揆即文園公，又名同揆，字輪庵，諡文覺禪師，吳縣（今江蘇蘇州）人。康熙十七年（1678）住紹興大能仁寺，雍正間召入京師，敕住古華嚴寺。著《洱海叢談》、《寒溪草堂詩》、《輪庵語錄》、《湘雲草》等。生平事迹見《宗統編年》卷三二、《江蘇詩徵》卷一七九、《蘇州府志》卷一三四、《民國吳縣志》卷七十七《列傳釋道一》、《清詩別裁集》卷三二。

三月，孫世求北上應會試，送至錫山而返。

《艮齋倦稿詩集》卷四《求孫北上送之》，有「暮春三月中，小園遍花萼」句，可知時值三月。尤珍《滄湄詩稿補遺》卷二《世求至京書示二首》。

四月，黃與堅夫婦七十初度，賦詩祝之。

《艮齋倦稿文集》卷四《黃忍庵七十雙壽序》。尤侗《鶴棲堂稿詩集》卷四《挽同年黃忍庵贊善》云：「憶昔紬書在帝京，老來猶喜會耆英。自慚馬齒三年長（原注：予戊午君辛酉），共笑王瓜四月生（原注：二人同生四月）。剩欲買山終未得，久思刻集尚無成。人生聚散真泡影，世外榮華身後名。」可知黃與堅較尤侗少三歲，即生於1621年4月。

六月至武林，毛奇齡招同錢中諧、倪璠、聶先飲於湖舫。

《艮齋倦稿詩集》卷四《毛大可招飲湖舫同錢宮聲倪魯玉聶晉人二首》一云：「偶逐良朋載酒遊，風來水面好勾留。旁人指點蘇堤畔，尚係迎鑾雲母舟。」倪璠，字魯玉，錢塘（今浙江杭州）人。舉人，官至內閣中書。著《神州古史考》、《方輿通志》、《補遼金元三史藝文志》，輯《庾信年譜》等。生平事迹見《清史列傳》卷七一。聶先，字晉人，號樂讀居

士，廬陵（江西吉安）人。輯《西湖六君子詩鈔》、《西湖三太守詩鈔》，並與曾王孫輯《百名家詞鈔》。

七月瘧疾，匝月乃愈。

《悔庵年譜》卷下。

八月十九日，與織部曹寅、余懷、梅鼎、葉藩會飲挹青亭，賦詩唱和，並圖影記之。

《艮齋倦稿詩集》卷四《八月十九日曹荔軒司農同余澹心梅公燮葉桐初過挹青亭小飲拈青池二韻二首》一云：「點綴乾坤一草亭，逢迎賴有遠山青。秋來已是七八月，客至恰如三五星。」另有「殘樽未了催燈火，收拾詩囊付畫師」句，詩末注云：「曹公許令畫師作圖。」葉藩，字桐初，號南屏，太倉（今屬江蘇）人。不應科舉，著《惜樹齋稿》。生平事迹見《民國太倉州志》卷二十、《江蘇詩徵》卷一六〇、《全清詞鈔》卷三。梅鼎，字公燮，具體事迹不詳。曹寅（1658～1712）字子清，號荔軒、楝亭，滿洲正白旗包衣，自署千山，祖籍遼陽。康熙二十九年任蘇州織造，兩年後兼任江寧織造，康熙四十三年官至通政使。善詩文，工詞曲，著詩文《楝亭詩鈔》、《詞鈔》、《文鈔》及戲曲《北紅拂記》、《表忠記》等。

重陽節前一日，又與錢澄之、周疆、吳諶會飲挹青亭。

《艮齋倦稿詩集》卷四《九月八日同錢飲光周競庵吳愼旃飲挹青亭再疊前韻》一云：「子美滄浪昔有亭，至今山色尚餘青。秋風昨日過寒露，舊雨今朝聚客星。老景只應看落木，生涯久已付浮萍。白衣誰送陶潛酒，且醉村醪免獨醒。」錢澄之（1612～1693），原名秉鐙，字飲光，後改名澄之，桐城（今屬安徽）人。明諸生，曾任南明彰州府推官，永曆三年考授翰林院庶吉士，知制誥，入清不仕。著有《藏山閣集》、《田間集》、《所知錄》、《莊屈合詁》等。生平事迹見《小腆紀傳》卷五五《文苑》、《清史列傳》卷六八、《蘇州府志》卷一一二、《明遺民詩》卷四、《民國吳縣志》卷七十六《列傳流寓二》等。

秋，世求自京城應試畢即回鄉。

尤珍《滄湄詩稿》卷七《兒子世求至京試畢即歸詩以送之二首》一云：
「淒涼十口寄京華，即次雖安未是家。望遠心隨雲影亂，思歸目斷雁行
斜。欲留旅食良多累，漫趣行裝更自嗟。苦憶老親書數紙，秋深待爾伴
黃花。」

十月十一日，大風微雨，與曹寅、余懷、葉藩、董麒會飲水哉軒，飲酒唱和。

《艮齋倦稿詩集》卷四《十月十一日曹荔軒余澹心葉桐初董觀山水哉軒
小飲是日大風微雨和澹心韻二首》：「昨日斜陽今日風，與君把酒對寒空。
誰能唱和竹枝曲，聊可淹留桂樹叢（原注：諸公和予《亦園竹枝詞》）。」
董麒，字觀三，別號壯齋，先世山左萊州人，後遷至吳，生平事迹見彭
定求《南畇文稿》卷十《翰林院庶吉士觀三董君行狀》。

十一月二十一日，自序《艮齋雜說》。

《艮齋雜說》末尾落款爲：「康熙庚午冬至日長洲尤侗自序。」

十二月十日，汪琬卒，享年六十七歲。

陳廷敬《午亭文編》卷四十四《故翰林編修汪鈍翁墓誌銘》：「康熙二十
九年十二月十日，翰林編修汪先生琬卒。」趙經達《汪堯峰先生年譜》
康熙二十九年：「冬十二月十日，先生卒於邱南，葬於堯峰生壙，士友門
人私諡曰『文清』。」案，汪琬生於天啓四年（1624），至康熙二十九年
（1690）卒正六十七歲。關於汪琬卒之具體月日，王士禛《居易錄》卷
九載：「同年長洲汪鈍翁琬以庚午十二月十三日卒。」此處所云之「十三
日」與前云「十日」有異，暫依陳廷敬爲汪琬撰墓誌銘及趙經達所編汪
琬年譜爲準。

十二月間，重得曾孫秉元。

《艮齋倦稿詩集》卷四《十二月重得曾孫誌喜》：「此日非熊眞再來，金
鐶猶在復投胎。吉祥夢應添丁口，歡喜詩成進酒杯。籬際頻聞花鵲噪，
雪中早見玉梅開。小同更好逢司馬，定有相如續賦才（原注：曾孫午生
與予同）。」尤珍《滄湄年譜》康熙二十九年：「是歲，家中孫男秉元生。」
《民國吳縣志》卷六十八上《列傳六》：「尤秉元字昭嗣，侗曾孫。康熙

甲午舉人，出知四川樂至，縣舊有鹽井，井廢棄稅存，力請上官除之。山田苦旱，築塘堰以資蓄洩，社倉在城，民艱運，分建四鄉以均道里之遠近。生平節儉寡欲，三十喪偶，獨居三十餘年，旁無媵侍。公退焚香默坐，閒賦小詩，見者疑為枯禪。居鄉不與外事，乾隆十四年卒，年六十。」

除夕作詩賦感。

《艮齋倦稿詩集》卷四《庚午除夕》：「掀破曆頭成一笑，今年已過仲尼關。」

是年，題吳歷《三巴集》。

《艮齋倦稿文集》卷七有《題三巴集》。陳垣編《吳漁山先生年譜》庚午康熙二十九年載：「尤侗題《三巴集》當在本年，《艮齋倦稿》十五卷，前八卷分體編纂，第九卷以下自壬申至戊寅分年編纂，此文在第七卷題跋類，必著於辛未以前，故有吳子近從海外歸之語。」案，尤侗《艮齋倦稿》卷一至卷八分體編撰，卷九至卷十五收壬申（1692）至戊寅（1698）間所作文，那麼《題三巴集》當作於壬申（1692）即康熙三十一年之前。又據《吳漁山先生年譜》，吳歷於康熙二十年赴澳洲，於康熙二十七八年左右回國，尤侗《題三巴集》有云：「吳子雅工詩，善書畫，近從海外歸，言詞泠泠，有御風之致，予異之尤甚，亦欲執化人之袪矣。」由此，該文當作於吳歷海外歸來不久，但似不應遲至辛未（1691）即康熙三十年，否則「近」字何為？姑同陳垣先生看法，將該文創作年月置此康熙二十九年。吳歷（1632～1718）本名啓歷，一作子歷，字漁山，自號墨井道人，別號桃溪居士，常熟（今屬江蘇）人。康熙二十一年入天主教，二十七年受任司鐸。著有《墨井詩鈔》、《三巴集》，生平事迹見《清史稿‧藝術》本傳、《江蘇詩徵》卷十二、《蘇州府志》卷一百十、陳垣《吳漁山先生年譜》等。

序徐崧、張大純所輯《百城烟水》。

康熙刻本《百城烟水》卷首有尤侗序，落款時間注云「康熙庚午」，尤侗《艮齋倦稿文集》卷三亦載此《百城烟水序》。徐崧（1617～1690）字松之，號矑庵，江南吳江（今屬江蘇）人。著《矑庵集》、《百城烟水》、《東

南輿地記》。生平事迹見《明詩綜》卷八十下、《明遺民詩》卷十一、《雪橋詩話餘集》卷一、《乾隆吳江縣志》卷三十、《明代千遺民詩詠二編》卷九等。張大純，長洲（今江蘇蘇州）人，有詩名，與徐崧友，合輯遊記作品《百城烟水》。

續刻《西堂餘集》。

是歲大寒，民有凍死者，果木皆槁。

康熙三十年辛未年（1691）七十四歲

正月初一，賦詩記感。

《艮齋倦稿詩集》卷四《辛未元旦》：「爆竹聲殘曉夢回，蓬門積雪向晨開。太平曆上春將至，長吉詩中官不來。」

宋世犖出歲交詩以示，和之。

《艮齋倦稿詩集》卷四有《宋文森示歲交詩多出世語走筆和之》一云：「人生何怨亦何恩，隨分朝饔與夕飧。杯泛屠蘇宜薄醉，爐燒榾柮定奇溫。生公點石興妖怪，愚叟移山誤子孫。解道養心真第一，楊雄猶識美靈根（原注：元旦）。」宋世犖（？～1702）字文森，號城南，長洲（今江蘇蘇州）人。明進士，鼎革後居家學佛，清居士。逢天笠行珍過蘇大雲庵，遂屢往謁之，頗受點悟。著《城南內外篇》、《城南草堂集》、《治平唱和詩》、《城南唱和集》。傳見《五燈全書》一○一補，《居士傳》五十四等。

珍兒受王士禛囑，和其《西城別墅十三詠》。

尤珍《滄湄詩稿》卷九《石渠集》有《西城別墅十三詠》，題注云：「新城王阮亭先生命賦。」此詩位於同卷九《酬孫樹峰元夕見懷次韻》之前，故推知尤珍和詠王士禛詩當於正月十五之前。

正月十五，六弟尤何因傷寒卒於神木任所，享年五十九歲。二月訃至，哭之，作行狀一篇。弟倬遣子琦前往扶櫬，歸為營葬。

《艮齋倦稿詩集》卷四《哭六弟定中八首》其一云：「我年六十汝歸家，猶記稱觴鬢未華。屈指明年君六十，可憐旅櫬落天涯。」又一有「如何

竟死傷寒症，寒到窮官買藥難」句。《艮齋倦稿文集》卷八《亡弟定中行狀》：「嗚呼，六弟之沒也，官不過七品，年不及六旬，而子身遠宦，客死四千里之外，人間可哀至此極矣。……素無疾病，忽於今年正月六日迎春宴歸，微感風寒，醫者誤投涼劑，遂轉劇，至十五日溘然而逝。……弟生前癸酉四月念（疑爲『廿』）九日辰時，卒康熙辛未正月十五日戌時，享年五十九歲。」《乾隆長洲縣志》卷二十四《人物四》：「（尤何）卒於官，倬聞命子琦往扶喪，歸爲營窀穸。」尤珍《滄湄詩稿》卷九《哭六叔父歿於神木官舍四首》亦爲傷悼所作。

久卜墓地未得，地師吳君光為相鷓子塢一丘正抱官山之背，與祖墳相接，甚樂之，將築生壙。又請畫師凌遙集寫大像，為他日影堂之供。

《悔庵年譜》卷下。《艮齋倦稿詩集》卷四《卜地四首》一云：「十年卜地總茫茫，偶見牛眠鷓子岡。最喜官山傍先壟，白雲親舍永相望。」

四月十一日，曹寅、葉藩、程義、朱赤霞過亦園會飲。

《艮齋倦稿詩集》卷四《四月十一日曹荔軒同葉桐初程正路朱赤霞過亦園小飲拈青二韻》：「去冬冰雪堅，今春風雨急。主人不窺園，有客無門入。荏苒朱夏初，萬樹皆碧色。榮花亦已殘，餘香尚堪拾。高軒來何遲，不速三人集。欣然陟亭皋，灑掃治茗汁。孤雲相徘徊，眾鳥飛習習。驟聞笑語喧，田夫荷鋤立。小憩卻塵囂，都忘在城邑。倘能一斗醉，酒漿正可揖。」程義，字正路、恥夫，號雪齋、晶陽子等，歙縣（今屬安徽）人。能手搏擊劍，曾以軍功授黃陂縣丞，後罷歸。工詩善畫，命筆好潑墨，有《西園雅集圖》，生平事迹見《民國歙縣志》卷十《人物志》。朱赤霞生平事迹不詳。

五月，序陶孚尹《欣然堂集》。

康熙五十一年陶士銓刻本《欣然堂集》卷首有尤侗序，署云：「康熙歲次辛未仲夏同學尤侗拜書於水哉軒。」陶孚尹字誕仙，號白鹿山人，江陰（今屬江蘇）人。貢生，康熙二十五年選安徽桐城縣教諭，罷歸。有詩詞名，著《欣然堂集》。生平事迹見《江蘇詩徵》卷四三、《全清詞鈔》卷八等。

六月，宴諸同人於水哉軒，納涼觀荷，是歲每月一會，彷彿蘭亭洛社之遺。

《悔庵年譜》卷下。

七月二十七日，徐元文病卒於家，年五十八。

徐元文《含經堂集》附錄二熊賜履撰《資政大夫文華殿大學士戶部尚書兼掌翰林院事昆山徐公墓誌銘》、徐釚《南州草堂集》卷十六《哭相國立齋公八絕句》、韓菼《有懷堂文稿》卷十七《資政大夫文華殿大學士戶部尚書掌翰林院事徐公行狀》、同書卷二十一《祭立齋師文》均為悼亡所作。

至昆山弔徐元文喪，感傷久之。

《艮齋倦稿詩集》卷四《舟至昆山》：「扶杖來登鴨嘴船，西風又是晚秋天。漁翁斷蟹沿溪岸，農子筌禾下水田。霜色早侵紅樹裏，山光正落布帆前。不堪回首西州路，樽酒平生四十年（原注：時弔立齋相公之喪，故感及之）。」《艮齋倦稿文集》卷八《祭徐立齋相公文》，亦為弔徐元文所作。

返家途中，經宋德宜墓，賦詩以歎。

《艮齋倦稿詩集》卷四《經宋文恪公墓口號歎之五首》一云：「可歎同朝兩相公，一時埋骨九泉中。扁舟獨弔西風裏，剩有當年白髮翁。」案，《民國吳縣志》卷四十一：「宋文恪公德宜墓在沙河北、蕭涇橋東。」

八月初一，梁清標卒，享年七十二歲。

李澄中《白雲村文集》卷三《保和殿大學士梁公墓誌銘》、徐釚《南州草堂集》卷十六《哭真定相國蒼岩梁公四首》、龐塏《叢碧山房詩二集·舍人稿》卷六《挽送梁相國喪櫬歸真定悼懷五百字》。

值薛柱斗侍郎七十壽辰，寄詩祝之。

《艮齋倦稿詩集》卷四《寄壽薛梁公侍郎並華麓太守》：「昔我同年生，開府皖江渚。予從長安歸，扁舟此延佇。握手追古歡，銜杯剪燈語。……返駕過秣陵，令子復相遇。人稱小薛公，參軍少年許。今年正七十，精力強壯伍。堂前二千石，捧觴壽阿父。」

十月至湖州，於南潯信宿而返。

十一月，珍兒分攬《明史》，又分纂《三朝國史》。

> 《滄湄年譜》康熙三十年：「十一月，分派纂修《明史》，又分派纂修《三朝國史》。」

十二月初一，曹寅母六十初度，為文祝之。

> 《艮齋倦稿文集》卷六《曹太夫人六十壽序》：「曹母孫太夫人者，司空完璧先生之令妻，而農部子清、侍衛子猷兩君之壽母也。於今辛未臘月朔日年登六袠，鄙邑諸大夫共酌大斗為祝。」

十一日，益都公馮溥卒，年八十四。

> 王士禛《蠶尾集》卷二《太子太傅文華殿大學士刑部尚書諡文毅易齋馮公挽詞》、徐釚《南州草堂集》卷十六《哭益都相國易齋馮公四首》、潘耒《遂初堂詩集》卷十六《哭益都相公十首》、毛奇齡《文華殿大學士馮文毅溥事實》等均載有馮溥卒事。

十二月間，自序《艮齋倦稿》。

> 《艮齋倦稿·自序》末署云：「辛未臘月艮翁尤侗自序。」

是歲，孫世求援例準歲貢。

> 《滄湄年譜》康熙三十年。

康熙三十一年壬申年（1692）七十五歲

正月，尤珍於京邸嫁二女，一適彭定求長子彭始乾，一適侍御顧鐔（詩城）之子顧濂（癸酉舉人）。

> 尤珍《滄湄年譜》康熙三十一年：「正月，次女歸於彭婿始乾，三女歸於顧婿濂，同日成禮。」尤珍《滄湄詩稿》卷十《示兩女二首》一云：「禽向思為五嶽遊，匆匆遣嫁莫遲留。天吳紫鳳原無有，補綴空添一段愁。」亦為二女出嫁所作。尤侗《艮齋倦稿詩集》卷十二《前進士顧公墓表》：「先生有孫舉人濂為予女孫婿。」《悔庵年譜》康熙三十一年：「正月，都中嫁二孫女，一為彭訪濂侍講子始乾，太學生；一為顧詩城鐔侍御子。」彭定求《南畇老人自訂年譜》康熙三十年：「十月，長子始乾詣

京，就婚於尤謹庸邸舍。」此處二人所云時間有所出入，考當時情形，很可能是彭始乾於康熙三十年十月入京，康熙三十一年正月與尤珍之女成婚。

春，檢故簏，有舊時文集，重加編次，刪存六十四篇，名為《今文存稿》。

尤侗《艮齋倦稿文集》卷三《今文存稿自序》：「予束髮受書，掉鞅文場幾及二十載，放筆千行更僕難數。然五踏省門，僅中副車，一對大廷，捧檄遂去。風塵漂泊已四十年，此道之不談固其所也。……今春閒居，偶檢故簏，尚剩一本，閱之慨然而歎，殆如關山千里忽見故人，風雨三更重尋舊夢，有不堪回首者矣。……兒子珍固請重加編次，刪存六十四篇。」案，尤侗「捧檄遂去」任永平推官乃於順治九年（1652），刪定《今文存稿》並作此序時「已四十年」，那麼其時至少爲康熙三十一年（1692），有恐於「四十年」云未必爲確數，姑暫置於此待證。另外韓菼《有懷堂文稿》卷五也有《尤悔庵今文稿序》，云：「悔庵先生詩歌古文擅一時，余嘗讀其《西堂雜組集》，有賦論語題詩，知先生於經義深矣已，乃梓其《今文存稿》如干首，徵余序。」可證尤侗確實著有《今文存稿》，惜未見。

閒居無聊，作《續論語詩》三十首。

《西堂餘集》第一冊《續論語詩》卷首：「壬申春，正閒坐無聊，意欲作詩而苦無題，案頭有四子書，信手拈之，得近體三十首。」

二月十五日，彭訪濂為侗《續論語詩》作跋。

彭訪濂《續論語詩跋》末題：「康熙花朝同里通家子屏歲彭定求跋。」

彭訪濂招飲賞觀杏花。

《艮齋倦稿詩集》卷五《彭訪濂太史招飲看杏花》：「春風初放杏壇花，一樹芳菲倚日斜。尚傍梅梢霏白雪，早先桃花爛紅霞。親朋共賞歡樽酒，少長相看惜歲華。自是草堂幽興好，旁人莫認狀元家。」

十九日，至官山省墓。

《艮齋倦稿詩集》卷五《清明后一日省墓至官山》：「清明芳草綠無涯，

未盡桃花夾菜花。一路帆檣眞水國，半村籬落似山家。人過社後呼新燕，樹老墳頭叫暮鴉。何限白雲增悵望，年年倚杖踏平沙。」因是年清明乃二月十八日，故其後一日爲二月十九日。

二十八日，曹寅、彭訪濂、余懷、葉藩等會揖青亭看菜花。

《艮齋倦稿詩集》卷五《二月二十八日揖青亭看菜花作同曹荔軒彭訪濂余廣霞梅梅谷葉南屛朱赤霞郭鑒倫》：「奇絕南園香十里，黃金散盡曼陀華。湘累空弔江頭葉，朔客休疑塞上沙。茗飲清談須我輩，酣歌作劇任他家（原注：時有歌於花間者）。可憐不入詩人詠，辜負春風日放衙。」

四月二十四日生辰，作《吾年七十五》詩記之。

《艮齋倦稿詩集》卷五《吾年五十七》序云：「予甲寅年仿白香山作『吾年五十七』詩，落句云『醉臥六千日，醒來七十五』，初謂歲月遙遙，聊爲戲語，豈意一彈指間，忽焉已至哉！偶爾念及，不覺矍然，復次前韻，以記今昔悼時感物情見乎辭。」

五月，至平湖。是夏大熱，洞庭吳序商饋西瓜。秋旱。

《艮齋倦稿詩集》卷五《苦熱》、《夜起納涼》、《吳序商餉西瓜二首》、《秋旱》。吳序商生平事迹不詳。

六月十七日，宋犖奉特旨調補江寧巡撫。

宋犖《西陂類稿》卷四十八《漫堂年譜》。又《民國吳縣志》卷六十四《名宦三》：「宋犖字牧仲，商丘人。康熙三十一年由江西巡撫移節江蘇，凡民間利病，咨訪甚勤，每逢欠歲，奏請蠲賑，……去後，人皆思之。」

六、七月間，因食河魚患腹疾。

《艮齋倦稿詩集》卷五《病歎》：「一夜數十起，不寐寧無吡。三黃徒苦口，五朮難消摩。肌骨漸已削，涕淚翻如沱。」

彭始乾將偕妻南還，珍兒賦詩送之，並寄親家訪濂。

尤珍《滄湄詩稿》卷十《寄懷彭訪濂侍講十首》一云：「一別青門三載餘，

迢迢南北尺書疏。夢中識路常相訪，恰爲君家近敝廬。」案，訪濂自康熙二十七年底還鄉，至此時恰三載有餘。又一：「玉樹自堪稱玉潤，冰銜何敢說冰清。殷勤半子關心切，好遣前賢畏後生（原注：令子力仁爲予婿，時偕次女南歸，故云）。」同卷十《示兩女二首》一云：「遠辭膝下劇悲酸，薄宦無成興欲闌。莫爲別離情思苦，歸寧猶得話團欒。」由於尤珍詩集以次編排，此二詩後有《六月二十七日暢春園引見恭紀》，故作二詩當爲六月二十七日前之事，暫置於此。

八月初四，宋犖抵蘇州任職。

宋犖《西陂類稿》卷四十八《漫堂年譜》。

十七日，彭訪濂、李鳳雛、葉璠會揖青亭飲酒唱和，訪濂約再聚。

《艮齋倦稿詩集》卷五《八月十七日彭訪濂李紫翔葉漢章揖青亭小飲和韻二首》一云：「策杖窺園破徑苔，蕭條秋氣已悲哉。在家節序常多感，對客襟懷且小開。野鳥無端爭茂樹，晚雲有意傍荒臺。亦知良會非容易，明日寧辭載酒來（原注：訪濂許攜酒再過）。」李鳳雛字紫翔，號梧岡，東陽（今屬浙江金華）人。著《春秋紀傳》、《梧岡詩集》、《叩心集》等。《東陽縣志》卷十八：「都下才士林立，少足當其（梧岡）意，故交雖廣而不終。再應舉不中，乃歸至蘇，與尤侗、彭定求唱和，後乃執鷙蕭山毛奇齡之門。年五十以教習謁選淂曲江令，一年仍以強項落戕。」

十九日，彭訪濂攜酒與李鳳雛、葉璠、開石上人再集揖青亭，侗與開石上人對弈。鳳雛將聚會唱和之作集成《葑南倡和詩》，侗為之跋。

《艮齋倦稿詩集》卷五《十九日訪濂携酒同紫翔漢章再集揖青亭開石上人亦至疊韻二首》一云：「園丁爲我掃莓苔，有客招邀亦快哉。率而杯槃隨地設，悠然圖畫自天開。青山滿眼思樵谷，白月當頭上嘯臺。誰與詩人伴小鳥，敲門適有老僧來。」又一：「朝來爽氣照平疇，領略風光占一秋。悵望衡陽無雁過，閒觀濠上有魚游。行棋大似排牆腳（原注：予與上人弈），弄酒多應倒甕頭。即景醉吟堪永日，白雲好我也停留。」《艮齋倦稿文集》卷九《葑南倡和詩跋》：「金華李子（鳳雛）扁舟千里，省

師吳門，下榻兼旬，獻酬忘倦。因尋南墅，偶過西鄰，邂逅忻然，相與班荊契榻，酒酣以往，各綴篇章，遂集《荳南倡和詩》都爲一卷。李子此行，奚囊三尺，既載荳南之勝以歸，而荳南秋色亦得李子引發，吾輩點染數行，留爲佳話，可謂時地雙美，賓主兩得，……彭與李也，皆以詩鳴，他則葉生以畫，開公以弈，並助詩家鼓吹。獨予衰病久廢嘯歌，顧乃擁鼻效詠，復爲評跋，若此亦見老夫傾倒於李至矣。」開石上人生平事迹不詳。

高士奇寄示悼亡詩並附贈茶、筍，作詩以答。

《艮齋倦稿詩集》卷五《澹人寄示悼亡詩並貽日鑄武夷茶問政山筍片各詩一首和答》，如一云：「月白秋高離恨天，空房獨夜自無眠。知君寫入商黃調，彈斷中郎第四弦。」

九月十三日，與曹寅等集總兵嚴宏園中飲酒賞菊，兼觀女樂演劇，度散曲贈之。

《艮齋倦稿詩集》卷五《九月十三日嚴偉齋大戎招同諸君子飲酒看菊兼觀女伶演劇散曲贈之》，有《畫眉序》、《皂羅袍》、《江兒水》、《玉交枝》、《川撥棹》、《尾聲》。其中《畫眉序》有「今日小重陽，昨夜西風正霜降」句，確時爲九月中旬。又，《艮齋倦稿文集》卷九（壬申雜文）《題北紅拂記》：「荔軒遊越五日，倚舟脫稿，歸授家伶演之，予從曲宴得寓目焉。既復示予此本，則案頭之書，場上之曲，兩臻其妙。雖周郎復起，安能爲之一顧乎？于是擊節欣賞而題其後。」此處，尤侗並未明載具體於何時何地曲宴觀賞曹寅《北紅拂記》之演出，但從其本年的活動記載來看，有可能即爲此次於嚴宏園中飲宴觀劇，姑置於此，以待考證。嚴宏，字公偉，余姚（今屬浙江）人。仕至彝陵總兵，善山水，近董其昌。生平事迹見《光緒常昭合志》卷四十《遊寓》等。

時曹寅又令小優演《李白登科記》，將演《讀離騷》、《黑白衛》諸劇，會因移任江寧而止。李煦將繼任蘇州織造。

《悔庵年譜》卷下。《艮齋倦稿詩集》卷五《送曹荔軒機部移駐江寧四首》一云：「朔風滿地起驪歌，君不留行可奈何。遙望天邊銀漢影，吳門漸少白門多。」關於李煦繼任之事，王利器《李士禎李煦父子年譜》有載，

又案，《道光蘇州府志》卷一四八《雜記四》：「康熙三十一年，織造李煦，蒞蘇三十餘年，管理滸關稅務，兼司揚州鹺政，恭逢聖祖南巡四次，克己辦公，工匠經紀，均霑其惠，稱爲李佛公。子性奢華，好串戲，延名師以教習梨園，演《長生殿》傳奇，衣裝費至數萬，以致虧空若干萬。吳民深感公之德，而惜其子之不類也。」李煦（1655～1729），字萊嵩，正白旗人。廕生，先仕韶州知府，以避父廣東巡撫士楨而調浙江寧波府知府，既而充暢春苑總管，又出任蘇州織造，管理滸墅關稅務，兼司揚州鹺政。生平事迹詳見王利器《李士楨李煦父子年譜》。

十一月二十二日，李因篤卒，年六十二。

吳懷清《天生先生年譜》：「冬，疾漸劇，十一月二十二日子時卒。」

十二月十三日，尤珍升授右春坊右贊善。是冬，曾孫天花無恙。

尤侗《艮齋倦稿詩集》卷五《除夕》：「家中種豆紅花發（原注：曾孫天花），天上除書黃紙封（原注：珍兒遷官宮贊）。」尤珍《滄湄年譜》康熙三十一年：「十二月十三日，升授右春坊右贊善兼翰林院檢討，十六日辰時到贊善任。」《滄湄詩稿》卷十《壬申除夕》：「從來月晦有盈縮，今夕何爲恰滿旬。天似尚慳新歲景，人如欲戀舊年春。關心兒女皆疏闊，聚首妻孥共苦辛。感激君恩歸未得，除書稍慰倚閭親（原注：時方升授贊善）。」

冬，至新阡啟土定穴。

康熙三十二年癸酉年（1693）七十六歲

早春，宋既庭自興化省家，甚喜。

《艮齋倦稿詩集》卷六《喜既庭自興化歸》：「不見廣平久，還家及早春。鬚眉猶似舊，興致卻如新。紫綬是何物，白頭復幾人。好成招隱計，江上共垂綸。」可知既庭於早春時節省家。

二月，入山看梅，與紺池、彭訪濂、宋定業不期而會，故同遊。

《艮齋倦稿詩集》卷九《西山看梅雜詩十首》一云：「征衣從北塞，書几

隱南畇。吹徹高樓笛，還應憶故人（原注：憶癸酉春與訪濂、義存同
遊）。」彭定求《南畇老人自訂年譜》康熙三十二年：「二月，同尤悔庵
先生入山探梅，始覽石壁、萬峰臺諸勝，拜雅園顧師、疇三宋師之墓。」
宋定業字義存、號靜溪，江南長洲（今江蘇蘇州）人，官至紹興知府。
生平事迹見《江南通志》卷一三七、《浙江通志》卷一二二等。紺池法名
宗渭，字筠士，號紺池、紺公、筠上人、芋香釋，華亭（今上海松江）
人。曾從尤侗問學，王豫《江蘇詩徵》云：「《國朝別裁》載：『紺池少
學詩於宋荔裳觀察，中年後遊西堂尤侍講之門，得所傳授。』」生平事
迹見《江蘇詩徵》卷一八一、《歷代畫史彙傳》卷二二、《清詩別裁集》
卷三二、《嘉慶松江府志》卷六三、《重修光緒華亭縣志》卷二十二《方
外》。

省墓官山，度鷂子塢，至真山。次日登穹隆上真觀，入寧邦塢，
宿玉遮山彭氏丙舍。又次日進聖恩寺，與仁山上人茶話；遊吾
家山，小飲舫齋，宿珍珠塢宋氏寓園。又次日上石壁，登萬峰
臺眺太湖，酣飲賦詩，流連五日始歸。

《悔庵年譜》卷下。《艮齋倦稿詩集》卷六《登穹隆山上真觀》、《訪寧邦
塢圓石上人》，其中《吾家山觀梅義存攜樽小飲同訪濂商霖左君筠上人》：
「題詩恰遇隴頭使，載酒疑來海上槎（原注：上人於岸上造屋如舟轟飲
其中）。」同卷六《展故友彭雲客宋疇三二墓有感書示訪濂義存》：「我來
萬峰遊，信宿君丙舍。」同卷六《自石壁至萬峰臺望太湖》：「萬峰二月
中，梅花香世界。」確知時遊值二月間。同卷六又有《入聖恩寺與仁山
上人茶話》、《梅花十絕句》、《續詠五首》等均載此遊。釋宗渭《芋香詩
鈔》卷四亦有《同尤艮齋彭訪濂二太史登穹隆上真觀》、《登寧邦塢》、《遊
聖恩寺》、《登吾家山》、《展彭雲客先生墓留宿玉遮山房》等載此遊。《民
國吳縣志》卷三十六：「上真觀在穹隆山三茅峰，相傳漢平帝初建，祀三
茅真君，始為道院。宋天禧五年重建，改上真觀。……順治七年，法師
施道淵從朝真觀，與五十三代真人張洪任來遊茲山，以興建為任，不數
年，成巨構。十五年，敕賜原額。」《民國吳縣志》卷三十六：「天壽聖
恩禪寺在縣西南七十里，鄧尉山之南岡，……清康熙二十八年二月，帝
南巡，臨幸宿寺中四宜堂，御書『松風水月』額以賜，有御書亭在四宜

堂之西。」《民國吳縣志》卷三十九：「玉遮山房在玉遮山，贈文林郎彭
德先丙舍，彭侍講定求有《玉遮山居詩》。」侗詩中所云同遊之左商霖生
平事迹不詳。

三月舉簋貳會，五日，招友人會揖青亭，時南園桃柳爛漫，菜花尤盛。

《艮齋倦稿詩集》卷六《三月五日菜花盛開招彭宋諸子集揖青亭作簋貳
會和訪濂韻二首》一云：「小園多雜樹，偏愛此花黃。偶共家山客，閒消
野圃香。塵談殊簡率，草具劇荒涼。修禊過三日，猶餘曲水觴。」

李煦赴蘇州織造任。

宋犖《西陂類稿》卷四八《漫堂年譜》康熙三十二年：「三月，蘇州織造
李公煦赴任，臣犖迎請聖安，蒙傳旨說：『你做官著實好。』」

九日，宋定業携樽邀諸子再集，時逢春雨。

《艮齋倦稿詩集》卷六《九日雨中義存携樽再集限韻二首》一云：「無
端花信急，風雨故相催。乍見提壺至，還須著屐來。」可知時有雨。釋
宗渭《芋香詩鈔》卷四《雨中宋靜溪主政携具揖青亭限韻二首》亦記
此遊。

十三日，彭訪濂携樽又集，歌賞周金然新樂府，同遊者還有宋定業、宋紹業、吳霸、紺池等，時金然先別。

《艮齋倦稿詩集》卷六《十三日訪濂携樽再集限韻二首》一云：「今朝展
上巳，春色正當窗。座上樽千石，花間屐一雙。掉頭呼北斗，開口吸西
江。更喜周郎至，同歌鐵板腔（原注：礪岩太史製新樂府）。」釋宗渭（紺
池）《芋香詩鈔》卷四有《再集揖青亭限韻二首（原注：同集者西堂南昀
礪岩虞升靜溪閒存諸公）》記之，其末「不愁歸路阻，有客署關牌」注云：
「時周礪岩洗馬先別。」周金然（1631～？），字礪岩，號廣庵，又號七
十二峰主人，上海人。康熙二十一年進士，改庶吉士，授翰林編修，官
至洗馬。著《周廣庵集》、《礪岩文部》、《南浦詞》。生平事迹見《國朝詩
人徵略》卷一五、《國朝耆獻類徵》卷一二一、《江蘇詩徵》卷八二、《清
詩紀事·康熙卷》、《清詩別裁集》卷十三、《全清詞鈔》卷六等。宋紹業

字閒存，江南長洲（今江蘇蘇州）人。歲貢，康熙四十七年任安陽知縣。生平事迹見《河南通志》卷三七等。吳翯字虞升，江南長洲（今江蘇蘇州）人。著《綺里詩選》。生平事迹見《江蘇詩徵》卷十二。

十四日，逢穀雨，賦詩送周金然移家石公山。

《艮齋倦稿詩集》卷六《送周礨岩洗馬移家石公山二首》一云：「正逢穀雨爲歸客，偶夢松風學隱居。山中宰相采靈藥，洞裏丈人送素書。」可知其時正值穀雨，乃三月十四日。尤珍《滄湄詩稿》卷十《送周礨岩宮洗給假南歸二首》一云：「抗迹風塵外，移家水石邊。桃源君獨往，剩我覓漁船（原注：礨岩將移家西洞庭山）。」另釋宗渭《芋香詩鈔》卷四《次韻送周礨岩洗馬移家西洞庭》亦載周金然移家之事。

至支硎，憩華山，於華山寺自求上人處得見御書，行至法螺庵遇雨而回。

《艮齋倦稿詩集》卷六《花山紀遊戲成長句》：「朝聞布穀啼，告我春將暮。行樂當及時，盍往西山去。褰裳蔭水濱，蕩槳橫塘渡。筍輿上支硎，十里平蕪路。裙屐會如雲，殿宇香成霧。神駿不可求，野鶴歸何處。頗厭人迹囂，轉惜山顏污。謁來蓮花峰，天池之所注。長林漸幽菅，曲徑屢回互。但見新綠稠，莫能名其樹。泉聲活活鳴，飛流疑瀑布。佛地既莊嚴，僧家亦清素。偶參玉版禪，重睹天書御（原注：自求上人出御書見示）。欲登石秀屏，苦無濟勝具。昔人此就隱，而我漫容與。日晚憺忘歸，天陰且回步。未及吹法螺，忽然雨法雨（原注：行至法螺庵而雨作）。迅雷風復烈，逐客一何遽。」《民國吳縣志》卷十九：「華山連屬於五峰山北，⋯⋯《吳郡志》：『父老云：山頂有池，上生千葉蓮華，服之羽化，因曰華山。』⋯⋯宋張廷傑居此，以山宜就隱，乃營墓立宅，改名就隱山。山南下鳥道爲華山寺，明高士朱鷺隱此中。有行宮，康熙、乾隆時南巡駐蹕之所也。」《民國吳縣志》卷三十六：「法螺庵在寒山上，有二楞堂爲中峰下院，山徑盤紆，從修篁中百折而上，勢如旋螺，故名。⋯⋯清康熙間僧德深建大悲殿，⋯⋯今歸併華山寺。」自求上人生平事迹不詳。

二十九日，與彭訪濂、宋定業、余懷及紺池、行中二上人於亦

園送春。

《艮齋倦稿詩集》卷六《小園送春同彭宋余吳諸子筠士行中二上人》序云：「賈浪仙詩『三月正當三十日』，蓋是日春盡也。今年三月無三十日，而二十九日春亦盡矣。」詩云：「三月竟無三十日，春光小盡倍傷人。楊枝嫋嫋猶如故，麥子青青將獻新。人老何堪追歲月，地偏且喜謝風塵。與君把酒城南陌，喚取黃鸝共殘春。」行中上人生平事迹待考。

四月初一立夏，賦詩以記。

《艮齋倦稿詩集》卷六《立夏疊韻》有句：「三月之晦四月朔，迎來送往兩頭人。鳴鳩戴勝皆歸老，苦菜王瓜忽斬新。」

徐賓京口訪舊，賦詩送之。

《艮齋倦稿詩集》卷六《送徐南沙京口訪舊》：「山川千古說南徐，徐孺南州恰借居。下榻便嘗京口酒，江頭豈患食無魚。」由於是詩於《立夏疊韻》之後，故推知爲四月事。徐賓乃門生徐發之父（後文有介紹），字南沙，長洲（今江蘇蘇州）人。有詩文名，著《歷代黨鑒》、《南沙詩稿》、《南沙文鈔》等。

彭訪濂招集諸子於南畇草堂，觀棋遊樂。

《艮齋倦稿詩集》卷六《訪濂招集南畇草堂觀棋即事和曼翁韻二首》有「客至一何早，坐看日影遲。落花依小草，舞蝶逐遊絲」句。

夏，與韓菼、訪濂、宋定業、紺池等在虎丘重送周礦岩。

《艮齋倦稿詩集》卷六《虎丘舟中重送礦岩疊韻二首》一云：「自有溪山無此客，爭看洗馬渡江東。去官原與潯陽別，避世將毋盤谷同。盧橘正堪消夏日，蒓羹豈必待秋風（原注：湖中蒓菜此時已熟）。請君莫笑吳儂俗，也有長堤住白公。」釋宗渭《芋香詩鈔》卷四《夏日艮齋慕廬訪濂靜溪諸公偕送礦岩洗馬泊舟山塘小憩虎丘石上有作》、韓菼《有懷堂詩稿》卷二《送礦岩洗馬同年移家石公山次悔庵韻二首》均爲時作。韓菼（1637～1704），字符少，晚號慕廬，江南長洲（今江蘇蘇州）人。康熙十二年（1673）狀元，授翰林院修撰，官至禮部尚書兼掌院學士，後乞歸不允，卒於官，諡文懿。著《有懷堂詩稿》、《文稿》、《直廬集》、《瀛州亭經說

初集》等。生平事迹見《清史列傳》卷九《大臣傳》、《江蘇詩徵》卷三四、《清詩別裁集》卷十、《蘇州府志》卷八八、《民國吳縣志》卷六十八《列傳六》等。

周金然行後，賦詩寄之。

尤侗《艮齋倦稿詩集》卷六《礨岩行後復次前韻寄懷二首》一云：「洞庭正在太湖中，海水西邊江水東。百里人情應小異，四時物產或相同。安家恰值蠶桑日，寄信全憑舶趁風。幾度相思難縮地，移山端欲學愚公。」

四月二十四生日，與訪濂賦詩唱和。

《艮齋倦稿詩集》卷六《予七十六歲四月生日訪濂作南村詩四首見祝依韻奉答》。尤珍《滄湄詩鈔》卷四《訪濂寄示祝家大人生日詩以南村為韻奉和二首》有句「宦遊五載望江南，屢點朝班未放參」，案，尤珍於康熙二十六年十月自家北上還朝，至此康熙三十二年四月恰適五載餘，正合。

五月端午，久旱遇雨，賦聽雨之作。

《艮齋倦稿詩集》卷六《和訪濂五日草堂聽雨二首》一云：「久熯得陰雨，草際螳螂生。南畝一時綠，小鳥來催耕。值此天中節，仲夏正朱明。雖無九節蒲，聊樂芳樽盈。所願黍苗足，鼓腹歌昇平。以爾水馬戲，易我田車聲。」同卷六還有詞《河傳・午日大雨》記雨事。

其後至六月間一直大旱，日早起從臺使祈雨雩壇，匝月不應。田無禾。或種豆又遭秋霖淹死，兩災迭告。

《艮齋倦稿詩集》卷六《憂旱》有云：「天乎何忍厄我民，五月不雨過五旬。」又同卷六《南園歎》：「誰知天道降菑祲，五月六月恒無雨。」

六月二十三日雨始降，二十六日陸上依携酒前來揖青亭慶賀，同飲還有紺池上人等。

《艮齋倦稿詩集》卷六《喜雨吟（原注：六月廿三日）》：「朝望出市霞，暮望連天霓。南山聞雷殷，西郊睹雲密。難移日腳黃，易散風頭黑。亢陽越五旬，沉陰起一昔。乍看庭際飄，漸聽簷前滴。渾疑玉乳垂，爭詫

珍珠的。」同卷六《六月二十六日陸上依携酒揖青亭喜雨拈平疇二字和筠上人韻二首》一云：「試向荒園飲，何如京洛遊（原注：上依方從京歸）。三庚初入伏，一雨便成秋。河朔雖逃暑，江南未散愁。願同陶處士，種豆滿田疇。」

紺池上人贈以石硯，賦詩謝之。

《艮齋倦稿詩集》卷六《筠公貽予石硯賦此贈之》：「吾家西堂亦有硯，斷磚半瓦嗤酸寒。既無高文堪視草，何須紅絲發紫煙。但苦匍廛無人屑，含毫每歎筆頭乾。道人忽貽一卷石，云是新樣玉堂鐫。」

江西賴方度與沈開進來遊吳門，舟離之際，賦詩送之並寄魏和公禮。

《艮齋倦稿詩集》卷六《贈別賴晉公沈仲孚並寄懷魏和公》：「二子同居章貢水，吳門極望三千里。棲棲六月泛扁舟，卻訪野人幽谷裏。虎丘小住往西湖，滿載詩囊興不孤。還家寄訊魏公子，翠微山色今有無。」沈開進乃會昌人（今屬江西），《贛州府志》卷五十五《文苑》：「沈開進字仲孚，諸生，……師事寧都魏禮，與霞綺園諸子友善，以道義相尚。開進詩錯採縷金，自遊易堂，學益進，於古詩人之宗派別擇九精，自訂《雞肋詩集》、《立園文稿》，工大小篆，年五十卒。」賴方度字晉公，江西會昌人，明兵部職方司郎中士聖之孫，《贛州府志》卷五十五《文苑》載：「方度熟於史事，凡處置大事，必以古人爲法。戊子兵警，脫父於難，始從瑞金楊兆鳳學，繼事易堂魏禮。禮勉之日：『詩，文人之餘緒，必根底躬行乃爲有本之學，而躬行又以孝弟爲先。』歸益砥礪，聚友朋於霞綺園，日夕講求其所以爲人者，四方名士皆至，聲譽遂著於大江左右……著《即岸集》。」魏禮字和公，號季子，晚自號吾廬，寧都（今屬江西）人，明諸生，與兄祥、禧合稱三魏。好出遊，寡言語，然慷慨好義。著《魏季子文集》。生平事迹見《江西通志》卷九四、《清史列傳》卷七〇、《清史稿》卷四八四、《明遺民詩》卷八等。

七月十二日，康熙帝又與釋超揆議及侗。

《艮齋倦稿文集》卷十四《奏對備忘錄題跋》後附康熙帝與釋超揆奏對語錄：「癸酉七月十二日，上問：『你蘇州尤侗還在麼？』揆奏：『尚在，

但年已老，日以禪誦爲事，亦留心理學，多有著述。』上諭：『他的《臨去秋波》時文甚好，正好說禪。』揆奏：『古尊宿有將《西廂》畫在方丈壁上，亦是此意。如一本《牡丹亭》全與禪理相合，世人見不能到，即作者亦不自知也。』上首肯久之。」案，王利器編《李士楨李煦父子年譜》康熙三十三年：「四月，李煦有《進端午龍袍》折：『竊臣煦犬馬微賤，感激聖恩，日深依戀，但報效未能，惶悚彌切。茲值恭進端午龍袍，特請皇上萬安，伏惟睿鑒。臣煦無任歡欣頌祝之至。』硃批：『知道了。今春因玉泉超葵多事，打發回南。此人頗不安分，爾當絕其往來才好。』（李煦奏摺）」康熙帝雖與超揆時有奏對，但亦頗有微辭。至於其事由，徐珂《清稗類鈔》嘗載：「文和尙，名果，字園公，衡山裔也，聖祖南巡見之，命入京師，居玉泉精舍，寵眷殊厚。和尙一日携其孫入見，上問：『何事來此？』和尙奏曰：『來此應舉。』上曰：『應舉即不應來見。』」王利器《李士楨李煦父子年譜》對此分析道：「蓋防微杜漸，慮其希望非分之恩寵也。」而尤侗得知揆與帝奏對事，很可能爲超揆於康熙三十三年甲戌被打發回鄉後，觀揆所撰奏對語錄事。

八月十二日諸子於虎丘宴集，賦詩唱和。

《艮齋倦稿詩集》卷六《八月十二日虎丘宴集有作》：「久謝遊船廢酒樽，偶然隨例入山門。玉簫檀板喧成市，白藕黃柑堆滿盆。月影可能招素女，天香何處問王孫。誰憐四野蒼茫外，蔓草荒田欲斷魂。」

中秋，雲間王日藻、許纘曾舉耆年會，折簡招之，以病謝。

《艮齋倦稿詩集》卷六《雲間王印周許鶴沙兩先生舉耆英會招予詩以辭之二首》其一：「人在香山洛社間，鄙夫無分得追歡。醉鄉未若貧而樂，臥榻惟圖老者安。白髮祗將書供奉，青山常與夢盤桓。諸君莫怪殺風景，好事從來擬古難。」許纘曾《寶綸堂稿》卷二《癸酉中秋偕健庵司寇卻非司農誠齋侍御舉耆年會於秦望山莊翌日同赴儼齋總憲橫雲之約漫成古風一章紀勝》記是事。許纘曾，字孝修，號鶴沙，仁和（今浙江杭州）人。順治六年進士，改庶吉士，授翰林院檢討，官雲南按察史。著《寶綸堂集》。生平事迹見《江蘇詩徵》卷九九、《清詩別裁集》卷三、《嘉慶松江府志》卷五十六《古今人傳八》等。

由訪濂鼎立勸募，長洲學啟聖公祠於八月間建成，侗為作上梁文。

彭定求《南畇老人自訂年譜》康熙三十二年：「募建長洲學啓公祠，悔庵先生作上梁文。」彭定求《南畇文稿》卷二有《募建啓聖祠序》，卷四《重建長洲學啓聖祠記》云：「康熙癸酉秋八月，長洲學之啓聖祠始成，蓋定求重行勸募以來，荏苒三載。」尤侗《艮齋倦稿文集》卷七《啓聖祠募引》：「試以先生之法施引世人之財施，如石取針，如燧取火，或有莫之致而致、不期然而然者，未可知也。願先生無辭，予亦笑而不應，隨錄其問答以代疏焉。」

開上人將遊池州，賦詩送別。

《艮齋倦稿詩集》卷六《送開上人遊池州》：「池陽吾昔到，一棹向江涯。古寺多飛鳥，前村有杏花。棋枰消歲月，筆陣卷煙霞。待爾歸來日，囊中看九華（原注：上人善畫）。」開上人生平事迹不詳。

九月九日重陽，皁隸至而催租。

《艮齋倦稿詩集》卷六《九日獨酌漫成》序云：「潘邠老詩『滿城風雨近重陽』，今風雨中重陽已過矣，然邠老一句爲催租人敗意而止。今日適有紙皁隸至，而詩竟成，阿戎云：君輩意亦可敗耶！」詩有句「任爾催科呼自急，老夫詩興不相妨」。

十日，諸子會集揖青亭，飲酒弈棋。

《艮齋倦稿詩集》卷六《初十同諸子集揖青亭次韻》：「登高今日補重陽，有客來思滿野堂。痛飲便教縮地小，高談直欲破天荒。……惟有圍棋閱世變，任他勝敗總無妨。」

十三日，與諸子為韓菼補賀五十七壽辰，賦詩祝之。

《艮齋倦稿詩集》卷六《韓慕廬學士七月初六日誕辰今年苦熱自改在九月十三日同人賀之予爲賦詩二首》一云：「韓子生辰前七夕，今年改作小重陽。」又一云：「白傅吾年五十七（原注：學士同年），未當九月十三時。秋聲蟋蟀方居壁，晚景茱萸尙滿枝。乞巧已過牛女渡，降神又見斗奎移。金風玉露人行樂，紫蟹黃雞醉不辭。」

送宋德宏靈牌從祀文星閣。

《艮齋倦稿詩集》卷六《送故人宋疇三孝廉從祀文星閣》：「緬想當年宋子京，西風宿草不勝情。眾中意氣推坊表，身後文章重論衡。……虎丘相國祠相望，驃騎何如第五名。」

十月，彭訪濂還朝，賦詩別之。

彭定求《南畇老人自訂年譜》康熙三十二年：「十月，病痊赴都。十二月，補原官。」尤侗《艮齋倦稿詩集》卷六《送彭侍講還朝二首》一云：「長安日近北辰居，猶夢春明共直廬。老子已辭邛里杖，小兒還伴石渠書。好將勳業扶堯舜，剩有文章壓庾徐。獨向滄江垂釣去，相思常望寄雙魚。」

宗渭移住壽寧草庵，賦詩以贈。

《艮齋倦稿詩集》卷六《送筠上人移住壽寧草庵》：「才從城北住，又向市南居。樹下無三宿，塵中總六如。門多長者轍，架有古人書。卻喜吾廬近，閒來伴木魚。」

有友人所贈狐裘為賊人所竊，復製羊裘。

《艮齋倦稿詩集》卷六《有友贈狐裘為賊竊去戲作二首》、《復製羊裘漫成二首》。

十二月，冒襄卒，年八十三。

冒襄《同人集》卷首韓菼《冒潛孝先生墓誌銘》：「其歿也，年八十有三，康熙癸酉十二月也。」韓菼《有懷堂文稿》卷十六《潛孝先生冒徵君墓誌銘》、陶孚尹《欣然堂集》卷五《挽冒巢民先生二律》均為悼冒襄卒事所作。

是年，李煦來訪，請為《東萊政紀》作序，頌其父士禎政績。

《艮齋倦稿文集》卷十一《東萊政紀序》：「予自己未入朝，備官史局，熟聞天下督、撫姓氏，維時廣撫東萊李公毅可名最著。蓋吾鄉士大夫遊于四方者，往往束南越陸生裝，歸而述其政事，津津不去口也。每與制府吳公留村並稱云。獨予恨未識其為人。洎癸酉家居，有內部以織造至者曰李公萊嵩，予既交而善之，詢其家世，知為東萊長君，問公之年，

則七十有五，已致政懸車矣。無何，出一卷示予，爲公政事紀略，乃幕中記室所編者。予受而讀之，益知公生平功業，不止顯于粵東也。」

是年粵、蜀、滇、黔等地蠲租，康熙帝聞知江南旱情，亦蠲免漕糧三分之一。四周仍盜多。

《聖祖實錄》卷一六〇。《艮齋倦稿文集》卷六《有感》：「秋到江南草木愁，田家凶歲竟無秋。苞糧不救窮民苦，雲漢空貽聖主憂。杏邀九閽誰叩叫，蕭條萬戶費誅求。遙看粵蜀黔滇地，有詔蠲租滿耳謳（原注：詔蠲廣西、四川、貴州、雲南四省錢糧）。」同卷六《詔蠲江南漕糧三分之一喜而有紀》云：「堯湯水旱猶難免，幸免春秋書大無。」同卷六《冬至》：「立冬無雨一冬晴，天暖還堪出手行。……朝廷有道方蠲賦，盜賊無知尚弄兵（原注：四境多盜）。但得加餐荒歲穀，閉關坐待一陽生。」

康熙三十三年甲戌年（1694）七十七歲

春，寄書於京師訪濂。

《艮齋倦稿詩集》卷七《寄懷訪濂太史》：「自君之出巷無人，已過殘冬及早春。東觀風光應似舊，南園春色又重新。」

諸子於花溪集會，宴飲觀樂，賦詩記之。

《艮齋倦稿詩集》卷七《花溪雅集》：「燒鐙任醉玉東西，重喚紅兒唱大堤。新教音聲傳小部，芳園早聽乳鶯啼。」

二月二十四日，諸子會集揖青亭舉簹貳會，有懷訪濂。

《艮齋倦稿詩集》卷七《二月二十四日諸子集揖青亭有懷訪濂》：「新年宴會雜然陳，此日重尋簹貳樽。……古文斑駁閒同賞，時事艱難醉共論。卻憶早朝彭學士，獨騎瘦馬出前門。」

王士禛收侗所寄都穆《南濠文略》抄本六卷及楊君謙雜著抄本卷數若干。

王士禛《居易錄》卷二十三：「尤翰檢悔庵寄都元敬《南濠文略》寫本凡六卷，其後二卷即《金薤琳瑯》諸碑跋也，又楊君謙雜著寫本若干。」

三月上巳，盛符升、徐乾學、徐秉義續舉耆年會於遂園，與會者主要有侗、王日藻、許纘曾、秦松齡、黃與堅、錢陸燦、孫暘、何楝、周金然等十二人。飲三日，賦詩唱和，禹之鼎為圖。

尤侗《艮齋倦稿詩集》卷七《上巳玉峰徐健庵司寇果亭中允盛誠齋侍御再舉耆年會同諸公讌集遂園拈蘭亭二韻》有句云：「太平扶杖老人安，兼有良朋修古歡。」又：「昆山之英草堂靈，春日江南聚客星。白髮花間聽樂句，紫衫竹下品茶經（原注：紺池在座）。」同卷七《即事疊韻二首》其一：「君恩許放返岩扃，竊比休休築草亭。共泛扁舟載醽醁，閒騎小駟看盤鈴。臥遊畫障形容古（原注：禹鴻臚寫影圖），坐隱棋枰意思泠（原注：弈客蘇沈）。」董含《三岡續識略·卷上》：「甲戌上巳，玉峰徐尚書乾學、中允秉義、盛侍御符升，續修禊事於遂園。執簡而招者共十五人，赴者十二人，其三人期而未至，予其一也。」秦瀛《康熙己未詞科錄》卷三《傳略》二：「康熙甲戌昆山徐尚書健庵先生以三月三日修禊事於遂園，東南耆宿咸集，共十二人。鴻博諸公之與斯會者，先生（尤侗）暨黃公庭表與先宮諭凡三人，以『蘭』、『亭』二字為韻，皆有詩紀事。先生挈詩僧宗渭至，時年八十有二矣，禹鴻臚尚基為之圖。」同時，還有許纘曾《寶綸堂稿》卷三《柬徐健庵大司寇》、《柬盛誠齋侍御》、《柬徐果亭宮允》、徐乾學《憺園文集》卷九《甲戌三月三日招同錢湘靈盛誠齋尤悔庵黃忍庵王卻非何涵齋孫赤崖許鶴沙周礪岩秦對岩諸公舍弟果亭禊飲遂園用蘭亭二字為韻》、韓菼《有懷堂詩稿》卷三《三月三日玉峰北園讌集詩三首》、《和諸公讌集北園詩》，不過據韓菼該詩所云，他並未參與聚會，僅賦詩和之。又釋宗渭《芋香詩鈔》卷四《上巳日徐公健庵果亭盛公誠齋舉耆年會修禊北山遂園即席限蘭亭二字為韻各賦七律二首（原注：與會者為錢別駕湘靈尤檢討艮齋黃宮贊忍庵王司農卻非何學使涵齋許觀察鶴沙周洗馬礪岩孫孝廉赤崖秦中允對岩王編修素岩徐侍御藝初孝廉實均諸昆仲）》、許纘曾《寶綸堂稿》卷三《上巳讌集遂園（原注：時赴徐大司寇健庵徐宮允果亭盛侍御誠齋再舉耆年之訂在座為王大司馬卻非黃宮允忍齋尤翰林悔庵何學使涵齋秦宮諭對岩周洗馬廣庵孫孝廉赤崖錢孝廉湘靈與余凡十二人共八百四十二歲即席各賦七律二首以蘭亭二字為韻）》等，均記是年聚會事，可確知此次耆年會由徐乾學、盛符升、徐秉義主持，諸公泛舟游玩，宴弈甚歡，圖影留念。關於此次耆年會之參

與人員，按徐乾學、許纘曾詩及董含所云皆爲十二人，而且許纘曾該詩後還載「甲戌上巳耆年姓氏附後」，將盛符升、徐乾學、徐秉義、尤侗、王日藻、許纘曾、秦松齡、黃與堅、錢陸燦、孫暘、何棟、周金然這十二人的名號及簡介列其後，可以推測這十二人爲耆年會的主要成員。至於宗渭及其詩中另外提及的王喆生（素岩）、徐樹谷（藝初）、徐實均等未算作此耆年會成員。與此可證者，又如陳康祺《郎潛紀聞二筆》卷三：「昆山徐氏《遂園耆年褉飲圖》，禹鴻臚筆也。圖凡十二人：常熟錢陸燦、孫暘，昆山盛符升、徐乾學、徐秉義，長洲尤侗、何棟，太倉黃與堅，華亭王日藻、許纘曾，上海周金然，無錫秦松齡，通得年八百四十二歲。其修褉之日，則康熙三十三年甲戌三月三日也。」禹之鼎（1647～1716），字尙吉，一作上吉或尙基，號愼齋，江南江都（今江蘇揚州）人。康熙二十年（1681）供奉內廷，任鴻臚序班。尤工寫照，秀媚古雅，當時號稱第一。錢陸燦（1612～1698），字爾弢，號湘靈、圓沙，又自號鐵牛居士，常熟（今屬江蘇）人。順治十四年舉人，以奏銷案褫革。著《調運齋集》、編《康熙常熟縣志》。生平事迹見《江南通志》卷一六〇、《江蘇詩徵》卷三五、《清詩別裁集》卷五、《蘇州府志》卷一百、《全清詞鈔》卷二、《海虞詩苑》、《清畫家詩史》乙上。何棟字與偕，號涵齋，江南長洲（今江蘇蘇州）人。由崇明籍舉順治丁亥進士，後入爲戶部主事，歷江西提學僉事。生平事迹見《江南通志》卷一五一、《蘇州府志》卷八八、《長洲縣志》卷二十五《人物四》、《民國吳縣志》卷六十八《列傳六》。

是日，高士奇為尤侗《年譜圖》作跋。

尤侗《西堂餘集》第一冊有高士奇《尤悔庵太史年譜圖詠跋》，末署云：「康熙甲戌上巳江村年小弟高士奇拜手跋於簡靜齋。」高士奇（1643～1702）字澹人，號竹窗、江村，浙江錢塘（今杭州）人。康熙初由監生供奉內庭，累擢至詹事府少詹事。後以母老陳情，不赴再起之召。著《清吟堂全集》。

其時，有洪生之女為人掠賣，涕泣不肯行，侗請與會諸老共釀五十金贖之。

《悔庵年譜》卷下。

其時亦值盛符升夫婦八十壽辰，賦詩祝之。

尤侗《艮齋倦稿詩集》卷七《盛誠齋八十雙壽二首》有「疑從婁水通瑤水，好借蘭亭作幔亭（原注：上巳日）。金母木公雙駕處，靈臺奏現老人星」句。尤珍《滄湄詩稿補遺》卷二《盛誠齋侍御八袠》、徐乾學《憺園文集》卷九《同諸公過誠齋宅留飲用亭字》：「繡衣八十尚窮經，共說今時是歲星。」許繼曾《寶綸堂稿》卷三《柬謝誠齋侍御》「高會逢君添玉醴」句等皆記盛符升夫婦時八十初度事。

施何牧入京，賦詩送之。

尤侗《艮齋倦稿詩集》卷七《送施贊虞主事入京》有「上林喜聽遷鶯早，大路愁看折柳長」，可知施贊虞上京時乃三四月間。施何牧，字贊虞，號一山、覺庵，江蘇崇明（今屬上海）人。康熙二十四年進士，歷官吏部稽勳司員外郎。著《一山詩選》、《韻雅》、《鑒罃》、《明詩去浮》等。生平事迹見《國朝耆獻類徵》卷一四二、《清詩別裁集》卷十六、《民國吳縣志》卷七十六《列傳流寓二》。

中丞宋犖修唐寅墓宅，與同人操文祭之。

宋犖《西陂類稿》卷四十八《漫堂年譜》、尤侗《艮齋倦稿詩集》卷七《弔唐解元墓和悵悵詞韻》、韓菼《有懷堂詩稿》卷三《暮春唐解元墓下作二首》均記有唐寅墓重修事。《民國吳縣志》卷三十九：「唐解元宅在桃花塢後，僅存六如古閣，又有桃花庵，改爲準提庵。康熙中巡撫宋犖重加修葺。」

春盡日，得高士奇贈龍井新茶。

《艮齋倦稿詩集》卷七《竹窗學士貽龍井新茶口占二絕報之是日正春盡也》一云：「小園綠滿晚紅稀，繞戶初看燕子飛。風雨連宵人病酒，獨攜茶具送春歸。」

四月，携龍井茶與韓菼、何棟等蓮社諸公集紺池芋香庵，觀罌粟花，宴飲品茗。

《艮齋倦稿詩集》卷七《同諸公集紺池芋香庵看鶯粟花茗飲即用芋香二字爲韻》：「昔日李鄴侯，秖食懶殘芋。今來紺公房，嘉蔬無不具。濁酒

過牆頭，更適陶潛趣（原注：上依攜酒來飲）。我亦携龍井，茗柯超玄箸。
且飽櫻筍廚，試參風旛句。」韓菼《有懷堂詩稿》卷三《夏初同悔庵涵
齋繹來諸先生集紺池和尙慕樓禪院限芋香二字二首》、釋宗渭《芋香詩鈔》
卷四《初夏蓮社諸公過芋香看鶯粟花留集即用芋香二字爲韻各賦五言二
首》等均記此聚，知時爲初夏四月。

五月，錢肅潤爲《西堂全集》題序。

《西堂餘集》卷首有錢肅潤序，題款日：「康熙甲戌夏又五月錫山同學小
弟錢肅潤題於葑溪之玉照堂。」錢肅潤字礎日，別號十峰主人，後被笞
折脛，自號跛足，無錫（今屬江蘇）人。明諸生，康熙十八年舉鴻博不
就。著有《十峰草堂集》、《道南正學篇》等，生平事迹見《江蘇詩徵》
卷三五、《國朝耆獻類徵初編》卷四七七、《全清詞鈔》卷五等。

尤珍四月以疾告假，閏五月十三日得旨南歸。寄書至家，侗甚喜之。

尤珍《滄湄年譜》康熙三十三年：「四月告假，予在京七載，念先大人年
高，久懷歸志。茲春夏之交，忽患下血之症，病臥逾月，幾殆，因決意
請歸。是時，上命翰林官於南書房輪班侍直，予以給假歸，未與。閏五
月，得旨南歸。」尤珍《滄湄詩稿》卷十二《將歸和昌黎韻》、《移疾南
歸六首（原注：閏五月十三日得旨後作）》、《出都》、《舟中示內二首》、《病
僕舟中家人喚甦感而有作》、《短歌二首》、《舟中寫悶》、《歸興四首》等
爲歸時及途中所作。勞之辨《靜觀堂詩集》卷十一《送尤慧珠宮贊省觀
兼懷尊甫悔庵太史》爲送行之作，有云：「先生輯前史，吾子讀國書。館
閣鴻篇相照耀，老懷歸夢石湖濱。終戀磯頭舊時釣，林下於今逾十年。」
案，尤侗乃於康熙二十二年離京，距此間尤珍告歸確逾十年，與之合。
尤侗《艮齋倦稿詩集》卷七《得家信示兒》：「散悶立簷下，忽聞喜鵲鳴。
問鵲我何喜，家信來京城。上言兒病甚，久不直蓬瀛。頗蒙院長憐，許
爲奏朝廷。暫辭侍從職，請急返柴荆。早晚挈妻孥，扁舟趄水程。深秋
拜家慶，晨昏慰趨庭。此願果得遂，喜極涕縱橫。憶自丁卯冬，離別七
年贏。父子不相見，笑語誰爲親。況乃祿入薄，旅食常艱辛。千錢乞債
主，百畝歸他人。坐是日憂鬱，疾痛纏其身。人生苦役役，白首求功名。
熱官豈不愛，命在力難爭。富貴履危機，風波使人驚。……能與汝偕隱，

庶愜閒居情。賢哉二大夫，千載可同行。」同卷七《得珍兒移疾南歸詩有感于中走筆和之六首》、《珍兒將抵家喜和前韻三首》、《信至寄四絕句復和》皆作於時。

六月，武林國手徐遠前來為棋會消夏。

尤侗《悔庵年譜》卷下。徐遠字星友，錢塘（今浙江杭州）人。著《兼山堂弈譜》、《棄馬十八局鈔譜》。生平事迹見《碑傳集補》卷五六、《杭州府志》卷一五〇等。

七月十七日，徐乾學卒，年六十四。往昆山弔之。

尤侗《艮齋倦稿文集》卷十一《祭徐健庵司寇文》、韓菼《有懷堂文稿》卷十八《資政大夫經筵講官刑部尚書徐公行狀》。

二十一日，喬萊卒，年五十三。

潘耒《遂初堂集》卷十九《翰林侍讀喬君墓誌銘》、龐塏《叢碧山房詩三集·工部稿》卷七《哭喬石林於京邸》。

八月，韓菼為《西堂全集》作序。

尤侗《西堂全集·西堂餘集》卷首有韓菼序，末題款日期為：「康熙甲戌秋八月。」韓菼《有懷堂文稿》卷三收《西堂全集序》。

高士奇、韓菼、徐秉義等將奉詔還朝，而訪濂、珍兒將歸，一往一來，有感作《雜言二十四首》。

尤侗《艮齋倦稿詩集》卷七《送韓學士內詔還朝》：「吳苑秋風桂子丹，送君匹馬度桑幹。十行黃紙徵書重，萬卷青編執筆難。」同卷七《送高詹事內詔還朝》：「江村高臥暫投閒，旋奉君恩許賜環。黃閣正宜開北墅，蒼生久已待東山。」同卷七《雜言二十四首》一云：「仕宦足當自止，著書多亦奚為。冠蓋灰飛烟滅，紙張雨打風吹。」案，《杭州府志》卷一四五《文苑二·高士奇》：「有旨令京外大臣薦長於文章學問超卓者，大學士王熙、張玉書等薦徐乾學、王鴻緒及士奇，三十三年召來京修書，士奇既奉命，仍直南書房。」據章培恒《洪昇年譜》康熙三十三年載，洪昇時作有《送高宮詹入都》一百韻，另徐昂發《乙未亭詩集》卷三《送韓慕廬學士還朝四首》、韓菼《有懷堂詩稿》卷四《將北征留別諸子》均

載此別。

八月十五，虎丘將舉耆年會，但因徐乾學歿而止。

尤侗《悔庵年譜》卷下。

九月，珍兒抵家，喜之。

《悔庵年譜》卷下。尤珍《滄湄年譜》康熙三十三年：「九月抵家，和陶《歸去來辭》，自號滄湄居士，蓋取（王嘉）《白帝子歌》『滄湄海浦來棲息』之句，意欲終於事親，不復出也。」《滄湄詩稿》卷十二《歸家自和前韻》、《謝客》等皆為是時作。

彭訪濂自京師告歸，八月出都，九月初還鄉。侗得其歸信，甚喜。

彭定求《南畇老人自訂年譜》：「閏端午，上試詞臣於瀛臺，作《理學真偽論》、《豐澤園賦》。試畢，即欲告歸，上疏得請。八月出都，九月抵里門。」尤侗《艮齋倦稿詩集》卷七《訪濂歸途寄三絕句喜而和之》其一：「夫子單車早度關，吾兒取次刺船還。他年共踐梅花約，題作何家大小山。」

九日，黃衮饋酒。

《艮齋倦稿詩集》卷七《九日謝黃虛堂送酒二首》一云：「東籬正望白衣人，忽到陽山曲米春。庭下菊花相視笑，看他爛醉落頭巾。」黃衮乃黃庭之父，字山補，道號虛堂，江南長洲（今江蘇蘇州）人，明五嶽山人省曾後。性至孝，精於道法修煉，入住澔墅太律微院，前來受戒者眾。著有《景行集》、《家範集》，生平事迹見《蘇州府志》卷一三五、《民國吳縣志》卷七十七《列傳釋道二》。

時彭訪濂登大茅山，賦詩寄之。

《艮齋倦稿詩集》卷七《謝黃虛堂送酒二首》一云：「大茅峰上登高客，插盡茱萸少酒槍（原注：訪濂登高大茅峰，故寄語之）。」

九月間，徐枋卒，享年七十三歲。

羅振玉輯《徐俟齋先生年譜》：「康熙三十三年甲戌七十三歲，九月，先

生病亟，招其友楊震百至，……言已，越五日而卒。」年譜後附葉燮《徐俟齋先生墓誌銘》亦載徐枋卒事。徐枋（1622～1694），字昭法，號俟齋、秦餘山人，崇禎十五年舉人。鼎革後不出，與沈壽民、巢鳴盛號為「海內三遺民」。著《居易堂集》、《俟齋集》、《通鑒紀事類聚》等。枋性傲氣，曾避見湯斌等權貴，然與尤侗卻有往來。尤侗《鶴棲堂稿詩集》卷一即有《題故友徐俟齋畫卷》：「隱君高臥澗上屋，手染松烟寫尺幅。不知黃鶴何處飛，但見青山老樹綠。」徐枋生平事迹見《清史稿》卷五〇六、《碑傳集》卷一二六、《國朝先生事略》卷四五、《蘇州府志》卷八八、《明遺民詩》卷一、葉衍蘭《清代學者像傳》卷一、《清畫家詩史》甲上等。

偶閱《家在江南楊柳村》圖，有感賦詩。

《艮齋倦稿詩集》卷七《偶閱家在江南楊柳村圖慨然有感復題二絕》一云：「家在江南楊柳村，天寒日落倚柴門。故人一半成黃土，鄰笛休吹欲斷魂（原注：卷中題詩如愚山（施閏章）、鈍翁（汪琬）、其年（陳維崧）、闇公（倪燦）、蛟門（汪懋麟）皆為古人矣）。」

用川張蛟為畫《萬峰探梅圖》，題詩以贈。

《艮齋倦稿詩集》卷七《張雨升為予畫萬峰探梅圖題贈》：「君豈前身顧虎頭，畫予扶杖萬峰遊，來年呼出真模樣，笑索梅花數酒籌。」張蛟，字雨升，用川（今屬江蘇蘇州）人。善畫，長於人物山水。

十一月十五日，時任刑部左侍郎之鄭重卒。

王士禎《居易錄》卷二十六：「（十一月）十五日，刑部左侍郎鄭重卒於位。」

二十六日，勞之辨得子。

尤侗《艮齋倦稿詩集》卷九《賀勞書升生子二首》、勞之辨《靜觀堂詩集》卷十二《仲冬二十六日喜得幼子上家大人兼示銑兒》。

十二月二十日立春，次日大雷雨，又次日大雪，草木凍死。

《艮齋倦稿詩集》卷七《弔蘭三首》一云：「連宵風雨殘冬寒，凍殺三閭九畹蘭。」同卷七又有《雷雨有作（原注：立春後一日）》、《雷後大雪復

次前韻》，記時情。

冬製幅巾布袍、芒鞋、竹杖，將訪梅花於西山，不果。

康熙三十四年乙亥年（1695）七十八歲

元旦大雪，至元夕不止。

《艮齋倦稿詩集》卷八《元旦》有「白雪驚看遍地下（原注：是日大雪），
梅花借問幾時開」句。又同卷八《春雪和昌黎韻（原注：正月三日）》、《人
日復雪》、《雨雪不止戲學歐公禁體仍用坡韻》、《再和前韻》，尤珍《滄湄
詩稿》卷十三《乙亥歲朝用坡詩起句寫懷》、《春雪次昌黎韻》、《雨雪不
止仿禁物體次東坡聚星堂韻呈家大人》、《次歐陽公對雪憶梅花韻》等，
彭定求《南畇詩稿》卷一（乙亥詩）《四日雪中齋居》、《人日雪中上穹隆
即事六首》、《次昌黎春雪排律十韻同艮翁作》、《用東坡聚星堂雪禁體詩
韻同艮翁作》、《疊前韻再答艮翁》等均作於是時。

正月間，得京師韓荽來函，笑而賦詩答之。

《艮齋倦稿詩集》卷八《韓學士自京貽予書云：賦詩、飲酒、弈棋，三
樂也，而得之高年，尤樂也。予笑曰：是奚足哉！戲為四樂詩以答其意》
一云：「吾本不作詩，聊爾未免俗。上仿三百篇，下摹九宮曲。釘鉸打
油腔，信口成歌哭。此樂誰知之，留於村童讀。」此詩於同卷《人日雪
中上穹隆即事六首》之後，又於正月十七日聚會詠詩之前，故推當作於
此時。

正月十七，同里諸子會集訪瀓南畇草堂，十八日再集西堂。

尤侗《艮齋倦稿詩集》卷八《正月十七日同里諸子南畇雅集次日再集西
堂追和歐公來燕堂聯句韻》有句：「況逢白雪辰，詠懷共欣賞。坐中誰大
年，惟我壓老榜。少長更咸集，交密何須廣。本學魚浮沉，稍同燕頡頏。」
尤珍《滄湄詩稿》卷十三《上元後同里連日雅集用歐陽公來燕堂聯句韻》
亦為時作。

自正月二十一驚蟄至二月六日春分，連日陰雨。探梅不成，有
感賦詩。

《艮齋倦稿詩集》卷八《探梅稍遲風雨大作悵然口號八絕句》其一：「梅花時節家家雨，春雨山頭處處花。花雨從來成一黨，閒人枉自話周遮。」同卷八《又作古風一首聊以解嘲》云：「今年元旦至元夕，雨水淋漓接驚蟄。正月曾無十日晴，二月猶然滿天濕。」同卷八《又雨三絕》一云：「春分分得三分雨，小漏天成大漏天。可惜一生幾兩屐，此時只好雨中穿。」同卷八《花朝小集》：「春分晝夜雨中平，十日難逢三日晴。」

正月二十六，宋犖初度，侗應同里諸公之邀作文祝之。

宋犖《西陂類稿》卷四十七《漫堂年譜》。尤侗《艮齋倦稿文集》卷十二《宋大中丞壽序》：「宋大中丞商丘宋公來撫吾吳幾三載矣，乙亥首春，值公初度，自郡太守下至州邑長皆願稱觥上壽，而徵文於予。」

三月三日上巳掃墓，感懷舊年玉峰讌集。

《艮齋倦稿詩集》卷八《上巳掃墓有感去年玉峰讌集》：「舊年修禊仿蘭亭，今日扶笻上墓塋。歲月去來難把玩，人生哀樂漫移情。松楸滿目笙歌斷，風雨連天雁影橫。小泊靈巖山下路，樽前且聽賣花聲。」

收王漁洋來函之扇面四詩及《國朝諡法考》一書，有感奉答。

《艮齋倦稿詩集》卷八《王阮亭侍郎寄懷四詩依韻奉答》一云：「長安天尺五，不忘野人名。顛倒書頻讀，推敲韻未成。新談思玉麈，舊夢憶金莖。珍重題襟日，桐華萍始生。」又一云：「借問中朝彥，瑯琊才孰多。茂先司版部，太白在蠻坡。妙筆書藤角，名香供曼陀。漁洋春水發，猶記散仙過。」詩後錄王士禛來函及詩，來詩之一：「令子初休沐，趨庭樂事多。書名王大令，詩格小東坡。眞誥通仙籍，名經禮佛陀。銅坑梅信早，定擬百回過（原注：並呈謹庸宮贊）。」王士禛《蠶尾集》卷八《寄尤悔庵太史》：「僕五年不作詩，忽於枕上得奉懷四章，即錄便面寄上。詩雖不工，亦一奇也。近輯《本朝諡法考》一書，已寄牧老刻之，特乞大序。」

時尤珍亦收漁洋來詩，和來韻奉答。

尤珍《滄湄詩稿》卷十三《奉懷阮亭先生即和來韻四首》。

郡博朱端及門，呈其祖玉瑠先生《嘻堂集》請序。

《艮齋倦稿文集》卷十二《文囍堂集序》:「今春有郡博朱子莊伯以及門來謁,呈其乃祖玉瑠先生《文囍堂集》,曰:『將有刻也,請序一言。』予乃與之坐而問焉。」由於《艮齋倦稿文集》卷九後以時序編次,此文在同卷十二《開先語錄序》之前,故可推其當作於前。朱端號莊伯,須江(今屬浙江江山)人。能詩文,有《寸知齋序》。

春,廬山心璧禪師過吳門,示其《開先語錄》請序。

《艮齋倦稿文集》卷十二《開先語錄序》:「癸酉春,廬山心璧禪師過吳門,予讀其詩而善之,未嘗與之談禪也。今春復至,則出《開先語錄》一卷屬予為序。」心璧法名超遠,一作超淵,字心璧,昆明(今屬雲南)陳氏。天嶽畫嗣。博學多識,工詩書。嘗自廬山支身返滇,有《萬里省親圖》,和者甚眾。著《漱玉亭詩集》六卷。生平事迹見《雲南通志》卷一九四、《同治南昌府志》卷六三、《晚晴簃詩彙》卷一九七、《清詩別裁集》卷三二等。

余懷和詩見贈,時仍雨,疊韻奉答。

《艮齋倦稿詩集》卷八《曼翁和詩見贈疊韻奉酬四首》其一:「天風吹好句,落我看雲堂。忽遇蒼髯叟,爭雄翰墨場。空庭常闐寂,苦雨正淋浪。筆研荒涼甚,懷人何以將。」

春暮,同友人集小園送春。三月二十三日立夏,至陸上依齋賞牡丹。

《艮齋倦稿詩集》卷八《同諸子小園送春》:「新晴乍報遲雙屐,首夏將臨更夾衣。煮酒勸君同一笑,阿瞞梅子又青肥。」同卷八《立夏日上依齋中看牡丹用前韻》:「東君昨夜送將歸,春色三分一片飛。兩部鼓吹蛙鬧炒,四圍枕障樹依稀。手閒正好翻棋局,耳熱縱教覆酒衣。我本窮人看富貴,姚黃魏紫總輕肥。」

宋犖有《西陂魚麥圖》,時與諸公題之。

《艮齋倦稿詩集》卷八《題宋中丞西陂魚麥圖即以四字為韻》四首、潘耒《遂初堂詩集》卷十五《題宋中丞牧仲西陂魚麥圖》等。

孫晹七十壽辰,以墨、膠、集三物為壽,賦詩二首。

《艮齋倦稿詩集》卷八《孫赤崖七十以墨膠集三物爲壽二首》一云：「江東耆舊半晨星，吾子稀年存魯靈。皂帽久經歸瀚海，丹書猶記獻彤亭。孝廉船向虞山隱，司馬車來吳市停。卻憶前春九老會，興公佳句滿蘭亭。」因此詩於同卷《生日漫興二首》之前，故推應作於四月二十四日之前。其時還有他人爲孫暘賦詩祝壽，如王士禛《蠶尾續集》卷一《孫赤崖孝廉七十詩》、高士奇《清吟堂集》卷四《孫赤崖孝廉七十初度寄詩懷之》等。

四月間，序王士禛《國朝諡法考》。

王士禛《國朝諡法考》卷首載尤侗序言，落款時間爲「康熙乙亥首夏」。此序尤侗《艮齋倦稿文集》卷十二有載。

四月二十四日初度，賦詩以記。

《艮齋倦稿詩集》卷八《生日漫興二首》一云：「好景但憑詩撮合，愁懷全仗酒催科。不知來日餘多少，付與東風自揣摩。」

五月二日，觀競渡。五月四日，汪與圖、立名父子招同侗、珍父子、彭訪濂父子、吳秋士、紺池宴集，再觀競渡，賦詩唱和。

《艮齋倦稿詩集》卷八《五月二日觀競渡》：「楚尾吳頭風俗通，年年競渡滿江紅。……祇贏兒女紛相逐，老子猶然獵較同。」同卷八《五月四日汪羲齋西亭父子招同彭訪濂父子愚父子吳在湄筇上人競渡宴集次在湄韻二首》一云：「一座誰賓主，三家恰七賢。更攜方外友，同作飲中仙（原注：謂筇上人歲不飲酒取足八數）。爭看吳風盛，平分夏景妍。歸來尋筆墨，盡可志夷堅（原注：在湄方修名山志）。」彭定求《南畇詩稿》卷一《競渡行》有「我年五十端陽度，不逐水嬉觀競渡」句，案，彭定求生於順治二年乙酉（1645），可知是年的確五十觀渡。另釋宗渭《芋香詩鈔》卷四《汪西亭主政招同諸公胥江觀競渡限韻》、尤珍《滄湄詩稿》卷十三《午日觀競渡燕集次韻二首》亦作於時。汪與圖（1633～1713），字河符，號羲齋，又號雙梧老人，婺源（今屬江西）人，後卜居蘇州。生平事迹見彭定求《南畇文稿》卷七《誥封奉直大夫羲齋汪太翁墓誌銘》、《道光徽州府志》卷十一之四《人物志·文苑》。汪立名，汪與圖子，號西亭。官至工部主事。著《鍾鼎字源》、輯有《唐四家詩》、《白

香山詩集》等。生平事迹見《四庫全書總目》卷四三、卷一五一、《皇清書史》卷一等。吳秋士，字在湄、西村，新安（今屬安徽）人，有詩文名於時。

端午節後，淫雨十日，田畝淹沒，蘇、松皆大水。是年四月起災禍連連，平陽地震，海州冰雹，徽州雨雪，甘肅山崩。

《聖祖實錄》卷一六六、一六七。《艮齋倦稿詩集》卷八《苦雨歎九首》一云：「前年大旱今年水，天道循環豈可知。不信吾人當末運，成湯時過又堯時。」一云：「一春天漏不曾停，更續端陽十日霖。我似杞人憂不已，恐防碧落變滄溟。」又一云：「天時人事每相應，舉國皆狂召雨恒。更有平陽驚地震，徽州飛雪海州冰（原注：四月初六日平陽地震，十一日海州冰雹，十八日徽州大雪）。」

五月二十七日，訪濂約同里諸公齋集，相約為豆腐會，清談賦詩，與者還有宋世㶊、吳瞻（琇弁）、吳諶（慎旃）、尤珍。

尤侗《艮齋倦稿詩集》卷八《豆腐會詩四首》序云：「古人朋友宴會必有酒肉，近惟梁溪高子創為豆腐會，然亦葷素間設，吳下風俗日靡靡矣。前歲予偕里中諸子立簋貳會，稍存真率之意，然做法於涼其弊猶奢，未盡善也。今莘南彭子與同志數人相約靜坐，遂專以豆腐為名，或者疑其矯枉過正，而予欣然從之。」同卷八另有《又和八首》，其一：「借問先生饌，可供君子儒。敢云招隱逸，聊爾謝屠沽。觀樂吳公子（原注：景南、後覺），悲秋宋大夫（原注：城南老人）。老彭吾竊比，合作竹溪圖（原注：座共六人）。」尤珍《滄湄年譜》康熙三十四年：「五月，先大人與彭南昀侍講定求、宋城南封翁世㶊、吳景南進士瞻、慎旃孝廉諶輪舉豆腐會，暨予共六人，有倡和詩刻。」尤珍《滄湄詩稿》卷十三《訪濂約同里齋集留題四首》一云：「久苦黃梅雨，新晴小暑天（原注：小暑後一日）。比鄰通問訊，長日許流連。彥會原非社，清齋不為禪。素心晨夕共，相對意悠然。」知此次聚會乃於小暑後一日。

六月初三，同諸子會揖青亭觀水，賦詩記之。

《艮齋倦稿詩集》卷八《初三日揖青亭再會同諸公看圩田水因用田字韻為詩》：「極目煙波滿野田，杖藜來伴鷺鷗眠。桔槔一響老農喜，褦襶全

拋熱客憐。相對白頭宜學道，恰存素口好談禪。兒童不識腐儒樂，爭怪天邊謫水仙。」尤珍《滄湄詩稿》卷十三《諸公枉集揖青亭限田字韻》亦記此次聚會。

寄懷斜塘龍墩李文中處士。

《艮齋倦稿詩集》卷八《寄懷李文中處士》：「斜塘吾故里，有客在龍墩。種秫田園宅，觀魚水到門。雲山入詩畫，伏臘聚兒孫。思舊同衰老，何時共酒樽。」

六月十五日，再集宋文森自邇居，賦詩唱和。

尤侗《艮齋倦稿詩集》卷八《十五日再會城南自邇居座有冰拌限排律冰字韻》有云：「北陸久藏冰，南城始出淩。修齋仍雅會，消夏共良朋。」尤珍《滄湄詩稿》卷十三亦有《城南自邇居齋集即事限冰字韻》。

時患腰疼，又有腹疾。

《艮齋倦稿詩集》卷八《小病》：「晏坐久無病，病來亦晏如。折腰非斗米，破腹豈河魚。且學消摩法，還尋方藥書。願邀三十二，同過淨名居。」

天氣轉晴，訪濂來函再招，賦詩答之。

《艮齋倦稿詩集》卷八《南畇主人五絕見招依韻答之》一云：「恒雨恒風太悶生，喜聞鐘鼓報新晴。明朝策杖巡田畔，也許農夫秧馬迎。」可見天氣已由陰雨轉晴。尤珍《滄湄詩稿》卷十三亦有《次韻疇南畇招集五首》。

六月二十八日立秋，二十七日夏盡，諸子赴集訪濂南畇草堂，吟詩唱和。

尤侗《艮齋倦稿詩集》卷八《六月二十七日是夏盡日再集南畇草堂用夏字韻》有云：「我輩幸休居，科跣頗閒暇。素心數晨夕，來往比鄰舍。茲逢徂夏辰，重聚耆英社。」尤珍《滄湄詩稿》卷十三《南畇草堂齋集限夏字韻》亦為當時作。

吳瞻來函，相約七月初八會集不動軒觀荷，時珍兒病初愈。

尤侗《艮齋倦稿詩集》卷八《景南約初八日不動軒觀荷賦詩見招和答二首》。尤珍《滄湄詩稿》卷十三《次韻疇景南招集不動軒二首》一云:「相約前期更後期（原注:是會因余病更期），病魔初退得良時。劇憐半月違言笑，不覺三秋感夢思。楊柳風來堪避暑，梧桐葉落正催詩。床頭《周易》還携看，王湛當年本不癡。」

七月十七日，眾人再集不動軒賦詩唱和，與會有紺池、應中二僧，時宋世濴以病未與會。

尤侗《艮齋倦稿詩集》卷八《十七日重集不動軒即事成篇用荷字韻》:「貧賤之交惟豆腐，故舊不遺有叵羅。老子于此興不淺，上人觀之是什麼（原注:坐有二僧）。城南往問維摩疾，強起且聽採蓮歌（原注:城南有恙不至）。」尤珍《滄湄詩稿》卷十三《不動軒齋集限荷字韻》:「歡情币治劇談暢，兩僧默坐無譏訶（原注:紺池、應中二上人）。來年偕訪古名刹，打包行腳知誰何。……扁舟歸去尚未晚，同里問病參維摩（原注:城南老人以病未至）。」應中上人生平事迹不詳。

二十七日，諸子集訪濂南昀草堂，吟詩唱和，宋世濴、吳譙二人因病未至。

尤侗《艮齋倦稿詩集》卷八《七月二十七日集南昀草堂分和陶詩歸田園居五首》其一云:「我友正印須，比閭衹一曲。折簡可相邀，豆羹亦已足。夫何二豎來，僕痛予馬局。珍重金石軀，老年如炳燭。勿嗟霜露零，黽勉及朝旭（原注:城南、後覺俱病，故問之）。」尤珍《滄湄詩稿》卷十三《南昀齋集分得陶詩和劉柴桑一首》、《又和陶移居二首》。

聞知宋世濴病癒，賦詩祝之。

《艮齋倦稿詩集》卷八《喜城南病癒和其自拈韻三首》一云:「天地爲爐萬物銅，人間劫火任燒空。老夫肺病今還愈，與爾同聽眾竅風。」可知宋文森時患肺病乃愈。

八月，宋犖始重修滄浪亭，吟詩紀之。

尤侗《艮齋倦稿詩集》卷八《宋中丞重修滄浪亭因和歐公長句紀之》:「商丘中丞今詞伯，竭來獻吊心相憐。亟命匠人新土木，儼然圖畫開青天。

芻蕘往焉宜種樹，漁父過此時臨淵。西堂老翁聞之喜，亦攜杖履思高眠。桃花塢中呼伯虎，斗酒共醉羲皇年。寄謝使君眞好事，綿津當與滄浪傳。」宋犖《西陂類稿》卷十四詩《滄浪亭》有「伐石作亭懸舊額，爰飭祠宇肅豆籩」記修葺事，另《西陂類稿》卷二十六《重修滄浪亭記》末云：「始以乙亥八月，落成以明年二月。」知宋犖始重修滄浪亭乃八月間事。《民國吳縣志》卷三十九：「滄浪亭在郡學之南，積水彌數十畝，傍有小山高下曲折，與水相縈帶。……由元迄明廢爲僧居，嘉靖間知府胡纘宗於其址之妙隱庵建韓蘄王祠，釋文瑛於大雲庵旁復建滄浪亭。清康熙間巡撫都御史王新命建蘇公祠，商邱宋冢宰犖撫吳時尋訪遺迹，復構亭於山之巔，得文徵明隸書『滄浪亭』三字揭諸楣。」

諸公集揖青亭秋望，賦詩以記。

尤侗《艮齋倦稿詩集》卷八《揖青亭秋望同諸公作四首》一云：「二簋歡生四座，一杯耐可千春。且任天驕老子，何妨賓戲主人。」尤珍《滄湄詩稿》卷十三《諸公枉過滄湄小隱和陶遊斜川詩》、《招客代簡四首》、《揖青亭小集二首》等均爲其時所作。

八月二十四日，再舉亦園集會，座上遠道而來者有沈蕪亭、余懷、朱端、盧伯宗、吳錫晉。

《艮齋倦稿詩集》卷八《八月廿四日諸公枉集小園限烟陽二韻》：「計日將寒露，臨風已夕陽。三秋千里客（原注：客爲臨湘沈蕪亭、蒲田余曼翁、巢國朱莊伯、皖江盧伯宗、新安吳子山），四座百年觴（原注：以百年爲令）。水落菱方熟，田稀稻更香。還呼蘇子美，濯足共滄浪。」吳錫晉字子山，新安（今屬安徽）人。能詩，尤侗《艮齋倦稿文集》卷十四《燕居草堂詩跋》：「吾門吳子山，吳下詩人也。」沈蕪亭，臨湘（今屬湖南）人，盧伯宗，皖江（今屬安徽）人，二人具體事迹不詳。

九月，爲徐釚《南州草堂集》作序。

徐釚《南州草堂集》卷首有尤侗序，末署：「康熙乙亥秋九月長洲尤侗悔庵拜撰。」尤侗《艮齋倦稿文集》卷十二收有《南山草堂集序》。

重陽節前一日，賦詩記感。

《艮齋倦稿詩集》卷八《賦得少壯幾時奈老何八首》一云：「少壯幾時奈老何，君看老子劇婆娑。避人漸覺衣冠遠，謝事並嫌飲食多。几上閒書聊自遣，村中野鳥枉相過。來朝又是重陽節，爲問黃花開幾竅。」可知明日爲重陽。

九月九日重陽，獨登揖青亭，珍兒閉戶讀書未出。

《艮齋倦稿詩集》卷八《九日坐揖青亭》：「重陽幸免風和雨，獨自登高亦黯然。遙望西山如老屋，即看南陌半枯田。已無竹葉浮杯底，那有茱萸插帽邊。鱸膾蓴羹何處問，秋風空想步兵船。」可知是日並無聚會，侗獨自登高。尤珍《滄湄詩稿》卷十三《重九日閉戶不出是夜夢樹峰共得詩二首》其一：「重陽不作登高計，閉戶看書默坐時。豈有白衣來送酒，也無黃菊伴題詩。秋深天霽雲容麗，地靜人閒日影遲。俛印之間更懷古，龍山未必勝東籬。」

十九日曹令忌日，夢見亡妻，有感賦詩。

《艮齋倦稿詩集》卷八《亡妻忌日夢見有感二首》一云：「鏡破琴亡十八年，爾容依舊我皤然。閒情久付吳江水，他日重逢忉利天。」

十月六日，過彭訪濂南昀草堂觀穫。

《艮齋倦稿詩集》卷八《十月六日過南昀草堂觀穫和陶西田穫稻韻》：「十月納禾稼，我稼滿田端。不有作者勞，孰使居者安。綠疇皆已黃，鋪菜殊可觀。野老腰鐮來，婦子負稿還。小春日色暖，西風亦微寒。……把酒對殘菊，良友怡歡顏。坐臥一床書，窮冬長掩關。庶幾追古人，一唱而三歎。」

友蔣之逵先於去年三月卒，今年將於十一月下葬，為銘誌焉。

《艮齋倦稿文集》卷十二《蔣雲九墓誌銘》：「予與雲九式相好也，不幸去歲三月雲九嬰疾以卒，越今歲十一月將葬於陽抱山之阡，啓原配沈孺人之柩而附焉。其子文瀾兄弟五人，衰服踵門，再拜請銘其石。予雖不文，然至親也，曷敢辭乎？」《民國吳縣志》卷六十六《列傳四》：「蔣之逵，字雲九，明副使燦孫。由郡庠生貢太學，授知縣，以母節未旌，不赴選。至康熙己未，母盛氏年例既符，乃請旌表。巡撫慕天顏撫吳重之

之逯文行事必諮訪，嘗特疏題免吳中夫役，從之逯言也。之逯即捐貲勒疏於石建碑亭於胥關，吳氏至今賴之。以曾孫元益貴，累贈榮祿大夫。」

保寧府通判陳鐸長子陳子心葬父，前來乞銘。

《艮齋倦稿文集》卷十二《保寧府陳別駕墓誌銘》：「今乙亥十月，子心始得葬君牛首之陽，特踵吳門乞銘於予。」陳鐸，字本立，其先寧國（今屬安徽）人，後徙江寧（今江蘇南京），官至保寧府通判。

顧韓卒，十月二十日將下葬，其子前來乞銘。

《艮齋倦稿文集》卷十二《顧開林墓誌銘》：「今乙亥開林亦溘逝矣，其子若孫、人鳳等於十月二十日葬君依仁鄉之原，衰服踵門，乞予銘。」顧韓，字開林，號河瀆漁人，江南長洲（今江蘇蘇州）人。明諸生。生平事迹見《民國吳縣志》卷六十八《列傳六》。

園僧智圓裝佛像成，會同彭訪濂等前往赴齋，並賦詩祝禱。

《艮齋倦稿詩集》卷八《園僧智圓裝佛像成同諸公赴齋和南畇韻》：「良辰當北陸（原注：十月良月也），精舍傍南城。惠遠能開社，維摩作主盟。」

王漁洋寄函來言夢與侗共在一所，在座有星者云侗可活一百二十歲，侗聞而賦詩答之。

《艮齋倦稿詩集》卷八《阮亭先生寄語云昨夢與尤先生同在一所有星者在坐予指問之曰此公能活一百二十歲否星者笑而頷之先生謙謝而已此壽徵也予聞之絕例戲答二絕》一云：「曾記廣成千二百，十分取一豈為奇。消磨歲月成何事，要待漁洋贈壽詩（原注：計予一百二十歲先生亦百餘歲矣）。」

張蛟去年曾為侗作《萬峰探梅圖》，又經茂苑高簡補景，今賦詩以紀，眾人和之。

侗於《小影圖贊·萬峰探梅圖》下注為「乙亥」所作，圖後有宋犖、高士奇、余懷、孫暘、徐釚、潘耒、馮晶、宋實穎、釋宗渭諸人和詩。宋犖題《萬峰探梅圖》云：「八十老翁一壺酒，梅花萬樹興飛揚。」高士奇題詩云：「誰似西堂八十翁，探梅歲歲萬山中。」高簡，字淡游，號旅雲，

自號一雲山人，茂苑（今江蘇蘇州）人。山水畫重簡淡而布置深穩，風味清臞可愛。生平事迹見《清畫家詩史》乙上。

是歲水災，大無麥禾。朝庭蠲漕糧之七，又蠲五縣大荒之三，民困稍蘇，然竊事頻繁。十二月，詔大赦天下。

《聖祖實錄》卷一六九。《艮齋倦稿詩集》卷八《諭賊》：「昨夜賊叩門，今夜賊上屋。叩門人自喧，上屋狗相逐。腹無宿食身無衣，天寒霜冷不如歸。一庭荒草難遮凍，四壁殘書豈療饑。語云賊不打貧兒，汝今過我亦奚爲？賊雖不言吾知之，今年水潦田收薄。肩挑步擔無力作，尚有妻孥掩面啼。更多逋負來追索，饑驅我去可奈何。萬不得已爲掏摸，恨我囊無十萬錢。」同卷八《歲暮三首效老杜曲江體》一云：「今年大水田半荒，莊家糶穀補上倉，饑民嗷嗷泣路旁，重門擊柝不敢臥，恐防暴客來逾牆。」彭定求《南畇老人自訂年譜》康熙三十四年：「五六月水災大發，南園俱成巨浸。」可知是年水災嚴重，民事困窘。尤珍《滄湄詩稿》卷十四《元日立春用坡詩起句》有句「聖代聲靈通卉服（原注：時將出師），清時恩敕到田萊（原注：蠲三十三年前逋賦）。」

歲暮，以明春出師西征蒙古，朝廷有造甲養馬之役。

《艮齋倦稿詩集》卷八《歲暮三首效老杜曲江體》一云：「朝廷晏安方講武，新製鐵衣千石弩，羽林養馬猛如虎，明年二月大出兵，四十八部征蒙古。」

宋世濴往南澗掃塔度歲，賦詩送別。

尤侗《艮齋倦稿詩集》卷八《送城南老人南澗掃塔和韵南韻四首》一云：「君向明湖去，瓣香禮導師。孤蹤寒日迥，密意曉霜知。藉此離塵坌，因之得止持。莫愁佛法爛，春色正來遲。」尤珍《滄湄詩稿》卷五《送城南老人往南澗禮塔度歲次韻四首》亦爲時作。

除夕小雪，吟詩誌感。

《艮齋倦稿詩集》卷八《除夕送多二首》一云：「五九寒冬暖律饒，連宵雨雪忽瀟瀟。誰能作賦追梁苑，我欲吟詩想灞橋。問夜怕聞雷竹爆，迎春喜見彩毬飄。縱教坐盡孤燈冷，猶勝天街趨早朝。」

康熙三十五年丙子年（1696）七十九歲

正月初一子時立春，初二大雪，賦詩記之。

《艮齋倦稿詩集》卷九《元旦立春仍用俗語爲起句二首》一云：「百年難遇歲朝春，十二年中又一巡（原注：乙丑歲朝立春，迄今一紀）。恰值子時當正夜（原注：立春夜子初刻），更逢午日是生辰（原注：是日戊午）。姓名將變鴟夷子，模樣幾同木偶人。但願太平無一事，耕田鑿井過閒身。」又同卷九《初二日雪》：「昨夜子時方立春，今朝青帝是元辰。土牛吐出豐年瑞，玉馬飛來獻節新。」

拜謁湯公祠，有感賦詩。

《艮齋倦稿詩集》卷九《謁湯公祠有感》：「十年不見睢州老，沒後尤深去後思。墮淚尚看羊傅石，焚香爭拜武侯祠。學宮俎豆宜同享，山鬼揶揄總不知。多少丹青圖廟貌，行人過此不留詩。」尤珍《滄湄詩稿》卷十四《謁湯尚書祠》亦作於時。案，《大清一統志》卷五十五：「湯公祠在胥門外，祀本朝江南巡撫湯斌。後以巡撫張伯行、河道總督陳鵬年合祀。」《江南通志》卷三十八：「湯公祠在府學內西偏，祀巡撫湯斌。」《民國吳縣志》卷三十三《壇廟祠宇》：「湯文正公祠在穹窿山藏書廟內，祀清禮部尚書前江蘇巡撫湯斌。」

正月二十五日，顧嗣立北上應順天鄉試，賦詩送之。

《艮齋倦稿詩集》卷八《送顧俠君北上二首》一云：「抱膝吟詩處，嘗看秀野堂。偶然携小草，直欲上長楊。京路新車騎，家風舊闢疆。贈君古樂府，結客少年場。」顧嗣立《小秀野詩集》卷一《丙子正月二十五日余束裝入都親朋送別虎丘放舟口號得四絕句》、宋犖《西陂類稿》卷十四《早春送顧俠君應試入都兼寄阮亭侍郎慕廬閣學二首》。案，顧嗣立《閭邱先生自訂年譜》：「康熙三十五年丙子，年三十二，春正月二十五日，自里門北上，親朋送至虎邱，有口號詩二首。……是歲，海內名士雲集，余廣爲結納。……秋八月，試京兆，中副榜二十二名。」可知顧嗣立此次北上主要爲應試交友，尤侗作爲同里前輩，賦詩送行當於情理之中。又尤侗《艮齋倦稿詩集》卷九（丙子詩）有《和顧俠君小秀野詩四首》，一云：「一昔嘗登秀野堂，幾時移向帝京旁。歸家卻話巴山雨，翻憶長安是故鄉。」又一云：「捶碎胡琴歸去來，故園風景亦悠哉。題詩

寄謝王摩詰，高臥終輸裴秀才（原注：阮亭先生詩『寄語西堂尤老子，妒渠高臥太風流』，並答之）。」亦當爲送顧嗣立北上時所作。顧嗣立《小秀野詩集》卷二有《自題小秀野四絕》，其後還附其他同和者如王士禛、姜宸英、孫致彌、岳端等所作和詩。顧嗣立（1665～1722）乃予咸子，字俠君，江南長洲（今江蘇蘇州）人。康熙五十一年進士，授知縣，以疾歸。著有《秀野集》、《閭丘集》等等，康熙時曾預修《佩文韻府》等。生平事迹見《清史列傳》卷七一、《清詩別裁集》卷二十三、《長洲縣志》卷二十五《人物四》、《民國吳縣志》卷六十八《列傳六》等。

二月，入山探梅，與紺池、尤珍俱至玄墓，入穹窿，經古草堂，歷積翠、拈花諸寺，凡五日。

《悔庵年譜》卷下。《艮齋倦稿詩集》卷九《西山看梅雜詩十首》一云：「吾家山畔路，萬樹倚高陵。狎客成群至，衰翁賈勇登。叢林裙屐滿，畫舫鼓吹騰。我亦饒遊伴，蕭然攜一僧（原注：謂筠上人）。」又一云：「已尋鄧尉宅，更訪已公房。松月今皇座，梅花古法堂。唄中出天籟，定裏入湖光。何事探春使，空勞典客忙（原注：入聖恩寺晤慧上人）。」又一云：「此地累黃石，何年住赤松。泠然半山水，卓爾大茅峰。……卻愁下坡路，險絕仗孤筇（原注：登穹窿上眞觀）。」又一云：「重弔草堂古，昔年靈照家。香巖看積翠，迦葉笑拈花。園叟多栽樹，庵僧迭獻茶。夕陽回首處，石塔叫烏鴉（原注：自古草堂至積翠、拈花二寺）。」可知遊鄧尉、穹窿、古草堂及積翠、拈花二寺等處。尤珍《滄湄年譜》康熙三十五年：「春隨先大人探梅，遊元（玄）墓、登穹窿，經古草堂，歷積翠、拈花諸寺，凡五日，作詩以紀。」《滄湄詩稿》卷十四《將入鄧尉探梅招訪濂不往戲簡二首》、《山中看梅寄訪濂二首》、《吾家山遠眺》、《董墓》、《遊聖恩寺》、《藏經閣望湖中諸山》、《登穹窿山》、《積翠庵》、《古草堂》等均爲是遊所作。案，《民國吳縣志》卷十九：「穹窿山在鄧尉山東南二十里，距城西四十里。……有穹窿寺，梁天監中建，明改爲拈花寺。」《民國吳縣志》卷三十六：「積翠庵在穹窿山北，即皇駕庵，相傳明建文帝遜國曾稅駕於此。」

朱端招飲看梅，吟詩唱和。

《艮齋倦稿詩集》卷九《朱莊伯廣文招飲看梅二首》一云：「把酒論文治事齋，吟風弄月是吾儕。縱教桃李盈門下，未若梅花清友佳。」

二月間，宋犖修葺滄浪亭成，邀諸公會之，侗等作詩文以誌。

《欽定四庫全書總目》卷七十七：「《滄浪小志》二卷，國朝宋犖撰。……是編乃犖爲江蘇巡撫時，得宋蘇舜欽滄浪亭舊址，重爲修葺。因搜輯前人傳記詩文，而附以所作記一篇、詩一首，及尤侗、范承勳詩各一首，共爲一集，當時頗稱其好事。」尤侗《艮齋倦稿詩集》卷九《滄浪六詠》、《艮齋倦稿文集》卷十三《滄浪志序》、宋犖《西陂類稿》卷二十六《重修滄浪亭記》、顧汧《鳳池園詩集》卷二《宋中丞重建滄浪亭和歐陽文忠原韻》、卷五《宋牧仲中丞重建滄浪亭用蘇子美原韻》、尤珍《滄湄詩稿》卷十四《滄浪亭詩和歐陽公韻爲宋大中丞作》、《和蘇子美滄浪亭韻》、王錫《嘯竹堂集》七古《滄浪亭次宋大中丞原韻》等均爲是作。

春日，序沈時棟《古今詞選》。

沈時棟《古今詞選》卷首（康熙五十五年刻本）有尤侗題序，末署：「康熙丙子春日年家弟長洲尤侗撰。」該序尤侗文集未收。沈時棟字成廈，一字城霞，又字焦音，別號瘦吟詞客，江南吳江（今屬江蘇）人。著有《瘦吟詞》、輯《古今詞選》。生平事迹見《江蘇詩徵》卷一一九、《全清詞鈔》卷七等。

三月三日，逢上巳與清明重，有感賦詩。

《艮齋倦稿詩集》卷九《清明上巳》：「清明上巳皆佳節，並作今春三月三。舊景灰堆兼懞懂，新聲格磔又呢喃。但當長日加餐飯，那得閒人供坐談。軍馬正看征塞北，烟花空自望江南。」

掃墓歸，適門房有僕毆人，怨家以涉尤宦，牽及侗家人入獄，中丞宋犖以巡撫官力爲解免，後侗杜門慎出。

《悔庵年譜》卷下。《艮齋倦稿詩集》卷九《丙子除夕漫興二十韻》有「里門莫救鄉鄰鬥，室內誰憐兒女殤」句，載是年里間糾葛。

三月十八日萬壽節，賦詩祝之。

《艮齋倦稿詩集》卷九《萬壽節敬賦》：「聞道君王興六師，親征小醜向

－227－

邊陲。九重羽騎行方急，萬國戈矛修敢遲。風雨洗兵應大勝，雲霄獻壽
定深辭。微臣極望懸丹闕，私炷爐香願祝釐。」

先去年冬福建林石友即欲離吳，侗力挽留之。今年四月，林石友始行，行前出其詩索侗之跋。

尤侗《艮齋倦稿詩集》卷八《留閩中林石友》云：「君卜歸期尚可遲，長
途況值歲寒時，春風且過梅花信，五月天南採荔枝。」《艮齋倦稿文集》
卷十三《跋林石友詩箋》：「閩中林子石友薄遊吳門，邂來晤對，彬彬乎
可風可雅人也。歲暮將歸，予作詩留之，有『春風且過梅花信，五月天
南採荔枝』之句。今年孟夏，復理徵棹，則將謝羅浮之夢，赴側生之約
矣。瀕行，出其春盡言懷數詩，徘徊宛轉，若有不勝情者。予既攀援無
計，又恨無以贈處，重占斷句以代驪歌，云：『送春才去送君歸，獨倚河
梁怨夕暉。欲識離情何處是，酴醾花落燕交飛。』」林石友，福建人，有
詩名，生平事迹不詳。

五月二十一日夏至，訪濂攜酒與諸公前來揖青亭會飲。

尤侗《艮齋倦稿詩集》卷九《夏至日訪濂攜酒揖青亭小集追和癸酉中秋
二韻》一云：「久不窺園滿徑苔，今朝客至亦奇哉。風前楊柳猶長舞，雨
後芙蓉恰小開。拔劍有心思斫地，杖藜無力倦登臺。黃梅已過逢三至，
喜看田家戴笠來。」彭定求《南畇詩稿》卷二《揖青亭小飲二首用壬申
秋遊韻》：「蠟屐輕移破蘚苔，主賓相視並忘哉（原注：十日余移酌）。」
尤珍《滄湄詩稿》卷十四《南畇攜尊過揖青亭偕同里諸公小集次韻二首》
亦載此日飲事。

余懷歿，享年八十。次日，侗賦詩哭之。

《艮齋倦稿詩集》卷九《挽余曼翁八絕句》一云：「江東耆舊已凋零，猶
剩莆田一客星。昨夜少微天上落，青山重哭草堂靈。」因此詩介於前《夏
至》與後《海嘯紀異》之間，而詩中又有「昨夜少微天上落」句，故推
余懷當卒於五月底。

六月初一，颶風驟起，崇明海嘯，溺死數萬人。

《艮齋倦稿詩集》卷九《海嘯紀異》：「六月朔日颶風起，帝遣癡龍翻海

水。孟婆震怒天吳驕，巨鼇修鼉紛走使。劃然一嘯五更天，疾卷長趨幾
百里。……海中聞有普陀岩，翹首竹林在尺咫。南無觀世音菩薩，大悲
救難斯可矣。」董含《三岡續識略・卷上》：「丙子六月初一日，大風，
暴雨如注。時方憂旱，頃刻溝渠皆溢，歡呼載道。二更餘，忽海嘯，颶
風復作，潮挾風威，勢洶湧，沖入沿海一帶地方，幾數百里。寶山縱亙
六里，橫亙十八里，水高於城丈許。嘉定、崇明、吳松、川沙、柘林八
九團等處，漂沒海塘五千丈，竈戶一萬八千，淹死者共十餘萬人。」

馮勗六十壽辰，作文祝之。

《艮齋倦稿文集》卷十三《馮勉曾六十壽序》：「予行年八十，婆娑一老，
而馮子於今六月亦舉六十之觴。」馮勗（1637～？）字方寅，號勉曾，
江南長洲（今江蘇蘇州）人。康熙十八年舉博學鴻儒。生平事迹見《江
南通志》卷一五七、《長洲縣志》卷二十五《人物四》。

七月二十三日，風雨大作，拔木發屋。

《艮齋倦稿詩集》卷九《風雨破屋歌（原注：七月廿三日）》：「海鳥爰居
來大風，雷雨助陣轟天東。噫氣怒號鳴萬竅，淨瓶倒瀉驪龍宮。江湖泛
濫入城市，人家半浸洪波中。吾家草堂僅十笏，牀牀漏濕無纖縫。驟聞
瓦震鴟吻墜，旋見窗碎櫺星空。水哉軒前跳魚鱉，揖青亭畔打桅蓬。四
圍繚垣幾百丈，拉然崩應銅山鐘。榆柳大樹皆反拔，竹枝偃臥如蒿蓬。
禽獸逃匿昆蟲死，上落鵲巢下蟻封。園丁驚報咄怪事，此地得無天河通。
自朝達夜雨少止，老夫扶杖看蒼穹。……茅屋既破楩樹拔，杜陵歎息將
毋同。杞人隱憂不惶息，此豈天災抑民窮。嗚呼，秋霖偶然未爲毒，君
不見，崇川一劫萬鬼思悲翁。」同卷九《又紀六首》一云：「穹隆陡出十
三蛟，喝雨呵風噴怒濤。泉下陳人皆驚起，空山但聽萬松號（原注：墓
木盡拔）。」彭定求《南畇詩稿》卷二《異哉行爲七月二十三日大風雨作》
亦載是事。

七月，一日大雷雨，尤珍第四女淑嘉未出閣而殤，年十八，卒時曾誦佛號數聲。淑嘉已許字王喆生次子王希正。

尤侗《艮齋倦稿詩集》卷九《哭孫女淑嘉二首》一云：「少長深閨秋復春，
未曾出閣早亡身。小兒造化眞顛倒，八十人哀十八人。」尤珍《滄湄年

譜》:「七月,四女淑嘉病亡。」尤珍《滄湄文稿》卷六《亡女淑嘉壙銘》:
「嗚呼,此為予第四女淑嘉之壙,……女許字昆山王素岩編修次子希正,
縣學生,……女年已十有八矣……。」尤珍《滄湄詩稿》卷十四《悼第
四女淑嘉詩十四首》一云:「三伏炎蒸病未除,連朝雷雨碎瓊琚(原注:
是日大雷雨)。百季慚痛緣何事,不異昌黎悼女挐(原注:時有無妄之災,
病因受驚所致,昌黎詩云:致女無辜由我皐,百年慚痛淚闌干)。」可見
是日雷雨大作。其二云:「膝下依依十八年,三生虛為覓姻緣(原注:許
字王醇叔次子)。臨危自說無牽掛,卻怪慈親涕淚漣。」其七云:「病深
藥餌不禁當,念佛聲中聞妙香。龐老龐婆空碌碌,卻輸靈照往西方(原
注:彌留時朗誦佛號數聲)。」另尤珍同卷十四《題亡女遺像三首》亦為
悼亡所作。

吳瞻、吳諳並喪愛子,賦詩慰之。

尤侗《艮齋倦稿詩集》卷九《景南後覺並喪愛子詩以慰之三首》一云:「烏
衣門第蘚溪多,爭羨延陵玉樹柯。何意一朝亡二惠,西風吹淚滿西河。」
又一云:「不堪年少早埋名,兄弟依然攜手行。我自哭兒還助哭,人生難
遣是鍾情。」尤珍《滄湄詩稿》卷十四《唁景南喪子三首》一云:「為傷
亡女杜柴荊,怕聽西河哭子聲。雖是延陵能合禮,三號那得便忘情。」
可知吳瞻、吳諳喪子當於尤珍喪女後不久。

八月十五,序《西遊真詮》。

清文盛堂刊本陳士斌《西遊真詮》卷首有尤侗序,末題:「康熙丙子中秋
西堂老人尤侗譔。」尤侗《艮齋倦稿文集》卷十三有《西遊真詮序》。

二十七日秋分,賦詩記感。

《艮齋倦稿詩集》卷九《秋分》:「風風雨雨幾時休,獨對青山吟白頭。
為問井梧花落盡,十分秋作五分愁。」

秋,同里友人潘恬如卒,年八十。

《艮齋倦稿詩集》卷九《挽潘克先先生》詩前云:「先生來書云:『生吾
順事沒吾寧。今日方知真受用。』故用作起句云。」詩云:「生吾順事沒
吾寧,潘子重題張子銘。一部通書能悟道,十年師說見傳經。精神寂寞

無遺累，筆墨端莊有典刑。只此全歸大事了，何須參學問風鈴。」尤珍
《滄湄詩稿》卷十四《挽潘克軒先生》：「生吾順事沒吾寧，全受全歸八
十齡。世上正傳通德里，天邊忽隕少微星。紹明絕學希干聖，補綴遺書
繼六經。歎息哲人今已逝，空從函丈想儀形。」由於尤珍《滄湄詩稿》
以時序次，《挽潘克軒先生》一詩又在《秋日過芋香庵留贈紺池禪師》後、
《九日諸公過揖青亭限登高爲韻二首》之前，可推知潘恬如當卒於是年
秋至九月初九之間。案，《民國吳縣志》卷六十八《列傳六》載潘恬如：
「與彭定求、尤侗爲友。」

九月初九，諸公過揖青亭飲酒賦詩。

尤珍《滄湄詩稿》卷十四《九日諸公過揖青亭限登高爲韻二首》一云：
「小園亭子喜常登，況值重陽秋興增。遠樹依依環聚落，嘉禾秩秩布丘
塍。窗前綠竹清陰合，郭外青山爽氣澄。良友忽來成彥會，急須索取酒
三升。」

十二日，尤珍赴彭定求處小飲。

尤珍《滄湄詩稿》卷十四《重陽後三日南昀小飲次韻二首》一云：「步屧
春常健，鄰居數往來。淺深梧共酌，清濁甕同開。」

九月間，入山經營生壙，為先妻窀穸。

《悔庵年譜》卷下。《艮齋倦稿詩集》卷九《入山省墓三首》一云：「秋
老空山萬木凋，百年黃土總蕭條。西風一夜無消息，盡卷松濤入海濤。」

十月，宋犖過滄浪亭，寄詩於侗。

宋犖《西陂類稿》卷十四《初冬過滄浪亭寄尤悔庵》有句：「寄語西堂八
十叟，石欄點筆待追陪。」

十一月八日先妻始克葬，十九日，並葬瑞兒及鄭、金二媳。

《艮齋倦稿詩集》卷九《葬先妻作三首》一云：「明冥睽違十九年，今朝
臨穴倍凄然。並無華表歸遼鶴，似有深山哭杜鵑。拋汝黃腸只獨寐，剩
予白髮更誰憐。何當解脫人間世，携手同登忉利天。」又一云：「堯妃塢
裏淑人丘，荒草茫茫松柏愁。一片石封金井口，四圍沙裏土饅頭。寶釵
繡襖竟何在，蠟薄魚燈總不留。指點穹隆山色好，佳兒佳婦可同遊（原

注：並葬瑞兒及鄭金二媳婦）。」尤珍《滄湄年譜》康熙三十五年：「十一月，鵷子塢新阡成。初八日，先大人封壽壙，葬先母曹孺人。十九日，葬亡弟弘璧暨弟婦鄭氏、金氏。」《滄湄文稿》卷六《告亡弟弘璧文》：「自吾弟歿後，弟媳金氏繼之，姪女又繼之，並前弟婦鄭氏，共有四喪。吾弟何罪於天，罹此荼毒，每一念及，不禁涕泗之橫溢也。」

莆田林玉山來訪，因得知其甥方鴻歿信，賦詩哭之。

《艮齋倦稿詩集》卷九《莆田林玉山來得方翊霄凶問詩以哭之五首》一云：「親老家貧事可傷，生離死別總茫茫。最憐酷似何無忌，顛倒西州哭渭陽（原注：方即林之甥也）。」又一云：「舊遊曾記在三山，回首青春已蓋棺。歎息才人終不遇，何年賜第及方干。」憶當年方鴻福建同遊之事。

俞培為侗寫繪《夢遊三山圖》，侗自題之，王士禛、韓菼、勞之辨、宋犖、周金然、朱彝尊等有雜贊和詩。

《艮齋倦稿詩集》卷九《自題夢遊三山圖》、《贊五先生像》。其中《自題夢遊三山圖》序云：「海寧俞體仁為予寫《夢遊三山圖》，而以蒙莊、曼倩、淵明、太白、東坡五君配焉，亦猶趙歧壽藏陪位子產、叔向、季札、晏嬰意也。圖成戲筆題此，並贈俞子。」圖後附有王士禛、韓菼、勞之辨等眾人題詩。俞培，字體仁，號厚齋，浙江海寧人。善畫，尤以寫真聞名。生平事迹見《清畫家詩史》乙上。

曾於曹寅處得觀御書翰墨「敬慎」二字等，是年作《御書贊》頌之。

《艮齋倦稿文集》卷十三《御書贊》：「壬申冬，璽子寅復司織造于江寧，嘗啟家笥觀之，熒光四照，翰墨如新。間以示檢討臣侗，相與贊嘆，侈為盛事焉。」案，尤侗未明言於何時得觀曹寅家所藏御書，但以此文作於是年，姑置於此。

是年，應邀序勞之辨《靜觀堂詩集》；冬，尤珍為勞之辨《賀生子冊》作題。

勞之辨《靜觀堂詩集》卷首有尤侗序，落款為：「康熙丙子長洲尤侗謹

題。」尤侗《艮齋倦稿文集》十三亦有收錄《靜觀堂詩集序》。尤珍《滄
湄詩稿》卷十四有《石門公命題前歲賀生子冊二首》，此詩置於是年末，
可推知爲時年冬所作。另，尤侗是文亦作於是年，很可能的情況是當年
勞之辨同時各邀侗、珍父子二人題序，二文亦可能作於同時，且置於此
以待他證。

康熙三十六年丁丑年（1697）八十歲

元旦，作壽詩自祝。

《艮齋倦稿詩集》卷十《元旦漫興二首》一云：「行年八十爾何知，白髮
依然一小兒。不欲乞人五斗米，未能免俗七言詩。……笑殺磻溪姜老子，
裝槍上馬太心癡」。韓菼《有懷堂詩稿》卷四《敬和西堂先生丁丑元旦八
十自壽之作二首》爲時作。

正月，送宗渭住香嚴禪院。

《艮齋倦稿詩集》卷十《送紺池大師住香嚴禪院二首》：「樹間三宿一浮
屠，又向盤江問折蘆。白草便爲新坐具，青山猶是舊門徒。拈花自足供
詩料，煨芋還堪入畫圖。擊竹何嘗驚出定，但尋彌勒工跏趺。」尤侗此
詩紺池《芋香詩鈔》附《芋香贈言》中亦有收，題爲《丁丑正月送紺池
和尚住香嚴禪院二首》，可知時爲正月事。

過訪濂南昀草堂，遇杜登春，話舊對弈。

《艮齋倦稿詩集》卷十《過南昀草堂喜遇杜讓水話舊卻贈》：「老杜既沒
小杜來，杜陵家世本多才。憶昔曾逢玉局史，鸞書遊戲黃金臺。爾時同
官有吾子，羈旅過從常銜杯。無何予歸吳山老，君方捧檄飛狐道。目斷
雙鳧殆十年，北風塞馬南枝鳥。及今奏最待遷除，乘興翻然返故廬。南
昀草堂曠復面，相看鬢髮各何如。我已簪冠拖藜杖，君自驅車闉闍上。
人生出處不相妨，達官豈學漁人唱。不然偕我西山遊，鄧尉梅花滿屋頭。
扁舟五湖聊自適，何必干謁東諸侯。此事休談飲亦已，漫捲湘簾鬥棋子。
一勝一負兵家常，且喜夫椒報檇李（原注：君自誇前年勝子二局，今三
敗矣）。」

錫山文簡公墓爲他姓盜葬，樹木皆遭毀壞，往無錫憲府訴之，

得直。又率珍兒謁道南祠，至西孔山拜掃而歸，珍兒隨之。

尤侗《艮齋倦稿詩集》卷十《錫山謁道南祠拜先文簡公神主》：「振衣來謁道南祠，先輩威儀儼在茲。此日果然不再得，千秋常自繫三思。」同卷十《至西孔山拜文簡公墓》：「不見松楸朝暮拱，惟聞樵牧唱歌還。自傷封樹多殘缺，柳季墳教盜跖刪（原注：時方訟他姓盜葬者）。」可知文簡公尤表墓因他姓盜葬受到了毀壞，侗爲此訴之官府，尤桐纂《尤氏宗譜》卷四十三《蘇州葑門支》對此有載。尤珍《滄湄年譜》康熙三十六年：「春，隨先大人至無錫謁道南祠，拜先文簡公神位。」《滄湄詩稿》卷十五亦有《謁道南祠拜先文簡公神位》，爲時所作。

二月，入錫山種樹。

《悔庵年譜》卷下。

十二日驚蟄後與十五花朝前之間幾日天降大雪，應宋文森邀同諸子集城南草堂觀雪宴飲。

《艮齋倦稿詩集》卷十《春雪阻風望亭》：「大雪春彌盛，東風倍覺寒。村墟開店少，野渡划船難。墨凍詩懷減，香消酒興闌。明朝花發否，五出好同看（原注：十二日花朝梅花五出，春後雪花亦五出）。」同卷十《城南草堂看雪放歌》云：「驚蟄以後花朝前，東風吹老同雲天。一夜雪飛積三尺，我來錫山阻行船。遏歸枯坐寒刺骨，爐無活火突無煙。城南老人真好事，邀我看雪層樓巔。扶杖拖泥一過此，南園四望如披綿。……亡何賓客於於至，大有吳質同彭宣。廣平子弟多傑出，撒鹽飛絮皆翩翩。玉川先生解覓句，毗耶居士喜談禪。穹隆道人偶入座，亦能參論覈玄玄。」尤珍《滄湄詩稿》卷十五《看雪讌集和東坡雪中游西湖韻》亦爲是時所作。

宋犖示《學詩圖》，侗賦詩題之，得宋犖饋花果狸、固始鵝、糟鰣魚、木瓜酒爲潤筆。

《艮齋倦稿詩集》卷十《學詩圖歌》：「漫堂示我學詩圖，當中居者宋大夫。天與道貌何清癯，背後有節操軍符。卻入學舍搜書廚，旁有公子倚座隅。穀也豐下美且都，手披萬卷供畋漁。」同卷十《宋中丞餉四物潤筆率題奉謝》四詩下各有花果狸、固始鵝、糟鰣魚、木瓜酒之注，如其

一云：「霜毛玉羽肉如酥，五水關前漾白渠。橫被弋人一網打，縛來猶換右軍書（原注：固始鵝）。」

寄信宋既庭賦懷。

《艮齋倦稿詩集》卷十《寄懷宋既庭二首》一云：「幾時騎鶴上揚州，白髮盈顛不掉頭。日月看來空把玩，風塵歷盡復何求。故鄉濁酒堪泥飲，遍處名山好漫遊。遮莫剪燈同夜話，人生難得是歸休。」

三月，偕珍兒賞梅過玄墓、靈巖等處，擬營丙舍。

《艮齋倦稿詩集》卷十《入山見雪二首》一云：「雪與梅爭出，雪開梅未開。不聞香拂拂，但見白皚皚。古墓無人到，空山一鳥回。春風何處去，寒氣逼衣來。」其中「古墓」即指玄墓。又同卷十《山中雜興二十八首》一云：「乘興聊爲玄墓遊，梅花片片委山丘。」同卷十《苦雨二首》一云：「泥滑行人少，村荒買酒難。幾時萬峰頂，花下杖藜看。」知時留山中。同卷十《山中雜興二十八首》有「一春風雨樹槎枒，梅蕊初開三月花」、「又是三春三月三，流觴舊事更休談」句，知時值三月。又一云：「擬營丙舍兩三間，斸土誅茅即小山。他日吾廬堪獨臥，不勞車馬叩柴關。」又云：「新築荒丘青草生，一杯聊薦舊藜羹。團圞子婦相隨否，應聽泉臺笑語聲。」知時乃操建丙舍。時年清明爲三月十三日，由「落花細雨近清明，掃墓家家陌上行」可知清明乃於山中度過。尤珍《滄湄年譜》康熙三十六年亦有載此。

至聖恩寺，觀樂。

《艮齋倦稿詩集》卷十《山中雜興二十八首》一云：「聖恩寺裏萬僧齋，鐘鼓齊鳴大會垓。何意佛堂陳女樂，錯疑天女散花來。」

至靈巖貫休寺，訪超揆不遇。

《艮齋倦稿詩集》卷十《山中雜興二十八首》一云：「偶到靈巖訪貫休，寺門深鎖故宮秋（原注：訪文和尚不值）。揭來懷古涵空閣，雙井依稀似夢遊。」

閏三月，丙舍落成，題曰：草草山房。

《悔庵年譜》卷下。《艮齋倦稿詩集》卷十《草草山房落成漫興四首》一

云：「吾年四十草堂成，八十平頭屋又更。昔日看雲倚藜杖，今朝聽雨借茶鐺。」又一云：「草草經營一草堂，勞人此後好停忙。便將白地爲新宅，得近青山即故鄉。」

杜登春將入都門，臨行前來話別，並示以《金門橐筆圖》。

《艮齋倦稿詩集》卷十《題金門橐筆圖二首》序云：「杜子讓水入都門，過予話別，出示此圖，隨題二絕以代贈處。」詩一云：「誰畫金門橐筆圖，十年關塞久馳驅。只今重上長安道，猶記瀛臺舊事無。」

四月二十四，值八十初度，諸公訟禱紛然，侗避客禮佛香嚴禪院（院在盤門郭外，延請宗渭主持）。

尤珍《滄湄年譜》康熙三十六年：「四月，先大人壽登八袠，慶賀成禮。」尤侗《艮齋倦稿詩集》卷十《八十老翁何有哉四首》，又同卷十《戲謝壽客》有云：「西堂老子劇婆娑，勞重諸公車馬過。釃酒不堪三爵矣，稱詩更比九如多。大家拜揖流連醉，小部音聲宛轉歌。白髮掉頭成一笑，小園風日正清和。」潘耒《遂初堂文集》卷十《尤悔庵八十壽序》爲賀壽所作。

五月，諸子會集揖青亭觀蒔，賦詩唱和。

尤侗《艮齋倦稿詩集》卷十《夏五揖青亭齋集觀蒔分和陶詩答龐參軍一首》：「良朋相與俱，業在逍遙篇。素餐亦復佳，把酒時悠然。」尤珍《滄湄詩稿》卷十五《揖青亭齋集和陶西田獲蚤稻韻》亦爲時作。

值蘭、荷、菊並開，諸子會集訪濂南畇草堂，舉豆腐會。

《艮齋倦稿詩集》卷十《南畇腐會即事（原注：時蘭荷菊並開）》：「草堂何有荷與蘭，朝露既飲夕英餐。春蘭秋菊各爭長，不許紅蓮稱夏官。素食能令便腹滿，清談直逼炎風寒。帶醉出門尙餘興，田疇禾黍綠堪看。」

宋嘉莒守府貽贈百花酒，賦詩謝之。

《艮齋倦稿詩集》卷十《宋嘉莒守府貽予百花酒賦謝四絕句》一云：「人言京口酒可飲，況復雙壇釀百花。可惜陶潛方止酒，北窗高臥只清茶。」宋嘉莒生平事迹待考。

六月二十一日立秋，登揖青亭納涼觀景。

《艮齋倦稿詩集》卷十《立秋日揖青亭》：「梧桐一葉早驚秋，猶見當天大火流。乍起浮雲似車蓋，竭來曲水少蓮舟。微風老樹蟬聲咽，落日荒村草色愁。愧我憑欄尙揮扇，農夫辛苦滿田疇。」

七月八日，董麒招飲眾人，集城南草堂，賦詩唱和。是日吳瞻、吳諶未至。

《艮齋倦稿詩集》卷十《七夕後一日董觀三先輩招集城南草堂用范石湖七月二日上沙夜泛詩韻二首》一云：「明河乍沒月初斜，步自田間傍水涯。曲院梧桐才落葉，小池菡萏勝殘花。聯詩略比耆英會，選佛還依居士家。我獨解衣成坐穩，軟塵猶勝踏東華。」尤珍《滄湄詩稿》卷十五《董孝廉招飲和石湖上沙夜泛韻》：「南園野徑任敧斜，小隱衡門秋水涯。獨坐薰修香作字，群居講論舌生花。筵開四座如聯社，齋集三人似一家（原注：彭、宋與子同齋）。苦憶延陵兩居士，毗尼不用戰紛華（原注：是日二吳俱不至）。」

時吳有烈女吞金自縊，賦詩挽之。

尤侗《艮齋倦稿詩集》卷十《挽吳烈女二首》、《又挽烈女疊韻二首》、《三疊前韻》、尤珍《滄湄詩稿》卷十五《吳烈女輓歌四首》、彭定求《南畇文稿》卷二《吳烈女挽詩序》、《南畇詩稿》卷三《吳烈女挽詞次韻四首》均爲是作。

七月二十一日，宋嘉蘂再招諸子集飲城南草堂，下棋聊天。

《艮齋倦稿詩集》卷十《七月二十一日宋嘉蘂招集城南草堂用放翁秋曉韻》：「才說茶經又酒經，田園聚議任紛更。愁時怕見梧桐落，懶甚驚聞蟋蟀鳴。佛手送香鼻觀透，雞冠鬥色眼花明。如何一枕松風夢，忽入丁丁棋子聲。」尤珍《滄湄詩鈔》卷五《宋嘉蘂招飲和放翁秋曉韻》亦爲時作。宋嘉蘂生平事迹不詳，然應與宋嘉芑有親戚關係。

秋，門人吳錫晉與阮南枝來訪。

《艮齋倦稿文集》卷十四《燕居草堂詩跋》：「（阮南枝）今秋同子山訪予山間，出《燕居草堂詩》相質。」阮南枝，有詩名，著《燕居草堂詩》，

生平事迹不詳。

八月，入山濬沼池，墓門栽竹百竿、梅百株、松柏千章。始更山人之服，幅巾鶴氅，絲帶芒鞋，扶杖而行，自名西堂老人。

《艮齋倦稿詩集》卷十《山房續詠四首》、《又和八首》、《三和八首》、《山中遇雨》、《種竹》、《種竹偶成》。其中《山房續詠四首》一云：「深山之內我何求，木石同居鹿豕遊。廿載孤棲悲牧犢，一身流浪羨眠鷗。移家合就松楸地，逸老偏宜禾黍秋。好把杯盤摒擋了，倘然有客住扁舟。」

《種竹偶成》：「去多種松春種梅，今秋又把竹枝栽。歲寒三友聯翩至，大夫君子處士陪。」

中秋，在山中度過。

《艮齋倦稿詩集》卷十《中秋》：「山中無曆記中秋，只看團圝月滿頭。」

九月二日，諸子集訪濂南畇草堂舉真率會，飲宴唱和。

尤侗《艮齋倦稿詩集》卷十《九月二日南畇草堂雅集用放翁秋光及行飯二詩韻》：「閒居常舉真率會，老去渾吟漫興詩。出戶便逢舊雨客，入林正及晚秋時。……一斗更加三五斗，飲中笑倒八仙癡（原注：是夕行飲中八仙令，李白一斗，焦遂三斗，汝陽五斗）。」尤珍《滄湄詩稿》卷十五《南畇小集和放翁秋光行飯韻二首》亦為時作。

彭孫遹自京師告歸還鄉，九月四日，王士禎為之餞別。

王士禎《蠶尾續文》卷二〇《跋集古錄》末署：「丁丑歲重九前五日，漁洋山人書。是日餞彭羨門少宰歸浙西，愴悢移日。」王士禎《蠶尾集剩稿》之《與彭公子曾》：「乃（丁）丑秋九月，先公遂取急歸田，不侫祖道東便門。」《光緒海鹽縣志》卷十六載彭孫遹：「丁丑致仕歸，出都之日，行李蕭然，惟圖書數輛而已。」

七日將為曹寅四十初度，寄詩祝之。

清史委員會編《清代人物傳稿》上編第五卷。尤侗《艮齋倦稿詩集》卷十《寄壽曹荔軒司農》：「不見曹公久，金陵雲氣中。……問年方四十，一倍讓漁翁（原注：予年八十）。」

九月六日復入山，九月九日與彭訪濂、黃庭、釋大宗等登穹窿大茅峰，時正值霜降。

《艮齋倦稿詩集》卷十《疊韻二首》一云：「重九登高便當去，早聞猿鶴喚人還（原注：六日將復入山）。」又同卷十有《重陽日同訪濂戢山登穹隆山限茅峰登高韻作四首》、《登官山頂》等，其中《重陽日》一詩有云：「濟勝原知力不勝，偶然賈勇試登登。風吹曠野初回雁，霜降高天正放鷹（原注：是日霜降）。木瀆村前黃稻熟，洞庭湖底白波騰。漫遊誰許三人共，兩個黃冠一個僧（原注：三人予與彭、黃、黃冠胡履淳家建七一、僧拈花、亦可也）。」釋大宗（1664～？），號亦可，浙江桐鄉人，住海藏庵。因尤珍《滄湄詩稿》卷二十一（康熙癸未 1703 年詩）有《亦可禪師四十》，可逆推亦可上人生於康熙三年即 1664 年。

重九，珍兒邀諸公集挹青亭，登高小飲。訪濂、始乾等送菊、木瓜。

尤珍《滄湄詩稿》卷十五《重九不出遣懷和放翁韻》、《同里諸公過挹青亭登高小飲和放翁樊江韻》、《訪濂送菊》、《力仁送菊》。尤侗《艮齋倦稿詩集》卷十《有送木瓜菊花者漫成》亦為是時所作。

時即立冬，賦詩送秋。

《艮齋倦稿詩集》卷十《送秋》、《迎冬疊韻》。

洪昇抵蘇州，時值宋犖任江寧巡撫，力主傳奇《長生殿》的演出。

王錫《嘯竹堂集》五律《聞吳門演長生殿傳奇一時稱盛不得往遊與觀有作》，詩之二有「宋璟梅花賦，何嫌鐵石腸」句，後注云：「宋大中丞命梨園演《長生殿》，水陸觀者如蟻。」關於洪昇生平事迹及此次觀演之事，章培恒《洪昇年譜》有詳錄，可參見。

應洪昇之請，為《長生殿》作序。

《艮齋倦稿文集》（丁丑雜文）卷十四《長生殿題詞》：「洪子持此傳奇要予題跋，予八十老人，久不作狡獪伎倆，兼之阿堵昏花，坐難卜夜，雖使豔姬踏筵，亦未見其羅袖動香，香不已也。」

十月初一，郡中延請飲酒，辭焉。

　　《艮齋倦稿詩集》卷十《十月朔郡中延予鄉飲謹辭以詩五首》一云：「嘗云古禮重賓筵，顧我何人亦與焉。為問春秋今八十，枉蒙太守禮高年。」

十月間，序杜首昌詩選。

　　杜首昌《縮秀園詩選》（乾隆刻本）卷首有尤侗序，落款云：「康熙丁丑孟冬長洲同學弟尤侗書於滄浪亭。」杜首昌字湘草，江南山陽（今江蘇淮安）人，布衣，好交遊。著《縮秀園詩選》、《詞選》、《杜稿編年》。生平事迹見《江蘇詩徵》卷一○一、《國朝書人輯略》卷一、《乾隆山陽縣志》卷二十一《文苑》、《淮安府志》卷二十二下等。

宋犖寄詩，和之。

　　《艮齋倦稿詩集》卷十《和漫堂中丞寄詩》：「放衙勝有壺觴在，對客何妨絃管開。老去空囊無一字，新詩且讓古人陪。」

聞高士奇奉旨歸養，喜而賦詩贈之。

　　《艮齋倦稿詩集》卷十《高詹事奉旨歸養喜而有贈二首》一云：「才見徵書下帝京，便聞北闕表陳情。祇因將母依烏屋，遂爾辭朝出鳳城。春日正堪娛寸草，秋風不為戀蓴羹。新恩許作宮僚長，聖教應知在孝經。」尤珍《滄湄詩稿》卷十五《平湖高公陳情歸養晉秩宮詹奉賀二首》、龐塏《叢碧山房詩·戶部稿》卷八《送高江村詹事得請侍母歸平湖》、王頊齡《世恩堂詩集》卷十四《送高江村詹事請養歸里》等亦作於是時。

聞年友張永庚當年任齊河令時甚為廉潔，九月九日有人饋贈五色菊亦固卻之，心有慕焉，作詩以贈。

　　《艮齋倦稿詩集》卷十《年友張倬庵作令齊河九日有饋五色菊者君固卻之他可知矣山左人士皆作卻菊詩紀其事予有慕焉亦贈二絕》。考《民國齊河縣志》，於卷二十一《職官》之「知縣」條中，能稱得上尤侗年友且為「張」姓者僅張永庚一人，其名下注云：「遼東人，貢生，康熙元年任。」又同書卷二十二《宦績》：「張永庚，字斗樞，遼東人，貢士，湖廣總督長庚弟也。康熙元年授邑令，風節矯然，不避權要，出令無反，判牘無留，於正賦外除民一切雜役。上有文移，即刻為給辦，坐催守提之勞，

無煩焉。尤重恤驛傳，不以絲毫累民，凡有大差，悉自爲供應，一清須索折乾之弊，……以調任補廣西思恩縣，又補江南虹縣，後升福建福州府同知。」可推知，張永庚很可能即尤侗所說年友張倬庵，姑置於此，且待旁證。

汪泰來貽詩、畫，賦詩答之。

《艮齋倦稿詩集》卷十《汪陛交貽詩畫卻贈》：「汪倫詩句雲間筆，亦寫青山仿白陽。他日與君遊覽處，小船書畫滿錢塘。」汪泰來字陛交，安徽休寧人，占錢塘籍。康熙五十一年進士，官授廣東潮州府同知。著《後山文集》、《半舫詩》、《晚唐詩鈔》，生平事迹見《浙江通志》卷一六七、《杭州府志》卷一三五、《清畫家詩史》乙下、《歙縣志》卷六《人物志》等。

亦可上人往住夕陽村，爲其題：雲臥庵、山山閣，賦詩送別。

《艮齋倦稿詩集》卷十《送亦可上人住夕陽村庵曰雲臥閣曰山山皆予題名》、釋宗渭《芋香詩鈔》卷四《次韻送亦可法侄住夕陽村雲臥庵》爲時作。

馮勗招集葑水園，宴飲唱和。

尤侗《艮齋倦稿詩集》卷十《馮勉曾招集葑水園分和何將軍山林二首》一云：「已屆冰霜節，空階剩野花。一村少車馬，四壁滿龍蛇。畫舫齋容臥，橫街酒肯賒。居然城市隱，何必買山家。」尤珍《滄湄詩稿》卷十五《葑水園雅集用少陵遊何將軍山林韻分賦得二首》亦作於時。

值冬，秦中小女寄來狐裘。

《艮齋倦稿詩集》卷十《秦中小女寄狐裘有作》：「遠寄狐裘陝半天，禦寒眞可賽重綿。從今一著能長壽，晏子曾經三十年。」

訪濂贈分惠仙藥酒，謝之。

《艮齋倦稿詩集》卷十《訪濂分惠仙藥酒和謝》：「龐公漫採延年藥，劉寄虛傳續命湯。應向岳陽三醉後，龍宮別乞療愁方。」

是歲，門生徐發中進士。

尤侗《艮齋倦稿文集》卷九《古文晨書序》云：「衰侯從予遊久，屢試爲
高材生。」《艮齋倦稿文集》卷十三《徐衰侯詩序》道：「吾門徐子衰侯，
所謂南州孺子角立傑出者也。自其童年苕華穎秀，掉鞅文壇久矣。」《艮
齋倦稿文集》卷十五《徐進士文稿序》謂：「徐子十三歲從予遊，即有聖
童之目。今年甫壯，登丁丑榜成進士有名。憶予少時攻舉子業，爲時
文，徐子從而學焉。及其老也，好爲詩歌古文詞，徐子又從而學焉，步
亦步也，趨亦趨也。」徐發字衰侯，長洲（今江蘇蘇州）人。康熙丁丑
進士，官戶部主事。著有《古文晨書》、《靈壁軒雜書》、《庚寅吟稿》、《雪
蕉文稿》。

是歲，聖駕三征厄魯得平噶爾丹，作《平朔頌》賀之。

《聖祖實錄》卷一八三。尤侗《艮齋倦稿文集》卷十四《平朔頌》、顧汧
《鳳池園詩集》卷七《親征噶爾旦大捷凱歌》、尤珍《滄湄文稿》卷一《聖
德神武蕩平朔漠頌》等皆爲頌賀之作。

康熙三十七年戊寅年（1698）八十一歲

元旦，賦詩誌感。

《艮齋倦稿詩集》卷十一《元旦二首》、《又作二首》。其中《元旦二首》
一云：「日月居諸往復來，今年九九又相催。」又一云：「賓客到門同賽
社，兒童拜節學排衙。南巡未降蒼龍駕，先遲春王第一花。」

正月二十三驚蟄，與珍兒、訪濂等入山探梅，遇雨。

尤侗《艮齋倦稿詩集》卷十一《驚蟄日入山遇雨和訪濂韻》：「鄰舟有客
詩先就，野渡無人酒未空。何似西湖林處士，携妻挈子六橋中。」尤珍
《滄湄詩稿》卷十六《探梅遇雨舟中即事次南畇韻》，可知珍兒、訪濂均
同此行。

偕珍兒連宿草草山房，訪濂携酒菜來飲，又集汪與圖、汪立名、汪泰來、聞曦同酌，座客共七人。

《艮齋倦稿詩集》卷十一《草草山房小集和訪濂韻（原注：是日訪濂携
具來飲泊晚汪河符西亭陛交過訪留酌並聞首章珍兒座客七人）》：「連宵風
雨歇，蓬徑偶然開。誰載行廚至，兼逢佳客來。五言同叶韻，七子並銜

杯。更有梅精在，呼之亦許陪。」彭定求《南畇詩稿》卷四《草草山房小飲》：「半塢雲雨揮手去，隔溪曙鳥喚人來。開軒鎮日供清坐，懶索新詩取次裁。」尤珍《滄湄年譜》康熙三十七年：「春，隨先大人探梅，連宿草草山房，彭南畇、汪羲齋、西亭、陛交亦至，同遊元墓、董墳、茶山、石壁、萬峰諸勝，並登穹隆，凡五日。」《滄湄詩稿》卷十六《山房聽雨二首》、《訪濂携尊過山房小飲是晚汪羲齋西亭陛交亦至次韻》亦爲時所作，如後一首云：「宿雨忽新霽，浮雲四面開。故人具肴酌，特命筍輿來。山鳥驚棋局，庭花映酒桮。翩翩佳客至，秉燭更追陪。」聞曦，字首章，建昌（今屬江西）人，生平事迹不詳。

與珍兒、訪濂由石壁至萬峰臺。

《艮齋倦稿詩集》卷十一《由石壁至萬峰臺》：「偶然看石壁，即上萬峰臺。訪舊仍雙屐（原注：予與訪濂、珍兒再至），衝寒只一杯。」彭定求《南畇詩稿》卷四《山遊看梅紀遊五首》之《朝元閣》、《查山》、《萬峰臺》、《石壁》、《柴莊嶺》等皆記遊。

二月二十四日清明，上鷁子塢祭掃。

《艮齋倦稿詩集》卷十一《清明日》：「春陰慘淡食猶寒，獨上荒阡祭掃還。誰放風鳶鷁子塢，空飛紙蝶螞蟥山。」

寒食過後入山看梅，訪亦可上人於夕陽村。

《艮齋倦稿詩集》卷十一《訪亦可上人于雲臥庵追和前韻》：「也似阿蘭也似園，孤僧合住獨家村。春花小落雨猶濕，寒食方過烟乍溫。」可知爲寒食節後事。

三月三上巳獨居山房，不赴城中聚會，適逢潘未來訪。

《艮齋倦稿詩集》卷十一《上巳日山房漫興》：「佳節重逢三月三，好風吹雨自東南。虛傳曲水非公讌（原注：城中有會不赴），苦憶蘭亭是舊談（原注：憶玉峰耆年會）。亂插黃花鋪野岸，新挑白筍滿筠籃。故人停棹來相訪，錯認山房作草庵（原注：吳江潘稼堂見過）。」

亦可上人送胡餅，以偈答之。

《艮齋倦稿詩集》卷十一《亦師送胡餅並偈戲答三首（原注來偈：『雲門

不會禪，有問但答餅。舉示老維摩，一笑春山冷』）》有云：「昨日才吃
飯，今朝又說餅，若問是什麼，上堂待普請。」

久居山中，思家而還，三月十六日與諸君會集賞花，宋嘉芑餉京口酒。

《艮齋倦稿詩集》卷十一《三月》有「晚來獨上高丘望，何處白雲是我
家」句。又同卷十一《十六日諸君花前小集》：「丙舍高眠久，思家訪菜
花。隴雲黃未歇，池柳綠方斜。春色愁將別，故人喜到家。試嘗京口酒，
可勝本山茶（原注：宋嘉芑餉京口酒）。」

為織造李煦小像賦詩題贈。

《艮齋倦稿詩集》卷十一《題李萊崧織部小像二首》一云：「封溪帶水作
衙門，錦繡堆中丘壑存。更有勝情兼勝具，扁舟時過小漁村（原注：婁
關外有漁村，萊公嘗構別墅）。」此詩於《十六日諸君花前小集》之後，
故推其當作於時。

黃道周降乩，賦詩紀事。

《艮齋倦稿詩集》卷十一《黃石齋先生降乩命和陽明公壁間詩自述四
首》、《贈石齋先生》、《讀石齋講習錄有作》、彭定求《南畇詩稿》卷四
《得石齋先生講習錄敬和壁間王文成公墨刻詩韻四首》均為是時作。

三月二十五日立夏有雨，賦詩誌感。

《艮齋倦稿詩集》卷十一《立夏日坐雨》：「昨日春歸今朝夏，虎丘石上
聚千人。……風送楊花爭入幕，雨零芳草欲沾巾。家家早起先嘗麥，幸
甚衰翁又食新。」

聞彭孫遹已歸里，賦詩寄懷。

《艮齋倦稿詩集》卷十一《聞彭羨門少宰歸里寄懷二首》一云：「待詔曾
同金馬門，公今少宰獨稱尊。便應班劍開新閣，何事抽簪返故園。暇日
閒情餘翰墨，暮年樂志在兒孫。錦堂競進笙簫曲，詎識莊生正鼓盆（原
注：時少宰悼亡）。」尤珍《滄湄詩稿》卷十六《彭羨門少宰予告歸里奉
寄二首》作於是時。

建昌聞曦返歸江右，賦詩贈別。

《艮齋倦稿詩集》卷十一《送聞首章歸江右》：「孤忠雲夢令，化碧至今存。殉國無遺業，傳家有憨孫。招魂追楚澤，彈鋏向吳門。歸去耕還讀，途窮且莫論。」彭定求《南畇詩稿》卷四《聞生曦來自建昌假館四月於其歸也詩以送之》亦爲送別之作。

四月初八乃六十年前新婚之日，悼念亡妻，又懷諸友人。

《艮齋倦稿詩集》卷十一《思舊二首》題下注云：「崇禎戊寅四月初八日予新婚，迄今戊寅已六十年矣。」同卷十一又有《閒居有懷諸友人》、《自念》，其中《自念》題下注：「曹子桓云：『既痛逝者，行自念也。』」又同卷十一《感懷金冶公寄信遼陽》題下注云：「庚寅冶公至吳，有十子之盟：繆子長、彭雲客、章素文、宋既庭、右之、疇三、吳敬生、汪茗文及予也。今諸子並亡，惟存既庭與予耳。」

吳諶司教高郵，賦詩以送，並屢寄信問之。

尤侗《艮齋倦稿詩集》卷十一《送吳愼旃司教高郵》、《戲柬吳愼旃廣文》、《又勸愼旃飲酒》及尤珍《滄湄詩稿》卷十六《送吳愼旃任高郵廣文二首》作於其間。案，《道光高郵州志》卷八《宦績》：「（愼旃）康熙戊寅掌教高郵，學殖深厚，於書無不通曉。」

四月七日，宋犖遊香嚴寺，侗以腰疾未至。四月十日，與顧汧至香嚴寺看罌粟花，與紺池對弈，信宿。

尤侗《艮齋倦稿詩集》卷十一《小滿前一日香嚴看鶯粟花追和前韻二首》一云：「幕府公多暇，毗耶病亦禪。來遊雖不次，相賞各悠然。小滿千家麥，盤塘萬樹煙。野人無個事，重和白雲篇（原注：先三日中丞過此看花，予有腰疾）。」同卷十一又有《詠鶯粟花二首》、《信宿香嚴禪院二首》，如後一首云：「手談亦率爾，無事話三車（原注：時與紺公弈）。」尤珍《滄湄詩稿》卷十六《宋大中丞過香嚴禪院看菜花次韻二首》、顧汧《鳳池園詩集》卷三《和宋中丞香嚴寺看菜花原韻兼示紺池上人》、《紺池上人招看罌粟用前韻》、釋宗渭《芋香詩鈔》卷四《大中丞宋公過看菜花留贈二律敬和呈謝》、《中丞公再過香嚴看罌粟花仍用前韻》等均爲是時所作。其中釋宗渭《中丞公再過香嚴看罌粟花仍用前韻》詩

有「已食中丞福，還參學士禪（原注：次日尤悔庵太史顧芝岩宗伯過話）」，可知尤侗與顧汧是日同遊香嚴寺。顧汧（1646～1712），字伊在，號芝岩，別號鳳池芝叟，江南長洲（今江蘇蘇州）籍，順天大興（今屬北京）人。康熙十二年進士，官至禮部侍郎、河南巡撫，後降大理寺少卿，調奉天府丞，宗人府府丞。著《鳳池園詩集》、《文集》。生平事迹見《國朝耆獻類徵初編》卷三八一、《蘇州府志》卷八八、《民國吳縣志》卷六十八《列傳六》。

四月二十四，生日有感。

《艮齋倦稿詩集》卷十一《生日偶成》：「借問老翁年有幾，前三三與後三三（原注：文殊語：九九八十一也）。通明方眼吾何敢，景伯長頭人不堪。」

施震銓送雲南棋子，賦詩記之。

《艮齋倦稿詩集》卷十一《施稼村送雲南棋子有賦》：「老子惟知守黑白，先生誰問出青藍（原注：稼村爲珍兒門生）。」

故人徐枋卒後，家貧僅遺孤孫，其友戴易賣字爲之營葬，有感弔之，賦詩以記。

《艮齋倦稿詩集》卷十一《有感弔徐俟齋先輩四首》一云：「僅存寡婦與孤兒，珠塢荒墳乏主祠。聞說門生來祭掃（原注：吳江潘稼堂），傭書更有戴南枝（原注：會稽山人，曾寫字助喪）。」關於徐枋卒後「僅存寡婦與孤兒」事，羅振玉輯《徐俟齋先生年譜》後附徐枋門人潘耒《致莊靜庵先生書》云：「上沙徐俟齋先生前詹事勿齋公（徐汧）之長子，登壬午賢書，自詹事公殉節後，隱居不出，匿影深山，……高風苦節聞於海內。身沒之日，四壁蕭然，子嗣早亡，惟一孤孫，今甫九歲，寡婦撫之……。」戴易（1621～？），字南枝，明末清初山陰（今浙江紹興）人。七十餘歲寓蘇州，售字自給，以所得爲老友徐枋營葬。《民國吳縣志》卷七十六《列傳流寓二》：「易賣字爲枋營葬，常多月衣葛，終日不再食，積連歲賣字金，卒葬枋於眞如塢，時人義之。」

同訪濂、文森集揖青亭賞景清談，對弈助興。

《艮齋倦稿詩集》卷十一《同城南南畇坐挹青亭即事》：「短衫並坐挹青亭，亭下田疇新綠盈。助我清談惟拄杖，消人殘夢有棋枰。」

秋，雲臥道人來訪，同坐挹青亭。

《艮齋倦稿詩集》卷十一《雲臥道人過挹青亭仍和前韻》：「荒荒三徑不成園，前有茅庵後有村。南畝方華已就實，西風乍冷尚餘溫。清齋淡泊和詩瘦，晦雨冥濛增眼昏。對爾萬緣都放下，山河大地一空門。」由「南畝方華已就實，西風乍冷尚餘溫」句可知時應入秋。雲臥道人生平事迹待考。

中秋，序宋犖《滄浪亭詩》。

宋犖《綿津山人詩集》卷首有尤侗《滄浪亭詩序》，落款云：「康熙戊寅中秋西堂九九老人尤侗序。」

顧汧招遊虎丘，歌舞遊樂，宴飲觀月。

《艮齋倦稿詩集》卷十一《中秋有感》：「蕭然此夕是中秋，乍斂陰雲月出頭。書卷香爐盡獨擅，歌樽舞扇竟誰收。」同卷十一《中秋顧芝岩招覽虎丘即事二首》一云：「幾年不看虎丘月，依舊秋風士女思。十部笙歌載酒地，兩街燈火鬥茶時。談經誰點生公石，弔古空吟山鬼詩。老去自嗟行樂晚，夜遊休笑虎頭癡。」顧汧《鳳池園詩集》卷五《中秋讌集月駕軒次尤悔庵先生韻》亦記此次聚會事。

龐塏赴建州任太守，途中舟泊蘇州，侗與之小聚，並贈以詩文集。

龐塏《戶部稿》收詩末爲《戊寅三月三日寄園讌集》，其後《叢碧山房詩五集·建州稿》卷一有《前赴建州任出都日作》、《中秋伴城村看月》等，可推知這幾首詩所載應同爲戊寅年事，又《中秋伴城村看月》詩後即有《泊姑蘇喜晤尤展成老友》，亦可知龐塏與尤侗此會當於中秋之後。《建州稿》卷一《泊姑蘇喜晤尤展成老友》一云：「間道姑蘇郡，貪尋仲蔚廬。幽禽隱高樹，秋草上前除。各喜瞻顏色，交攜致起居。同時獻賦客，情好自相於。」又一云：「憶作長安別，悠然十載還。當時已華髮，近日轉童顏。靜者氣恒實，勞人分不閒。餘生後君子，相對醜衰孱。」又一：「返

顧堅相謝，通舟一板橫。還應防蹭蹬，不是懶逢迎。睽隔憎秋水，瞻依戀友生。幸饒投著作，吟誦慰前程（原注：承贈所著詩古文全集）。」龐塏（1639～1707），字霽公，號雪崖，晚號牧翁，直隸任丘（今屬河北）人。康熙十四年舉人，康熙十八年應鴻博，授檢討，後出為福建建寧知府。著《叢碧山房集》。生平事迹見《清史稿》卷四八九、《清詩別裁集》卷十一等。

龐塏順道訪馮勗不遇，又往會宋犖，飲於滄浪亭。

龐塏《叢碧山房詩五集・建州稿》卷一《訪馮方寅不遇》、《道經姑蘇過侯宋中丞牧仲留飲滄浪亭紀興五首》、《滄浪亭上有懷宋山言即用宋春晚滄浪亭四絕句韻》。

九月，宋既庭已自維揚歸，侗招同孫暘、宋文森、彭訪濂、吳瞻、顧汧、朱典等小集挹青亭。

尤侗《艮齋倦稿詩集》卷十一《既庭自維揚歸招同赤崖城南景南恕庵訪濂芝岩天敘挹青亭觀禾小集》：「此日平疇交遠風，新苗秀色滿南東。數行白鳥斜陽外，幾點青山罨畫中。千里故人騎鶴至，十年舊雨把杯同。京華車馬知多少，甘作吳趨田舍翁。」尤珍《滄湄詩稿》卷十六《挹青亭觀禾小集次韻》：「叢桂開時任好風，告軒幸過葑谿東。田間早稻三秋裏，池上殘荷九月中。節序暗催容鬢改，交情深喜酒梧同。漫言行樂須年少，逸興爭看罍鑠翁（原注：時家大人招老友宋徵君在座）。」顧汧《鳳池園詩集》卷五《重陽前悔翁招集挹青亭觀禾疊前韻》等亦記此次聚會之事。案，吳鼎雯輯《館選爵里諡法考》：「朱典，字天敘，號即山，江南吳縣人。授檢討，官至侍讀學士。」

患瘧疾，重陽登高不得，九月二十霜降日乃愈。其間，訪濂為之蓍卦祈福，汪翁惠贈人參，時兒珍及友紺池道人亦病。

尤珍《滄湄年譜》康熙三十七年：「九月，先大人瘧疾甚危，賴名醫胗治得愈。」尤侗《艮齋倦稿詩集》卷十一《九日病中仍用重陽登高四字韻》一云：「去年曾上大茅峰，此日空床臥短筇。叢菊茱萸兩不見，柴胡甘葛日相逢。」又一云：「楚國亡猿禍林木，塞翁失馬及緘縢。何如掩室毗耶叟，一炷清香話二楞。」同卷十一《霜降日病癒》：「霜降天高殺氣陳，

驚聞大纛百雷振。旌頭一舉黃塵落，虎尾低垂白草春（原注：南畇爲我著得履卦，其繇曰：履虎尾，不咥人……）。」同卷十一《四漿頌（原注：予於病中飲此而愈故頌之）》、《病後口占五絕句》亦爲期間所作。尤珍《滄湄詩稿》卷十六《家大人及予病俱以服薓而愈痛念亡女追錄舊作悼詩二首》，知侗、珍父子時皆患疾。又尤侗《艮齋倦稿詩集》卷十一《病後口占五絕句》一云：「酒杯已歇茶鐺罷，苦口朝朝咒藥王。愧荷故人羊叔子，人參一束賽長桑（原注：汪翁惠參）。」一云：「紺池同病何爲者，一水相望秋老時。堅閉毗耶休問疾，默然無語是吾師。」可知友汪翁惠參，紺池時亦有恙。汪翁所指不詳，然同里知其病且頗有交遊並與之同輩者，最有可能者即爲汪與圖。

訪濂鼓棹前往洞庭遊覽山水，流連三日，歸以詩文示侗、珍父子。

彭定求《南畇詩稿》卷四有《西洞庭遊草》，其中收錄《胥口夜泊》、《謁伍相廟》、《從東山泛舟至西山》、《入林屋洞四首》、《訪毛公壇四首》、《宿包山寺二首》、《遊洞山》、《遊石公山》、《山亭坐眺二首》、《宿石公庵》、《過大小龍渚入消夏灣四首》、《登縹緲峰》、《再宿石公庵》、《太湖歸舟蚤泛二首》等，均爲此遊所作。尤侗《艮齋倦稿文集》卷十五《洞庭遊稿序》：「今南畇彭子背秋涉冬，乘興鼓棹，偕二上人、一道士朅而往，朅而歸，不過三日，流連已遍，得遊記一篇，古今詩若干首，過而詫予，予讀之爽然若有失焉，恍然若有得焉。」同卷十又有《洞庭和詩序》。尤珍《滄湄詩稿》卷十六有《題訪濂洞庭遊稿》，知是時其亦得覽訪濂之《西洞庭遊草》。

經冬未出遊，造止止窩，偃息其中，偶與諸君小飲。

尤侗《艮齋倦稿詩集》卷十一《止止窩詩二首》序云：「予病後畏寒，以意造窩一所。用木格十六扇，貫以鐵鉤加頂，四面六尺，高相等，施青布圍幔如墨，惟前虛紙窗二，開之見日光，封之如故。中設一几，可憑；一榻，可臥；二蒲團，可供客坐。……嘗慕邵堯夫安樂窩，故以窩名之。其曰『止止』者何，予號『艮齋』久矣。艮，止也，止其所也，時止而止，止也時行，而行亦止也。」同卷十一《自和二首》一云：「草草山房止止窩，無多無夏任婆娑。」又云：「不論行窩與止窩，影形贈答

唯同阿。」尤珍《滄湄詩稿》卷十六《家大人新成止止窩敬次原韻二首》亦載是事。

訪濂失盜，賦詩訊之。

《艮齋倦稿詩集》卷十一《南畇失盜詩以訊之四首》一云：「吾家屢次遇偷兒，偷食偷衣總聽之。近來一事更奇怪，偷到陶詩並杜詩。」

十二月二十二日，訪濂攜暖鍋同宋文森、吳瞻、侗、珍父子小飲止止窩中。二十六日，諸公再聚。

《艮齋倦稿詩集》卷十一《廿二日南畇攜暖鍋同城南景南愚父子小飲窩中》有云：「吾愛吾廬添一窩，恰容老子此婆娑。不妨多日如泥醉，也許鄰家相和歌。有友五人豈恨少，攜來二簋已嫌多。誰知病後心猶壯，張我三軍必小羅。」同卷十一《廿六日諸公過止止窩再和》：「老去寧愁歲聿暮，閒居莫問夜如何。宵來一枕華胥夢，相伴還須喚腳婆。」此詩後又有《又和二首自遣》、《又和二首》、《除夕二首》，可知時及歲末，值十二月底。

時值除夕，秦中小女復寄狐裘。小曾孫痘殤，時孫世求在京。

《艮齋倦稿詩集》卷十一《除夕二首》一云：「三月支床剩此身，蕭然四壁伴承塵。無端老淚悲殤子（原注：小曾孫痘殤），有限餘年號幸民。」又一云：「枕上關心憶山塢，樽前翹首望京師（原注：求孫在京）。禦冬尚愧狐裘暖，豈曰無衣誰賦之（原注：秦中復寄狐裘）。」此處康熙間金閶周氏刻《西堂餘集》本作「泰」，然《艮齋倦稿文集》卷十有《秦中小女寄狐裘有作》，推知本乃「秦」而誤作「泰」。

康熙三十八年己卯年（1699）八十二歲

二月三日，康熙帝南巡，閱視河工。

《聖祖實錄》卷一九二。

江南諸公紛至錫山接駕。

尤侗《悔庵年譜》卷下、宋犖《西陂類稿》卷四十九《漫堂年譜》、彭定求《南畇老人自訂年譜》等等均有記載。

三月十四日，聖駕駐蹕蘇州府。值三月十八日萬壽節，江南士民拜跽稱觴，內外諸臣皆詩文以獻，卷軸盈箱，侗亦賦排律四十韻並錄《平朔頌》進呈。

《聖祖實錄》卷一九二。尤侗《鶴棲堂稿詩集》卷一《雜詩十二首》描繪了蘇州當時的勝景，一云：「喧傳皇帝到蘇州，無數巢由拜馬頭。何事宮門爭雜沓，百官齊獻萬年謳。」又一云：「萬民排宴滿長街，各出東西獻壽杯。更有梵宮並道院，釋迦老子一齊來。」尤侗《鶴棲堂稿》錄有《恭獻皇帝南巡萬壽詩排律四十韻》、《艮齋倦稿文集》卷十四收《平朔頌》。又尤珍《滄湄詩稿》卷十七《恭迎聖駕南巡詩十二首》、宋犖《西陂類稿》卷十五《三月十九日上駐蹕吳門命臣犖恭進詩集並蒙天語垂問臣子至恭紀二首》等均爲時作。

四月初一，康熙自杭州回鑾至蘇。初五，召耆年士子文人賜以酒食，侗以年高八十二得列，康熙帝揮宸翰書「鶴棲堂」三大字賜侗。

《聖祖實錄》卷一九三。宋犖《西陂類稿》卷四十《迎鑾日紀》。關於尤侗受賜之榮，朱彝尊《曝書亭集》卷七十六《翰林院侍講尤公墓誌銘》、潘耒《遂初堂文集》卷十八《尤侍講艮齋傳》等中均有記載，如朱彝尊《翰林院侍講尤先生墓誌銘》：「歲己卯，天子南巡，先生入見，御書『鶴棲堂』扁額以賜，時先生年八十有二矣，猶康強善飯。」尤珍《滄湄文稿》卷四《御書亭記》：「皇帝御極之三十有八年，己卯春三月，聖駕親閱河工，巡幸江南，駐蹕於吳，慶萬壽聖節。臣父侗年八十有二，獻《平朔頌》一篇、《萬壽詩》四十韻，皇上垂念老臣，特書『鶴棲堂』三大字扁額以賜。」宋犖《鶴棲堂說》（尤侗《鶴棲堂稿》有附）：「康熙三十八年春三月，皇帝閱河南，巡至於蘇州，適屆萬壽節，群臣百姓稽首稱觴，大江南北進獻覬詞者，至多不可計。而太史尤西堂先生時年八十有二，亦獻《萬壽詩》一章進行在所及，法駕幸浙回鑾，復駐信宿，召見故老。方是時，西堂太史承顧問神明不衰，應對嫻雅，天子嘉焉，御書『鶴棲堂』三大字以賜之，蓋異數也。」《民國吳縣志》卷六十八《列傳六》：「己卯，上南巡至吳，侗獻《平朔頌》、《萬壽詩》，御書『鶴棲堂』三大字賜之。」錢泳《履園叢話·叢話一·舊聞》：「（己卯）十八日，恭逢萬壽聖

誕，凡百士庶獻康衢謠若干帙，頌聖詩若干帙，萬壽詩若干帙，分天地人和四冊，以祝萬年之觴。又於諸山及在城名剎廣列祝聖道場，百姓歡呼塗路。十九日，召蘇州在籍官員翁叔元、繆曰藻、顧沂、王原、祁慕琛、徐樹谷、徐升入見，賜賞各有差。又賜彭孫遹、尤侗、盛符升御書扁額。二十日辰刻，御駕出封門，登舟幸浙江。」孫靜庵《棲霞閣野乘》卷上：「（康熙）第三次南巡，是在三十八年己卯，奉慈聖太后以行。三月十四日，駕抵蘇州，在籍紳士耆老接駕，俱有黃綢旛，上標明都貫姓名，恭迎聖駕字樣。自姑蘇驛前，虎丘山麓，凡屬駐蹕之所，皆建錦亭。聯以畫廊，架以燈彩，結以綺羅，備極壯麗，視甲子、己巳逾十倍矣。十八日，逢萬壽聖誕，凡百士庶，獻康衢謠若干帙，頌聖詩若干帙，萬壽詩若干帙，分天、地、人、和四冊，以祝萬年之觴。又於諸山及在城名剎，廣列祝聖道場，百姓歡呼塗（途）路。十九日，召蘇州在籍官員入見，賜賞各有差。又賜彭孫遹、尤侗、盛符升御書匾額。二十日辰刻，御舟出封門，登舟幸浙江。」上述材料中關於尤侗受賞的具體日期有所不同，據尤侗《鶴棲堂稿·御題鶴棲堂記》：「康熙三十八年春二月，皇帝南巡，至於蘇州，適逢三月十八日萬壽聖節。群臣百姓拜手稽首，獻詩稱觴，天子領之。既歷杭州，覽西湖之勝，四月初一日回鑾，復駐行宮，召問耆老之高年者，臣侗今年八十有二，亦得自陳上前。至尊親揮宸翰，題『鶴棲堂』三大字以賜，臣捧持踴躍。」又尤珍《滄湄年譜》康熙三十九年：「三月，聖駕南巡，……十六日，進萬壽筵宴。十八日，朝賀。十九日，送駕幸杭州。四月初一日，接駕自杭州回行宮。初五日，賜先大人御書『鶴棲堂』扁額。初六日，送駕回鑾。」因尤侗、尤珍等身經此事，其言應該可靠，可知此次康熙南巡乃於四月初一由杭州返回蘇州之後才召見諸位耆老，初五日對侗等行賞賜。

時值春盡立夏，聖駕離蘇，侗送至滸墅關而返。

尤侗《鶴棲堂稿詩集》卷一《雜詩十二首》一云：「爲送君王並送春（原注：四月初六日春盡），春光尚逐屬車塵。只看吳苑青青柳，盡倚南風望北辰。」又一云：「爲送春皇遂送君，君恩處處話新聞。此身恨不如飛鳥，繞遍江南萬里雲。」

四月十五日，與珍兒、諸公會香嚴寺賞罌粟花。

《鶴棲堂稿詩集》卷一《四月十五日同諸公過香嚴看花二絕》一云：「又看香嚴鶯粟花，恰逢生日鬢添華。山僧爲我施清供，豇豆櫻桃穀雨茶。」一云：「同遊喜有兩三人，扶杖追隨並率眞。閒話君王巡狩事，鑾輿已到大江濱。」可見此次赴香嚴所賞爲鶯粟花，尤珍《滄湄詩稿》卷十七《過香嚴禪院看罌粟花二首》亦爲同行所作。

四月間，徐嘉炎請告還鄉。

王頊齡《世恩堂詩集》卷十六《送同年徐華隱閣學請告還里即次留別原韻八首》、《華隱治裝未發再疊前韻八首》等爲時所作，由於王頊齡此送別詩前有《四月望後二日沈東田庶子招同人泛舟東便門新河雨阻汪東川祭酒作詩索和即次來韻》，故可推知徐嘉炎四月間請歸。

四月二十四日壽辰，懸書高堂，宴以落之，眾人恭賀。

尤侗《鶴棲堂稿》中收錄其自作《御賜鶴棲堂匾額恭紀四律》及尤珍《御題鶴棲堂匾額賜家大人恭紀二律》、尤世求《御題鶴棲堂匾額賜家大父恭紀二首》，同時還有諸公和作《御賜鶴棲堂詩》，如時江寧織造郎中曹寅（子清）、蘇州織造內部郎中李煦（萊嵩）、詹事府詹事高士奇、原任河南巡撫顧汧（芝岩）、原任翰林院檢討徐釚（虹亭）、松陵山人顧樵（樵水）、吳江教諭夏聲（秦重）、長洲孝廉張大受（日容）、顧嗣立（俠君）、常熟孝廉孫暘（赤崖）、青門山人邵長蘅（子湘）等。

姜實節於虎丘祠旁造生壙，遂賦詩以贈。

《鶴棲堂稿詩集》卷一《姜學在造生壙於虎丘祠旁題贈二首》一云：「藝圃當年載酒遊，賦詩猶記舊風流。不知此地埋文冢，亦有壺觴醉客不。」由於同卷一前《即事二首》中有「已過夏至立時初」及「麥子方收秧種栽」句，又後有《六月二首》，可知此詩作於夏至（五月二十四日）之後及七月之前。姜實節（1647～1709），字學在，號鶴澗，山東萊陽人，父垺以建言謫戍宣州，隨侍流寓吳中。好古畏榮，終老布衣，門人私諡「孝正」。著《鶴澗先生遺詩》、《補遺》、《焚餘草》。生平事迹見《國朝耆獻類徵初編》卷四七一、《江蘇詩徵》卷六九、《清詩別裁集》卷二十一、《全清詞鈔》卷六、《清畫家詩史》乙下、《國朝畫識》卷四等。

偶讀徐元文遺稿，頗有感慨。

> 《鶴棲堂稿詩集》卷一《讀昆山相公遺稿有感二首》一云：「當年束髮趨
> 函丈，他日登朝近至尊。閱世倏如歷塊馬，宦游常作問津人。家門朱紫
> 全非故，相業丹青豈是眞。惟有一編遺墨在，半銷烟火半埃塵（原注：
> 立齋遺稿前編已毀於火，後編尚未刻也）。」因同卷前有《六月二首》，
> 其後又有《中伏日揖青亭》，可推知此詩作於其間。

七月中伏，家中作佛事，登揖青亭納涼。

> 《鶴棲堂稿詩集》卷一《中伏日揖青亭》：「杖藜獨步草堂陰，中伏初交
> 暑氣深。七月觀荷才露葉，三年種竹已成林。遠山不改蛾眉色，小院時
> 聞魚鼓音（原注：家有佛事）。更喜青苗新得雨，豐年仰報聖皇心。」尤
> 珍《滄湄詩稿》卷十七《酷暑》亦記是夏炎熱之事。

夢與先父同遊南園。

> 尤侗《鶴棲堂稿詩集》卷一《夢先君子同遊南園》：「秋風乍起暑方回，
> 三徑依然歸去來。黃鶴仙人天外至，白雲親舍夢中開。田多禾黍宜扶杖，
> 池滿芙蓉可泛杯。還指滄浪亭畔路，某丘某水共徘徊。」

雲臥可上人來訪，登揖青亭飲茶話舊。

> 尤侗《鶴棲堂稿詩集》卷一《雲臥可上人過揖青亭茶話偶拈池平二韻同
> 作》一云：「即景思元亮，吟詩得道生。禪心花雨落，幽意草蟲鳴。扶杖
> 行猶懶，烹茶眼暫明。問君雲臥處，一望暮山平。」因詩前有《閏七月》，
> 後有《八月七日王巨山招友泛舟虎丘即事》，故推知此爲閏七月與八月之
> 際事。

閏七月，入山重修祖墳，徘徊生壙有終焉之志，遂作《西堂老
子生壙誌》以代遺命。是時，穹隆胡道士、雲臥可上人來訪草
草山房。

> 尤侗《悔庵年譜》卷下。《鶴棲堂稿詩集》卷一《官山修墓憩草草山房穹
> 隆胡道士雲臥可上人來訪》：「山房一別半年餘，秋到柴門景翳如。泥嶺
> 雨深生木菌，沼池風大走金魚。茅峰道士尋棋局，雲臥禪人檢韻書。卻
> 向荒墳修古道，松枝自剪掃階除。」尤侗《鶴棲堂稿·西堂老子生壙誌》

其末題爲：「康熙己卯閏七月鶴棲老人筆。」可見時爲閏七月。

八月七日，王巨山招諸友人泛舟虎丘。

《鶴棲堂稿詩集》卷一《八月七日王巨山招友泛舟虎丘即事》：「早見篙師催蕩槳，更聞山鳥喚提壺。……曲巷三歌妓，入座高陽一酒徒。刻燭歸來月未上，不知短簿笑人無。」王巨山生平事迹待考。

是日，遇徐柯於虎丘舟中，握手敍懷，賦詩贈之。

尤侗《鶴棲堂稿文集》卷二《東海一老傳》：「己卯中秋，忽遇貫時於虎丘舟中，握手對面，恍如夢寐，追話疇昔，慷慨傷懷，因賦五言二律贈之。君亦再過鶴棲堂，作記贈予。」尤侗《鶴棲堂稿詩集》卷一《喜遇徐貫時率贈二首》一云：「三千六釣叟，三十二外臣。豈同算博士，聊學謫仙人。孤竹空黃土（原注：謂侯齋先輩），南村尚葛巾。與君昨占夢，東海幾揚塵（原注：貫時自稱東海一老，三十六帝外臣，三千六百釣臺，俱用太白詩句）。」徐柯（1626～1700）字貫時，號東海一老，別號白眼居士，長洲（今江蘇蘇州）人，明諸生。父爲明少詹事徐汧，國變殉難，諡文靖公。入清後閉門不出，家境貧寒，然胸懷澹蕩。著《一老庵文鈔》、《一老庵遺稿》等。

吳之昌於康熙乙亥夏卒，本年秋，其子前來求作傳文。

尤侗《鶴棲堂稿文集》卷一《吳隱君小傳》：「（公）曰之昌，字公全，晚而自號鹿民。君少孤，奉其寡母，朝夕承歡，沒而盡哀，白鶴助哭，有君家隱之遺風焉。……往年予友徐石兄館於東山，與公全相善也。郵其詩稿，索予序言，讀之泠然，……不意乙亥之夏，君已謝世。至己卯秋，其子中龍、中鳳踵門請謁，乞予作傳，以傳不朽。」吳之昌，字公全，晚號鹿民，江南吳縣（今屬江蘇蘇州）人。著有詩集《東軒小草》。

八月八日，汪與圖雙梧小築落成，招諸公會飲，座中有尤侗、彭訪濂及與圖子汪立名等。

尤侗《鶴棲堂稿詩集》卷一《八月八日汪義齋雙梧小築招飲用南昀韻四首》一云：「八月天高秋氣澄，杖藜許我此登憑。十千買酒何妨醉，三百

稱詩可以興。寫景未逢江海客，談禪且遲水雲僧（原注：香嚴和尚、海寧畫師是日未至）。趨庭喜有佳兒在（原注：西亭令子），趁韻寧須呼老朋。」尤侗《鶴棲堂稿文集》卷一（收己卯年文）《雙梧小築記》：「新安汪翁羲齋卜居吾蘇，宅後有隙地可爲別墅，乃命人坎土爲池，……（己卯）八月中秋，翁既招予與彭太史會飲其中，賦詩以落之矣。海昌俞子重繪是圖，屬予作記。」釋宗渭《芋香詩鈔》卷四《汪羲齋中翰雙梧小築落成次韻紀勝》亦爲其時和作。

八月十日，表侄鄭鉽奉侗之意將《鶴棲堂稿》前往徐柯處請作記文。

徐柯《一老庵文鈔・鶴棲堂記》云：「今八月七日遇先生（侗）於虎邱舟次，握手道疇昔，旋辱贈詩，感今追往，不能競讀，涕零如雨。越三日，先生表侄鄭鉽將先生命，捧示《鶴棲堂稿》，屬爲之作堂記。」可知尤侗與徐柯於八月七日遇於虎丘，八月十日邀徐柯爲作記。鄭鉽字季雅，江南長洲（今江蘇蘇州）人。著《括囊居士集》、《唐律多師集》、《昭代清音集》。生平事迹見《清詩別裁集》卷二六、《長洲縣志》卷二十五《人物四》、《民國吳縣志》卷六十八《列傳七》。

八月間，嚴二維、嚴三徵兄弟來遊吳門，得覽二人《鴻雪》、《崑山》詩集，並為之序。

尤侗《鶴棲堂稿文集》卷一《二嚴詩序》：「二嚴者，長二維，次三徵也。今歲中秋，薄遊吳門，出示新詩，有《鴻雪》、《崑石》兩集。」嚴二維、嚴三徵生平事迹待考。

重陽前後，家中無菊，有人送之，誌感。

尤侗《鶴棲堂稿詩集》卷一《無菊自嘲》：「人家皆有菊，何爲我獨無。菊花笑我俗，我笑菊花愚。」同卷一《有人送菊三十本復作解嘲》：「無菊固欣然，有菊亦樂乎。何來三十本，其種短而麤。……相見雖恨晚，相遇幸未疏。把杯澆其下，一笑捋髭鬚。菊開即重陽，嘗聞之大蘇。」

十月十五日，葬孫女淑嘉於鷂子塢，珍兒為撰墓銘。

尤侗《鶴棲堂稿詩集》卷一《葬孫女淑嘉於墓旁有感二首》一云：「兒女

團圞聚夜臺，隴頭挑土又成堆。可憐新鬼年尤小，作饗重添酒一杯。」
尤珍《滄湄年譜》康熙三十八年有載女卒事，《滄湄文稿》卷六還有《亡
女淑嘉壙銘》：「康熙三十八年冬十月十五日，葬（淑嘉）於鵁子塢，實
附吾弟弘璧墓側。」

年近除夕，挹青亭失竊，亭中設施遭損。

尤侗《鶴棲堂稿詩集》卷一《挹青亭再被穿窬戲作四首》一云：「拆散屏
風扐折欄，僅存枯樹伴荒園。夜深小犬牢牢吠，問客胡爲不憚煩。」又
一云：「偷兒大半是窮民，無衣無食來乞鄰。安得彼蒼家戶給，路旁不見
拾遺人。」

康熙三十九年庚辰年（1700）八十三歲

二月十六日，清明節年月日時皆值庚辰，謂之天元一氣，百年僅見。

尤侗《鶴棲堂稿詩集》卷二《元旦》：「一聲爆竹夢中驚，八十三年又建
正。天子當陽開殿閣，野人謝客掩柴荊。舉觴何敢誇長壽，扶杖猶能詠
太平。聞說春官新報喜，清明恰遇大橫庚（原注：二月十六日清明節年
月日時皆庚辰，謂之天元一氣）。」

二月間，為褚人獲《堅瓠祕集》作序。

褚人獲《堅瓠祕集》卷首有尤侗序，末署：「時康熙庚辰仲春，鶴棲老人
尤侗撰。」褚人獲字學稼，號稼軒，一號石農，別號鶴市石農，江南長
洲（今江蘇蘇州）人。康熙末在世。負詩文名，著有《堅瓠集》、《隋唐
演義》、《讀史隨筆》、《鼎甲考》等。生平事迹見《堅瓠》各集序言及《通
俗小說書目小傳》等。

營生壙、立墓門風水誤入辰局，識者謂犯煞朲，遂擇日重建正之。

《悔庵年譜》卷下。

其時許定升、吳苑先後歿世，其中吳苑卒年六十三，自安徽遷蘇未及一月。

尤侗《鶴棲堂稿詩集》卷二《挽許香谷四首》一云：「昔年曾讀禹城行，
政績猶存人已亡。亭柳依依今尚在，長看遺老祀桐鄉。」同卷二《挽吳
楞香祭酒二首》一云：「向識君名氏，宜爲吾地人（原注：祭酒名苑）。
果然同百里，曾不滿三旬（原注：至蘇止廿八日）。去國成長假，移家未
即眞。黃山歸路近，魂魄且逡巡。」尤珍《滄湄詩稿》卷十八《哭吳楞
香祭酒四首》一云：「宦遊逾十載，爾我乞歸同。久怪音書阻，行看步屧
通。尋山追謝朓，卜宅擬梁鴻。風土吾鄉薄，無緣著鉅公（原注：自徽
遷至吾郡不及一月）。」另彭定求《南畇詩稿》卷六《挽吳楞香祭酒二
首》、《挽許升年先生二首》亦爲悼二人之亡所作。許定升，字升年，號
香谷，江南長洲（今江蘇蘇州）人。中順治甲午副榜，授禹城縣令，爲
官多有政績。著《香谷林文集》、《清蔭閣詩集》，生平事迹見《民國吳縣
志》卷六十八《列傳六》。吳苑，字楞香，號鱗潭，晚號北黟山人，江南
歙縣（今屬安徽）人。康熙壬戌進士，累官至國子監祭酒。有《北黟山
人集》。生平事迹見《民國吳縣志》卷七十六《列傳流寓二》、《乾隆長洲
縣志》卷二十六《流寓》、《道光徽州府志》卷十一之四《人物志·文
苑》。

三月五日，彭寧求卒，年五十二。

彭定求《南畇文稿》卷十《從弟翰林院侍讀瞻庭府君行狀》：「弟生於順
治己丑年七月十六日，卒於康熙庚辰年三月初五日，年五十有二。」彭
定求《南畇詩稿》卷六《哭從弟瞻庭十五首》、《醇叔來唁瞻庭弟喪因與
滄湄話舊》、尤侗《鶴棲堂稿詩集》卷二《挽彭瞻庭侍讀四首》、尤珍《滄
湄詩稿》卷十八《哭彭瞻庭侍讀六首》均爲時作。其中尤珍《哭彭瞻庭
侍讀六首》一云：「十年同館閣，晨夕鎮追攀。王掾頭方黑，潘安髮未
斑。有疑皆與晰，無事不相關。恍惚思良友，常逢夢寐間（原注：是月
十四夜見夢，不意初五日已去世）。」彭寧求，字文洽，又字瞻庭，號
約齋，長洲（今江蘇蘇州）人。壬戌進士，授編修。著《歷代山澤征稅
記》。生平事迹見《長洲縣志》卷二十五《人物四》、《民國吳縣志》卷七
十《列傳忠義二》、彭定求《南畇文稿》卷十《從弟翰林院侍讀瞻庭府君
行狀》等。

自山中歸，得知友徐柯訃聞。柯卒年七十五，臨終前寄函於侗，

請為作傳。

尤侗《鶴棲堂稿文集》卷二《東海一老傳》:「今（庚辰）春二月，從山中歸，客來告我曰：『先生逝矣。』為之驚歎失聲，問其時為初七日，問其年正七十有五。」《乾隆長洲縣志》卷二十四《人物四》:「（柯）臨死以藏墨二函寄尤檢討侗，屬作佳傳。侗因比其昆季為首陽之清、柳下之和云。」

時有譚惠昭餉酒，甚佳，值紺池同來。

尤侗《鶴棲堂稿詩集》卷二《譚子惠昭餉酒甚佳口號二絕時紺池同來故戲及之》一云:「平生最愛南潯酒，此水疑來鶯脰湖。幸有雲亭稱好事，床頭甕盡不須沽。」又一:「譚生了不異桓譚，讀破玄經醉二參。卻笑遠公逃米汁，一壺只合讓陶潛。」

邵長蘅六十壽辰，作文祝之。

尤侗《鶴棲堂稿詩集》卷二《邵子湘六十長歌為壽》:「問君春秋花甲添，六十曰耆休自謙。巋然靈光比彭聃，酌以大斗興正酣。祝以俚言將無慚，老夫癡長二十三。」邵長蘅（1641～1704）一名衡，字子湘，別號青門山人，江南武進（今屬江蘇）人。十歲補弟子員，後為奏銷案絓誤，以山人終其身。著《青門全集》。生平事迹見《四庫全書總目》卷一八三、《清史列傳·文苑》、《清史稿·文苑》馮景傳附、《江蘇詩徵》卷一四四、《清詩別裁集》卷十五、《杭州府志》卷一七○、《全清詞鈔》卷三等。

四月，漢陽張叔珽前來拜訪，為其《郲嘯集》作序。

《鶴棲堂稿文集》卷二《郲嘯集序》:「庚辰四月，予休夏閒居，有客通謁為張子方客，自言漢陽人也，因與坐而問焉。」《光緒漢陽縣志》卷三《人物略上》:「（張子）諱叔珽，字方客，號鵠岩。幼穎，特十一齡以縣試首選入庠。鄉薦不售，由明經官徽州同知甫。……有《漢詩音注》、《郲嘯軒文集》……若干種。」

陸婿德元自秦中任滿，携帑南還。小女先歸家，德元以河工事遲之。

《鶴棲堂稿詩集》卷二《秦中小女自任歸有感》：「憶汝西征日，暌離十五年。紅顏亦老矣，白髮尙依然。話舊增流涕，歸寧羨錦旋。挑燈猶悵望，河畔草綿綿（原注：時陸婿赴河工未歸）。」可知時小女先還，陸婿德元河工之事完後乃回。

得龐塏所寄武夷茶，賦詩謝答。

尤侗《鶴棲堂稿詩集》卷二《龐雪厓太守寄武夷茶二首》一云：「建州刺史坐官衙，羅合新貽北苑茶。鳳餅龍團譜不盡，一旗又喜出蓮花。」又一云：「平時最愛松蘿茗，此日還將石乳分。陽羨書生久不見，幔亭重拜武夷君。」龐塏《叢碧山房詩五集·建州稿》卷五《次韻答尤展成見懷並寄武彝岩茶》：「一別西堂改歲華，眞驚白日似翻車。歸曾無計空懷土，病不離身強上衙。老友關心偏有憶，新詩出手自成家。武彝信美乏奇產，寄爾旗槍岩上茶（原注：武彝茶生岩上者味清而香，生洲間者少遜）。」

得門人鄭彤友書，感懷舊友鄭重之東溪草堂。

尤侗《鶴棲堂稿詩集》卷二《門人鄭彤友廣文寄書問訊有感山公司寇東溪草堂二首》一云：「侍郎門第剩青氈，鳥石分携又幾年。遺我月團三百片，一時夢到鳳凰泉。」

前硯臺失竊，紺公又贈以新硯，亦可上人贈以磨墨之鋌。

尤侗《鶴棲堂稿詩集》卷二《失硯》：「沈生貽我老坑硯，其質深紫小而圓。……無何忽攫偷兒手，大索不知落誰邊。我欲捕賊賊竊笑，一硯能值幾文錢。」同卷二《紺池貽予小端硯二首》一云：「昨宵失硯無尋處，此日貽來似即眞。更得廷珪兩丸璧，任人磨墨墨磨人（原注：亦可上人送予方於、魯墨二鋌）。」

七月，為高士奇《清吟堂集》作序。

尤侗《鶴棲堂稿文集》卷二有《清吟堂集序》：「及其暫歸北墅，猶號山中宰相，與予輩贈答往來亦多斐然之作。甲戌冬，奉召還朝，……既而承恩侍養，將母南歸，拜花誥之榮，享板輿之樂。乃搜篋衍，彙前後四年之詩，刻成九卷，間以示予，予受而讀之。」高士奇《清吟堂集》（康

熙刻本）卷首亦收尤侗此序，署云：「康熙庚辰秋七月鶴棲八十三叟年弟
尤侗拜撰。」

宋犖時任江蘇巡撫，駐節吳中，因歷數宦遊已三年，令烏目王
翬補寫《六境圖》，侗為之和詩。

尤侗《鶴棲堂稿詩集》卷二《和六境圖詠》，中有《洗墨池》、《忘歸巖》、
《潞亭》、《鵲華秋色堂》、《烟江疊嶂堂》、《滄浪亭》六境詠作。

陸婿德元河工事畢，得以暫歸相見（已別十八年）。應陸婿之請，
為其父壽名《芝瑞堂遺集》作序並加以刪定。

尤侗《鶴棲堂稿詩集》卷二《陸婿儼庭秦中解任歸過揖青亭話舊有感》：
「十七年來不到此，今朝同我杖藜看。西山依舊喜蒼翠，南畝此時愁旱
乾。暫且抽身歸故里，更休回首望長安。正思日暮倚修竹，亭上已無十
二欄（原注：亭上欄杆被賊竊去）。」尤侗《鶴棲堂稿文集》卷二《芝瑞
堂遺集序》（庚辰文）：「有子儼庭嗣起甲科，歷官秦中學使，任滿言歸。
掃先人之丘墓，因搜遺篋所存《芝瑞堂稿》若干首，屬予刪定，版行於
世。」

張弘蘧翰林自嶺南歸，貽以方竹杖，賦詩答謝。

尤侗《鶴棲堂稿詩集》卷二《張弘蘧館丈貽方竹杖酬之》：「君自嶺南
歸，貽我方竹杖。握手僅三分，過頭幾一丈。携之及階席，可當師冕
相。借問此杖何處來，大夏種傳張博望。豈比桃枝賜楊彪，殊勝青藜照
劉向。」

聞王日藻卒於永定河工事，賦詩悼之。

尤侗《鶴棲堂稿詩集》卷二《聞王卻非尚書歿于河上感舊有作》：「人生
如寄倏亡何，來日常賒去日多。仕宦易馳驛路馬，流年難挽魯陽戈。琴
樽尚記梁王苑（原注：公撫豫日，予嘗訪之），畚鍤空勞瓠子河（原注：
公方有事河上）。屈指耆英半星散，蕭蕭白髮獨悲歌（原注：甲戌上巳，
玉峰耆年會凡十二人，作者五人矣：錢湘靈別駕、何涵齋學僉、許鶴沙
觀察、徐健庵司寇及公也）。」《光緒重修華亭縣志》卷十六《人物》：「康
熙三十八年，上南巡召見（日藻），褒賞有加，旋以永定河工起用，卒於

工所。」

八月十四日，與德元、珍兒同往馮晶園中賞景會飲。

《鶴棲堂稿詩集》卷二《八月十四日同陸婿珍兒過馮勉曾園小飲》：「已
屆中秋暑未收，褐來別墅暫夷猶。清風不用持錢買，細雨還堪秉燭遊。
三徑正開八月桂，一池如泛半塘舟。與君指點園中景，百二秦關有此不
（原注：陸婿初從陝歸）？」

八月，訪濂第三子彭日乾夭喪，賦詩慰安。

彭定求《南畇詩稿》卷六《第三子日乾幼而好學能受余訓年十四患病八
月而亡哭之十九首》。尤侗《鶴棲堂稿詩集》卷二《南畇喪其愛子慰之》：
「玉樹生埋涕淚橫，昔人孩抱尚鍾情。勸君且讀檀弓記，子夏何為喪爾
明？」尤珍《滄湄詩稿》卷十八《訪濂喪其愛子進修奉慰二首》亦作於
是時。

重九後，彭孫遹卒，享年七十。

王士禛《居易錄》卷三十四：「吾友彭少宰羨門以康熙丁丑假歸，己卯九
月，率子姓侄甥輩登秦駐山，賦詩云：『平生幾兩中郎屐，更不登臨奈老
何？』明年庚辰重九後遂下世，殆讖也。」尤侗《鶴棲堂稿詩集》卷二
《挽同年彭羨門少宰二首》、彭定求《南畇詩稿》卷六《羨門叔父喪適余
第三子病革馳寄誄文未及會弔臘初方行赴哭憶舊言哀作詩四首》均為悼
亡所作。《光緒海鹽縣志》卷十六：「己卯，御賜（彭孫遹）『松桂堂』匾
額。家居三載，門無雜客，惟以書卷自娛，年七十卒。」

九月十九日適妻令忌辰，賦詩誌悼。

《鶴棲堂稿詩集》卷二《九月十九日先妻忌辰今年八十矣有感口號二首》
一云：「二十三年長別離，至今顏色係人思。假饒此日齊眉在，正是華
堂上壽時。」案，曹令卒於康熙十七年，至此康熙三十九年，恰值二十
三年。

十月，宋既庭自興化解任歸，時值其八十壽辰。

《鶴棲堂稿詩集》卷二《既庭興化解任歸適值八十壽辰賦祝二首》一
云：「總角之交久比肩，忽成二叟髮皤然。我方遁世師陶令，君亦辭官老

鄭虔。書卷堆床漁獵富，兒孫繞膝鼓吹喧。長筵進酒堪行樂，豈必安車
羨錦旋。」彭定求《南畇詩稿》卷六《壽送既庭先生八袠二首》一云：
「講舍歸來大耋年，紫芝眉宇故依然。……會當識取南華義，一任春秋
度八千。」案，《咸豐重修興化縣志》卷六載宋實穎爲興化教諭時：「終
無干請，惟蘁飯自甘，惟與士子以經術相砥礪，人益賢之。邑迭遭水
患，前後寓書於湯、宋兩中丞，屢獲蠲賑，民賴以蘇。年八十以老疾歸，
士人建祠祀之。」《民國吳縣志》卷六十八《列傳六》載宋實穎：「……
授揚州興化教諭，課士尙經術，斥浮誇，歷十六年告歸，諸生祀之學
宮旁。」

有小伶來投，笑答之。

《鶴棲堂稿詩集》卷二《有小伶來投戲示二絕》一云：「久謝煙花放管絃，
阿誰醉客問瓊筵。倘能唱我《鈞天樂》，勝有纏頭當酒錢。」

十月十一日，董麒卒，享年四十六歲。

彭定求《南畇文稿》卷十《翰林院庶吉士觀三董君行狀》、《南畇詩稿》
卷六《西鄰董觀三方入翰林遽聞凶問旅櫬未歸先作哀詞四首》。

十二日，高士奇季子軒卒，年僅二十三，侗應高士奇之請爲作墓誌銘。

尤侗《鶴棲堂稿文集》卷二《高季子墓誌銘》：「高季子者，吾年友江村
學士之郎君也，其行三，故稱季子。……子生康熙戊午七月十二日未
時，……抱洗馬之疾，漸入膏肓，醫藥無效，遂於庚辰十月十二日辰時
溘焉長逝，年止二十有三。」尤珍《滄湄詩稿》卷十八《挽高呂鴻二首》
亦爲悼亡而作，有云「燕許家聲大筆傳，翩翩弱冠最芳年。……應知夭
壽原天定，勘破彭殤總脫然。」

十八日，鄭馸卒，享年五十五歲。

《鶴棲堂稿詩集》卷二《有感》：「對此茫茫可奈何，彌天昏黑艾張羅。
官如牛馬交遊少，歲在龍蛇災厄多。末世人情消雨雪，少年夢境邈山河。
不堪遲暮傷搖落，一部詩編半輓歌（原注：時又聞董觀三、鄭漢崔凶信）。」
詩中所云「歲在龍蛇災厄多」，乃用漢代鄭玄典故，與鄭馸卒於庚辰年相

符。彭定求《南畇文稿》卷六《鄭漢崔進士闈中病歸歿於錢塘挽詞二首》
亦爲悼亡之作，又同卷六《進士鄭漢崔傳》：「言既竟，整飭衣履，寂然
長瞑，時爲庚辰十月十八日，得年五十有五。越二日，喪至封郊，就殯
於吳山丙舍，里中人士無不歎息失聲，以爲鄉黨失一賢友云。」鄭駰（1646
～1700），字漢崔，號驥村，長洲（今江蘇蘇州）人。年五十餘始中科第。
生平事迹見彭定求《南畇文稿》卷六《進士鄭漢崔傳》。

十一月，盛符升卒，享年八十六歲。

尤侗《鶴棲堂稿詩集》卷二（庚辰詩）《挽盛誠齋侍御二首》一云：「生
平白頭友，存歿幾何人。官罷猶驄馬，文成竟獲麟。耆英春宴舊（原注：
甲戌玉峰禊飲），大耋御書新（原注：己卯上賜『年登大耋』四字）。起
起何嗟若，今年歲在辰。」王士禛《居易錄》卷三十三：「九月海鹽彭少
宰羨門卒，十一月予門人昆山盛珍示卒，眞有凋謝之歎。」

除夕前一日，宋犖饋以酒、米、海參、燕窩等物，賦詩答謝。

《鶴棲堂稿詩集》卷二《小除忽蒙商丘撫公有酒米海參燕窩之賜走筆報
謝》：「閉門積雪臥袁安，饋歲驚傳自上官。米桶出頭先覺飽，瓦爐烘手
已忘寒。天廚甘毳寧容腹，海錯瓊瑤忽滿盤。便擬來宵供爛醉，須知一
飯古人難。」

先祖尤袠《梁溪遺稿》久失無傳，年友朱彝尊搜輯諸書，得詩文若干首，重爲鋟版。

《悔庵年譜》卷下。

是年，上諭翰林官差各省督學，並增月俸，以示優恤之意。時在籍者多進京謝恩，侗與家人亦勸珍兒赴補，珍以父年高爲拒，弗出也。

尤珍《滄湄年譜》康熙三十九年。

尤珍《滄湄存稿》付梓，收作品計八十餘首。

尤珍《滄湄文稿》卷二《存稿自序》：「予自乙丑給假歸，梓稿五十首。
甲戌再給假歸，迨今庚辰，復梓稿八十餘首，非欲問世，聊以示後人
耳。」

是年許纘曾、吳瞻亦卒。

> 張維屏《國朝詩人徵略》卷一、陳垣《華亭許纘曾傳》。尤珍《滄湄詩稿》
> 卷十八《傷逝》：「春夏彭吳逝（原注：瞻庭、楞香），秋冬董鄭亡（原注：
> 觀三、漢崔）。西庵（原注：景南別號）復相繼，共有五君喪。豈是龍蛇
> 厄，還疑劫火殃。挽詩吟不就，閣筆黯神傷。」

康熙四十年辛巳年（1701）八十四歲

讀長白岳端貽顧卓書，並得其所寄詩畫。

> 尤侗《鶴棲堂稿詩集》卷三《讀紅蘭主人貽顧生爾立書感成二絕》一云：
> 「千里王門寄尺書，七言佳句勝雙魚。畫中更愛忘憂草，好與幽人伴隱
> 居（原注：書中並寄余詩畫）。」岳端（1671～1704）皇宗室岳樂子，又
> 名蘊端、玄端，字兼山，又字正子，號玉池生，別號紅蘭室主人、東風
> 居士、長白十八郎。曾封勤郡王，康熙二十九年降為貝子，八年後奪爵。
> 著《玉池生稿》、《南詞定律》、傳奇《揚州夢》，選注唐賈島、孟郊《寒
> 瘦集》等。生平事迹見《清史稿》卷四八九、《清詩紀事》康熙朝卷、《清
> 畫家詩史》乙下、《清詩別裁集》卷二十、《全清詞鈔》卷二等。顧卓字
> 爾立，號硯山，江南吳江（今屬江蘇）人，布衣。有《雲笥稿》。生平事
> 迹見《江蘇詩徵》卷一三二、《清畫家詩史》乙上等。

同年徐嘉炎學士來訪留詩，時徐患舌疾。

> 尤侗《鶴棲堂稿詩集》卷三《同年徐華隱學士南歸過訪留詩依韻奉答》：
> 「君從北地返江南，顧我衰翁七不堪。篋裏短歌猶剩九，園中荒徑已無
> 三。乍離東閣朝儀在，久直西清天語含（原注：御賜『直西清』三字）。
> 劇欲問君輦上事，子云口吃勿多談（原注：學士近病舌蹇）。」《聖祖實
> 錄》卷一九二：「康熙三十八年二月，內閣學士徐嘉炎以老病乞休，允之。」
> 知徐嘉炎乃為乞休南歸後來訪。

官山祖墳自萬曆壬子葬先曾祖及先祖、先父，已九十年矣，春忽有陸姓人家穿穴其旁，大傷風水，止之不可。遂率子孫走訴中丞宋犖，逐而遷之，勒為禁約。

> 《悔庵年譜》卷下。尤侗《鶴棲堂稿詩集》卷三《官山掃墓紀事》：「佳
> 城鬱鬱號官山，三代相傳尤氏阡。夜雨每聽龍跳躍，春風時見草芊綿。

祗應孫子圍爐守，那許他人借榻眠。憑藉山靈永呵護，還澆杯酒告重泉。」

寒食後，重至鷊子塢掃墓，隨行有陸氏仲女（陸婿出）。

《鶴棲堂稿詩集》卷三《重至鷊子塢掃墓時陸家仲女設祭感而賦此》：「掃墓已過寒食天，偶攜兒女泛樓船。閒花野草猶如故，剩雨殘雲倍黯然。」

春暮，遊滄浪亭，同行有朱端廣文載酒，彈琴者無弦沙彌。

尤侗《鶴棲堂稿詩集》卷三《偶至滄浪亭二絕句》一云：「久欲看花去稍遲，殘紅零落綠盈枝。猶有一分春意在，小橋流水夕陽時。」可知時為春暮。又一云：「廣文先生携樽至，揚州小師抱琴來。咄嗟子美竟高臥，埼西草堂開不開（原注：載酒者朱莊伯，彈琴者無絃沙彌也）。」可知同行者有朱莊伯與無絃沙彌。

四月初五，莊朝生卒，享年七十二歲。

尤侗《鶴棲堂稿文集》卷四《莊靜庵學使墓誌銘》。莊朝生字玉墀，號靜庵，先世由鎮江遷武進（今屬江蘇）。順治己丑進士，授翰林院檢討，累升刑部郎中。《民國吳縣志》卷七十六《列傳流寓二》載莊朝生告歸後：「杜門不與戶外事，閒與尤侍講侗、宋孝廉實穎、彭長寧瓏為耆年會，優遊林下二十餘載卒。」

門生徐發至容縣赴任，賦詩以贈。

尤侗《鶴棲堂稿詩集》卷二《送徐衷侯之容縣二首》一云：「南望蒼梧杳靄間，八峰遙接大容山。鬱林自昔傳廉吏，耐可扁舟載石還。」

四月，王士禎乞假歸，四月二十二日寄書於侗，並贈以《隴首集》、《邊華泉集選》。五月十三日啟程，京師諸公賦詩與士禎別之。

《聖祖實錄》卷二〇四。王士禎《賜沐紀程》、《居易錄》卷三十四、《漁洋山人自撰年譜》卷下均載假歸事，《載書圖詩》收有《請假疏》、并錄京師諸公送別之詩。王士禎《蠶尾集剩稿》之《寄尤悔庵太史》，末尾署云「辛巳孟夏廿二日」。尤侗《鶴棲堂稿詩集》卷二《阮亭司寇假歸有書

寄訊賦此奉懷》：「江東耆舊吾何敢，山左風流君獨名。駟馬高車暫休沐，水邊林下且閒行。有時西墅攤書坐，何日漁洋載酒迎（原注：阮亭有西城別墅，自號漁洋山人）。奇絕筆峰華不注，雪樓壓倒濟南生。」

暑中，洞庭友人饋贈西瓜，上海友人贈以蜜桃，吳序商贈冬青酒，汪牧拜送佛手酒。

《鶴棲堂稿詩集》卷三《洞庭友人饋西瓜二首》、《上海友人饋蜜桃二首》、《冬青酒（原注：吳序商送，云丙子年造，已六年矣）》、《佛手酒（原注：汪牧拜送）》。

七月十四日，侍郎顧藻卒。中秋節前後始得訃聞，頗生感慨。

尤侗《鶴棲堂稿詩集》卷三《中秋口號三首》一云：「東家歌舞幾時休，又聽西家薤露謳（原注：時聞顧觀廬侍郎之訃）。留取一分明月在，五更還照北邙頭。」勞之辨《靜觀堂詩集》卷十九《挽顧懿僕十首》一云：「歌驪當禁火，跨鶴屆盂蘭（原注：中元前一日逝）。暫別成長別，填胸痛萬端。」彭定求《南畇詩稿》卷七《挽同年顧觀廬侍郎三首》其一云：「憶昔初通籍，惟君旅館同。寢門今日慟，交道此生終。夢斷離尊後，情餘短箚中。喈喈稀舊雨，零落又秋風。」尤珍《滄湄詩稿》卷十九《挽顧觀廬侍郎二首》亦作於是時。顧藻，字懿僕，號觀廬，江南無錫（今屬江蘇）人，官至侍郎。

陸婿德元忙於河工事，侗書信慰之。

尤侗《鶴棲堂稿詩集》卷三《寄懷陸儼庭河上有感》：「久歷秦關又大河，勞於王事豈三過。春風望斷桃花信，夜雨愁聞瓠子歌。」

應徐元文子徐樹本太史之請，為徐元文遺著《述歸賦》題詞。

尤侗《鶴棲堂稿文集》卷三《述歸賦題詞》：「立齋相國自辛未謝世，迄今辛巳已越十年矣。令子道積太史始以所著《述歸賦草稿》示予，追尋往事，邈若山河，而感念平生，如在初歿。」

時年沈德潛館於族人尤鳴佩家，侗見其詩文稱讚不已。

沈德潛《沈歸愚自訂年譜》康熙四十年辛巳年：「館尤鳴佩家。太史西堂先生，鳴佩世父也，見予《北固（山）懷古》、《金陵詠古》及《景陽鐘

歌》等篇，謂令嗣滄湄宮贊曰：『此生他日詩名不在爾輩下。』予聞之竊
自惡也。」沈德潛《歸愚詩抄》卷八有七言古詩《景陽鐘歌》、卷十五有
七言律詩《北固山懷古》、《金陵詠古》。

時詔免康熙四十一年江南地丁錢糧。

尤侗《鶴棲堂稿詩集》卷三《詔免江南四十一年地丁錢糧誌喜》：「天王
有詔下江南，八郡黔黎閭澤沾。千里大田蠲甲賦，一年小戶免丁男。頓
教婦子歡康息，益令臣工勵法廉。莫歎浮糧遺勝國，新朝今已赦之三。」
同卷三《又絕句四首》：「小人逢赦喜多田，老子無田也自寬。含哺豈知
蒙帝力，青詞願寫拜齋壇。」同卷四《元旦仍用元字韻》：「四十一年復
建元，蠲租新喜拜皇恩。」彭定求《南畇詩稿》卷七《詔免明年地丁錢
糧作紀恩口號四首》亦作於是時。

康熙四十一年壬午年（1702）八十五歲

時康熙帝年半百，星家言其宜調護，各處祝釐法事甚盛。

尤侗《鶴棲堂稿詩集》卷四《又記事十六首》一云：「至尊萬壽聖躬安，
佛殿仙宮並建壇。十二街頭鐘鼓鬧，香爐影裏走千官。」尤珍《滄湄年
譜》康熙四十年：「春，往北寺齋宿，祝釐行香。」

因連日陰雨，上山探梅不果。

尤侗《鶴棲堂稿詩集》卷四《探梅不果》、《久雨》等均爲時所作，其中
如《倒韻》：「石壁津誰問，包山盟復寒（原注：去冬有約予包山看梅者，
已而中止）。只留鶴子塢，報與故妻看（原注：塢中有梅百樹）。」

送亦可上人往住海藏禪院。

尤侗《鶴棲堂稿詩集》卷四《送亦可上人住海藏禪院》：「用川風景今奚
若，可與高陽舊話同。擊竹軒前天籟發，梅花墅前下眾香通。」因該詩
在《花朝》與《上巳》之間，知此很可能爲二月間事。案，《民國吳縣志》
卷三十八：「海藏禪院在甪直鎮十九都里人許元祐梅花別墅，清順治三
年，子元溥舍建。」

春，亡友何棟次子何煜出詩作以示，為之作序。

尤侗《鶴棲堂稿文集》卷四《何章漢詩序》：「疇昔之歲，予歸田閒居，
與年友何涵齋爲手談之戲，每週四照亭看花飲酒，子丁丁不休，其長君
倬雲、次君章漢遞代侍側，棋品略相上下，從旁點籌相樂也。既而倬雲
第進士，官京師，章漢亦登賢書公車去，亡何，涵齋即世，歲月忽忽，
遂成古人。……今春，章漢忽出笥稿示予，讀之颯颯乎大雅之音。」何
煜字章漢，江南長洲（今江蘇蘇州）人。官南陽知府，有詩名，著《四
照亭詩鈔》。生平事迹見《蘇州府志》卷八八等。

二月，珍兒侍妾丁氏病卒；四月，珍復納妾同里歸氏。

尤珍《滄湄年譜》康熙四十年。

五月，李國亮遣人寄書，請為其西溪草堂作文以記。

尤侗《鶴棲堂稿文集》卷四《西溪草堂記》：「三韓李朗庵先生，昔爲吾
吳大方伯，予嘗奉教左右矣。既而移轄中州，旋進開府致仕以歸，不相
聞問久之。今歲夏五，忽遣一介以書來云：『近者卜居涿鹿，城西北隅
名百尺竿，有閒地三畝，予顧而樂之，築屋其上，題曰：西溪草堂，一
丘一壑，聊自怡也。子盍爲我記之？』予聞之欣然喜。」李國亮，號郎
庵，奉天海城（今屬遼寧）人，隸鑲紅旗漢軍，阿桂等纂《盛京通志》
卷七十九載其：「康熙三十五年由河南布政史升任巡撫，首務教化，建
修書院，延名宿以訓課士子。嚴飭武備，禁除一切陋規，……時稱賢大
吏云。」

江西撫州通判陸輅捐俸重修湯顯祖玉茗堂於舊址，賦詩賀之。

王士禛《居易錄》卷十四：「門人常熟陸輅次公昔爲恩縣令，遷東昌別
駕，適補撫州。」同卷二十四云：「湯若士先生玉茗堂亂後久毀兵火，門
人常熟陸輅次公通判撫州，捐俸錢即堂址重新之，落成日遍召太守以下
諸同官泊郡中士大夫大集堂中，令所攜吳伶合樂演《牡丹亭》傳奇，竟
夕而罷，自賦二詩紀事，一時江右傳之，多屬和者。」金埴《不下帶編》
卷三：「常熟陸次公輅，康熙中判撫州，重建玉茗堂於故址，大會府僚
及士大夫，出吳優演《牡丹亭》劇二日，解帆去。輅自賦詩紀事，江以
南和者甚夥。時阮亭王公官京師，聞而豔之，寄詩云：『落花如夢草如
茵，弔古臨川正莫春。玉茗又開風景地，丹青長憶綺羅人。瞿塘迴楫三

生石，迦葉聞箏累劫身。酒罷江亭帆已遠，歌聲猶繞畫梁塵。』如許風
致，耐人吟詠。」尤侗《鶴棲堂稿詩集》卷四即有《陸次公別駕撫州重
葺湯若士玉茗堂歌以美之》：「朅來虞山陸使君，翱翔半刺弔前人。手闢
荊榛布堂廡，几筵檳桲一時新。小部梨園將進酒，清歌妙舞重橫陳。先
生一笑蹶然起，四夢一曲好迎神。」因同卷前有《立秋苦熱》，可知此詩
當作於入秋之際。尤珍《滄湄詩稿補遺》卷三《陸次公別駕重建湯臨川
玉茗堂爲祠二首》亦爲是時作。陸輅，字載商，以例授陽曲縣丞，擢知
恩縣，再擢東昌通判，移撫州。重建玉茗堂於故址，落成，集僚友及名
士張樂宴飲，一時傳爲美談。生平事迹見《光緒常昭合志》卷三十一《人
物十》。

何煜往福建，歸贈宋樹茶。

尤侗《鶴棲堂稿詩集》卷四《何章漢閩歸貽宋樹茶二首》一云：「君向閩
南啖荔枝，飽時澆腹正相宜。吳儂相見猶嫌晚，昔日鬥茶今補遺。」

有人以書、畫等古董來售，戲答之。

尤侗《鶴棲堂稿詩集》卷四《有以古董來售者戲書示之》：「市上爭開書
畫船，如何古董尙新鮮。千行鉤畫趙松雪，百軸雲山沈石田。墨版盡鏤
南宋字，銅壺猶製大唐年。但持夫子一條杖，好乞太公九府錢（原注：
見宋人小說）。」由於此詩後有詩《初秋》，可知時約六、七月間。

邵深研少而好學，題其《滌燕圖》以贈。

尤侗《鶴棲堂稿詩集》卷四《邵子深研少而好學亦工法書嘗於扇頭寫太
白廬山謠貽予因題滌硯圖二首贈之》：「白也昔作廬山謠，君書亦與廬山
高。欲識廬山眞面目，香爐水簾在揮毫。」因此詩前有《初秋》、後有《中
秋三五夜》，故推知當作於七、八月間。邵子，字深研，本名不詳，生平
事迹待考。

八月，同鄉友人黃庭（戩山）之子黃師瓊童子科中試，賦詩賀
祝。

尤侗《鶴棲堂稿詩集》卷四《賀黃願弘童子科秋薦二首》一云：「金門羽
客有盧堂，定向元皇乞侍香。贏得班超投筆笑，從今不賦射雕行（原注：

虛堂其祖，乃父葴山武孝廉也，予嘗作《射雕行》贈之）。」《乾隆長洲縣志》卷二十四：「黃師瓊字願弘，省曾八世孫。刻苦自勵，思以文學顯。中康熙壬辰進士，任徽州教授，建敬業、日新兩堂，與諸生講課其中。……艱歸服闋補鎮江教授，升雲南廣通縣。……積勞成疾，歿於官。」

九月，宋世濚夫婦卒，卒前宋有海闊天空之語。

尤侗《鶴棲堂稿詩集》卷四《挽城南老人夫婦並逝二首》一云：「朝來扶病起匡床，驚報城南雙悼亡。忉利天邊應共去，菩提樹下可同行。廣平相業傳三代，燕桂家聲有五郎。滿座貂嬋都不戀，只將支手見空王。」彭定求《南畇詩稿》卷八《城南宋翁挽詞二首》、尤珍《滄湄詩稿》卷二十《挽宋城南二首》亦爲時作，其中尤珍《挽宋城南二首》一云：「我愛城南老，長齋禮淨名。壽原非有相，悟本是無生。蘱悴三秋冷，霜寒萬象清。天空兼海闊，撒手此時行（原注：臨終有海闊天空之語）。」由「蘱悴三秋冷，霜寒萬象清」句，可知宋世濚卒於三秋九月間，且尤侗該詩前有《九日揖青亭》、後有《九月二十八日先君三十週年香嚴寺追薦誌感》，更可證時爲九月間。

送酒於朱彝尊，並詩以贈。

尤侗《鶴棲堂稿詩集》卷四《送酒與竹垞》：「秋風每憶小長蘆，消夏依然在太湖。不爲扁舟愁道遠，只因短杖病難扶。幾年修史猶高閣，此日刪詩得竟無。遮莫提壺同一醉，天涯征雁盍歸乎。」

九月二十八日，先君去世三十周年，與七弟尤倬至香嚴禪院禮懺。

《悔庵年譜》卷下。尤侗《鶴棲堂稿詩集》卷四《九月二十八日先君三十週年香嚴寺追薦誌感》：「讀詩久廢蓼莪篇，彈指春秋三十年。遺老已無雙白髮，孤兒祇剩兩青氈（原注：七子惟侗與倬在）。亦園松菊猶如故，蕭寺鐘魚空杳然。自歎崦嵫逼暮景，幾時杖履侍重泉。」案，尤侗《西堂雜組三集》卷七《先考遠公府君暨先妣鄭氏行述》載尤父淪卒於康熙十一年壬子（1672），至本年康熙四十一年（1702）正三十週年。

歲末天寒患病，賦詩遣懷。

尤侗《鶴棲堂稿詩集》卷四《病中大雪》、《病起漫興二首》。其中《病中大雪》詩云：「何事空床獨枕書，那堪破氈猶銜藥。朝餐稀粥欲忘饑，夜眠敗絮終嫌薄。須臾五九報春回，窮漢階頭舞韶濩。」由詩中「須臾五九報春回」句可知時為歲末，又《鶴棲堂稿詩集》卷五《癸未元旦二首》中有「且喜病夫無恙在，春風又到小門前」可推知元旦乃病癒。

年近除夕，家中又失竊，感慨賦詩，並懷亡友汪安公編修及同鄉沈朝初學士。

尤侗《鶴棲堂稿詩集》卷四《除夕偶書二首》一云：「一年世事已三變，末劫人情更屢遷。鶴禁郎君玉匣化（原注：沈東田學士），羊城使者錦衣旋（原注：汪安公編修）。魯公只剩乞米帖，莊子空存胠篋編（原注：室中被竊）。所見所聞今若此，老夫啼笑兩茫然。」沈朝初（1649～1703）字洪生，號東田，江蘇吳縣人。康熙十八年進士，改庶吉士，授翰林院編修，官至侍讀學士。曾分撰《明史》、《大清一統志》等，有《不遮山閣稿》。生平事迹見《國朝耆獻類徵初編》卷一一七、《全清詞鈔》卷五、《乾隆長洲縣志》卷二十四《人物四》。

盤門塘岸久圮，有長者王順山獨立成之，洞庭吳序商並築草亭，是年作文紀事。

尤侗《鶴棲堂稿文集》卷四《般塘行樂亭碑記》：「自胥關萬壽亭東至盤門張公橋，約三里而遙，沿塘一帶厥土塗泥，未有磚石之砌，……有花洲長者王順山慨然獨任，自挑一簣，築之登登，不日告竣，遂成康衢，行人便之。惟途中尚少草亭以憩行旅，旁蓋把茅以住老僧，廣施茶薑，以濟饑渴。土木雖繁，又惡可以已哉！於是洞庭吳序商居士經始鳩工，孤亭四角遂落成焉。」《鶴棲堂稿詩集》卷四《又記事十六首》一云：「河工旁午百官奔，竭力輸將尚苦煩。怪底南濠王長者，自挑糞土到盤門（原注：紀王順山修盤塘事）。」

亡友蔣德埈有德于甫里，鄉人祠而祝之，是年為文以頌。

尤侗《鶴棲堂稿文集》卷四《蔣進士祠堂碑記》：「蔣公諱德埈，字公遜，長洲人。順治戊戌進士，未仕而卒。吾家與蔣氏世為中表，而予與公遜尤相愛也。……又越二十餘載，鄉人感而思之，相與建祠，祀君于甫里，

以其死所，魂魄猶戀此也。嗚呼，異哉！今之鄉先生歿而可祭於社者，吾見亦罕矣。」《蘇州府志》卷八八載蔣德埈：「康熙乙卯歲大饑，德埈傾家賑濟，全活者數千人，月給育嬰堂緡錢爲乳哺費，施絮施棺埋瘞掩骼，⋯⋯人感其義，請之有司建祠，春秋祀享。」蔣德埈著有《錞庵詩鈔》、《公遜文稿》，生平事迹見《江南通志》卷一五七、《蘇州府志》卷八八、《民國吳縣志》卷七十《列傳忠義二》。

是年，孫世求以教習考授知縣。

尤珍《滄湄年譜》康熙四十一年。

康熙四十二年癸未年（1703）八十六歲

正月二十六日，宋犖七十初度，作文壽之。

宋犖《西陂類稿》卷四十七《漫堂年譜》。尤侗《鶴棲堂稿文集》卷五《宋大中丞七十壽序》：「皇上萬壽在三月，而公古希之辰即在春王正月，有君臣相悅之象焉。以天壽平格推之，皇上之壽如天，公之壽亦如岡、如陵、如川之方至矣。然不敢先臣於君者，人事畢然後敢治私事也。今而後，吾儕小人願躋公堂而獻一觴，而予尤有進焉。」

二十七日，前保和殿大學士禮部尚書王熙卒，享年七十六歲。

王熙自編《王文靖公年譜》、《王文靖公集》後附張玉書撰《墓誌銘》、王士禛撰《神道碑》、《香祖筆記》卷二、尤侗《鶴棲堂稿文集》卷五《大學士王文靖公祭文》。

正月，因河工告成，康熙帝復南巡。水陸並進，鑾儀車馬甚盛，百姓聚觀迎送。侗接駕至錫山驛亭，上岸登獨木橋，得過。

《聖祖實錄》卷二一一。尤侗《悔庵年譜》卷下、尤珍《滄湄年譜》康熙四十二年、《鶴棲堂稿詩集》卷五《迎鑾紀事十首》等均有載。

二月，康熙帝抵蘇，駐蹕織造衙門。二十日，諭陞侗翰林院侍講、晉階承德郎，並賜米貼一卷、賜尤珍古詩一幅。時還復內閣學士盧琦、諭德秦松齡、檢討潘耒、徐軌、馮勗、御史吳震方等原官。

《聖祖實錄》卷二一一。尤侗《鶴棲堂稿詩集》卷五《迎鑾紀事十首》
一云：「起居未列講筵旁，忽降新銜侍講章。宣旨不離虎拜地，謝恩仍
上鶴棲堂。掌麻視草雖無分，洛誥閭風有幾行。陛下大呼奇絕事，微臣
敢學米顛狂（原注：侗奉旨特陛侍講並御書臨米一幅）。」一云：「大田
多稼水多魚，猶念遺賢舊石渠。宣室鬼神思賈誼，茂陵封禪問相如。十
年丘壑重簪筆，三徑蓬蒿又出車。爭看帝王書第一，家家供奉尚方書
（原注：詔復秦松齡諭德、馮勗、潘耒、徐釚檢討等官）。」尤珍《滄湄
年譜》康熙四十二年：「（二月）十一日，駐蹕於蘇州行宮，……二十二
日，召諸臣至行宮，寫詩進呈，特加先大人翰林院侍講，賜臨米芾五言
古詩一幅，賜珍御製《雨中望吳山》詩一幅。二十三日，送駕回鑾。」
《滄湄詩稿》卷二十一《迎駕紀事三首》、《二月二十二日召至行宮賜御
書一幅恭紀》亦爲時作，其中後一首有云：「十年歸隱伴漁樵，回收觚
稜清夢遙。忽觀天顏依日月，還瞻御筆下雲霄。羲皇畫字乾坤定，虞帝
歌詩律呂調。從此小亭誇勝景，青山檻外許相召（原注：結用御筆詩中
語）。」尤珍《滄湄文稿》卷四《御書亭記》亦載父子受賞之事。另，
《民國吳縣志》卷六十八《列傳六》：「癸未，駕復南巡，（侗）即家晉侍
講。」《詞林典故》卷四：「四十二年春，聖駕南巡，至吳，又賜在籍檢
討尤侗字幅，即於其家擢授侍講。」潘耒《遂初堂文集》卷十八《尤侍
講艮齋傳》：「癸未春，駕復幸吳，賜先生御書一幅，即家拜侍講，實異
數也。」王士禛《香祖筆記》卷二：「（癸未）上南巡畿輔，在籍諸臣迎
駕，詔復原任禮部右侍郎田種玉、國子監司業劉芳喆、御史戈英原官；
至江南，詔起用原任河南巡撫侍郎顧汧、翰林編修楊瑄，加檢討尤侗侍
講，復內閣學士盧琦、諭德秦松齡、檢討潘耒、徐軌、馮勗、御史吳震
方等原官。」

三月，赴官山掃墓。

尤侗《鶴棲堂稿詩集》卷五《官山掃墓》：「才向郊關送至尊，徦來山塢
拜先親。……流鶯正熟黃花爛，檢點韶光又暮春。」

五月十六日，王士禛寫書於侗，請為其「帶經堂」、「信古齋」作記，並寄示《古歡錄》、《池北偶談》。

王士禛《蠶尾集剩稿·寄尤悔庵侍講》：「長夏遙承起居清健，詩筆之興，

彌更讋鑠。弟庚辰蒙御書『帶經堂』之賜，客歲壬午又蒙御筆爲書『信古齋』，敬求先生一記傳之將來，當不斲也。近著《古歡錄》、《池北偶談》二書就正，《偶談》中載先生語數則，亦可見古人傾倒之至。」尤侗《鶴棲堂稿》卷五《迎鑾紀事》之後收錄《王阮亭大司寇手箚》全文，落款云「五月望後一日弟士禛頓首」，可知此信作於五月十六日。

六月三十日，高士奇卒，年六十。其時，勵杜訥亦卒，年七十。

《清史稿》列傳五十八、王利器《李士楨李煦父子年譜》、清史委員會編《清代人物傳稿》上編第八卷。尤侗《鶴棲堂稿詩集》卷五《高江村勵近公兩侍郎同時報訃感哀有作》：「吾丘司馬久相依，夕側朝嬰孰是非。本意紫宸常伴直，豈知白首竟同歸。」尤珍《滄湄詩稿》卷二十一《病中襍詩四首》一云：「夢繞西州春復秋，傷心華屋忽山丘。兩朝元老騎箕尾（原注：宛平），一代詞臣赴玉樓（原注：江村）。」勵杜訥（1628～1703），字近公，一字澹園，直隸靜海（今屬天津）人。初冒杜姓，生員，精楷書。康熙二年（1663），廷選善書之士，以應試第一被錄取，得以參加繕寫《世祖實錄》。康熙十八年舉博學鴻詞，授編修，充日講起居注官。康熙二十一年復勵姓，後官至刑部侍郎，卒諡文恪，贈禮部尚書，加太子大傅。著《杜喬堂集》。生平事迹見《清史稿》列傳卷五十三等。

秋，珍兒患疾。

尤珍《滄湄詩稿》卷二十一《病中襍詩四首》、《病起》。其中《病起》：「病起秋光好，閒庭緩步時。盆中看水畜，簷際聽芻尼。小雨沾林薄，殘陽掛樹枝。陰晴關旱潦，對景不勝思。」

世求北上，賦詩祝之。

尤侗《鶴棲堂稿詩集》卷五《送求孫北上》：「老年離別最銷魂，況復衰翁送憨孫。臚唱競傳新甲第，彈冠猶記舊金門。驅車邈邈愁長道，折柳依依惜故園。安得身如雙燕子，銜泥巢屋報君恩。」

九月，七弟倬人之妻二十六年忌日，為之悼亡。

尤侗《鶴棲堂稿詩集》卷五《爲倬人七弟悼亡二首》一云：「鳲鳩七鳥各

分飛，喪馬求林更式微。二十六年哀絕日，至今血淚染麻衣（原注：亡婦（弟媳馬氏）歿於戊午九月）。」

世求歸，喜而賦詩。

尤侗《鶴棲堂稿詩集》卷五《喜求孫北歸》：「汝行河朔十旬餘，便累衰翁日倚閭。千里賓鴻書未到，一年謝客出無車。江南幸喜田多稼，山左危成海大魚。野老祇貪鄉里好，在東何似賦歸與！」可知世求離家三月餘。

十月十一日，康熙帝西巡始，聞訊賦詩祝禱。

《聖祖實錄》卷二一三。尤侗《鶴棲堂稿詩集》卷五《聞聖駕西巡有紀》、宋犖《西陂類稿》卷十八《上幸秦晉由中州回鑾臣疏請迎駕於大梁祇候旋奉旨免迎返鑾過里門信宿而行賦詩紀事時康熙癸未仲冬十二日也》。

除夕，有人饋葡萄。婢女產一孫女。

尤侗《鶴棲堂稿詩集》卷五《除夕口號》有句「床頭雖乏三千甕，幸有葡萄當酒杯（原注：是夕有送葡萄者）」，又一云：「空房何意泣呱呱，弱女非男猶勝無。獨恨青山血食斷，庭堅豈遂忽諸乎（原注：瑞兒尚未立嗣，是夕兒婢產一孫女）。」

康熙四十三年甲申年（1704）八十七歲

三月二十三日，吳譓卒，年五十八。

彭定求《南畇文稿》卷八《高郵州學正吳愼旃墓誌銘》：「君卒於康熙甲申三月二十三日，得年五十有八。」尤珍《滄湄詩稿》卷二十二《挽吳愼旃廣文二首》。

春日未出戶，春暮，珍兒招友集惜陰軒小飲。

尤珍《滄湄詩稿》卷二十二《送春日惜陰軒小集以惜陰為韻二首》其一：「春風一何駛，去如遠行客。屈指三春時，花信半狼藉。獻歲多陰寒，雪飛屢盈尺。連綿兩月雨，水潦漸傷麥。上巳方清和，家累苦相迫。老親不出戶，坐臥在床席。未曾一窺園，何暇辦遊屐。今茲送春去，韶光

竟虛擲。俛印感慨生，此日足可惜。」其二：「繁紅既以萎，庭中多綠陰。烏雀時往來，嚶鳴遺好音。偕我二三子，談諧暫開。棋局相閒設，坐隱無嚚心。盤餐幸粗具，旨酒各自斟。把梧徵雅令，凝思深且沉。酒闌擊鼓戲，豪興殊不禁。雖云一飽樂，毋乃近湎淫。作詩還自警，庶幾當酒箴。」

五月初九，訪濂六十初度。

尤珍《滄湄詩稿》卷二十二《次韻和訪濂六十感懷四首》。

五月二十七日，吳雯卒，年六十一。

翁方綱《蓮洋吳徵君年譜》。

六月二十五日，以疾卒。十二月十九日，與妻令合葬於官山後姚姊河。

尤珍《滄湄年譜》康熙四十三年：「六月二十五日，先大人以疾終於正寢。八月初七日，治喪，始共五日。十五日，奉先大人柩權厝於草草山房。十二月十九日，啓先母穴合葬。」《滄湄文稿》卷六《翰林院侍講先考艮齋府君行述》亦載有尤侗卒事。彭定求《南畇詩稿》卷十《尤艮齋先生挽詞二首》一云：「國老稱人瑞，天何不慭遺。冥冥觀化日，默默解弢時。祿命更陶鑄，文章縱指麾。浮休還悟得，底事隙駒悲。」又一云：「情親陪杖屨，荏苒歲時辰。旅館傳瓊檢，鄉園伴羽觴。同人多實謝，夫子始歸藏。若問鈞天奏，前因未渺茫。」朱彝尊《曝書亭集》卷七十六《翰林院侍講尤先生墓誌銘》：「甲申六月日以疾卒，距生明萬曆四十六年閏月日，享年八十有七。」王豫《江蘇詩徵》卷八十五引《江蘇詩事》語：「（尤侗）甲申六月卒，年八十七。」潘耒《遂初堂文集》卷十八《尤侍講艮齋傳》如是記。《蘇州府志》卷八八道尤侗：「癸未駕復南巡，即家晉侍講，明年卒，年八十七。」《蘇州府志》卷四九《冢墓一》道：「尤侗墓在官山後姚姊河。」《民國吳縣志》卷四十：「翰林院侍講尤侗墓在官山後姚姊鄔，近韓襄毅公墓。」

本年，六月初一，洪昇酒後登舟墮水而卒，年六十一。

金埴《巾箱說》：「迨甲申春杪，昉思別予遊雲間白門，甫兩月而訃至。」

章培恒《洪昇年譜》對此有詳載。

八月，韓菼以疾卒，享年六十八歲。

顧嗣立《梧語軒詩集》卷下有《哭大宗伯韓慕廬先生十首》。朱彝尊《曝書亭集》卷七十一《禮部尚書兼掌翰林院學士長洲韓公墓碑》：「禮部尚書兼掌翰林院學士長洲韓公，康熙四十有三年秋八月以疾卒於官。」《民國吳縣志》卷六十八《列傳六》及《蘇州府志》卷八八均載韓菼：「卒於官，年六十八。

參考文獻

（一）基礎文獻類

1. 尤侗：《西堂全集》、《西堂餘集》、《鶴棲堂稿》，康熙丙寅周君卿刻本。

2. 尤珍：《滄湄詩文稿》、《晬示錄》、《靜嘯詞》、《介峰札記》、《滄湄年譜》，
　 康熙刻本。

3. 尤世求：《南圍詩鈔》，清刻本。

4. 毛奇齡：《西河合集》，清刻本。

5. 徐元文：《含經堂集》，清刻本。

6. 宋琬：《安雅堂集》、《安雅堂未刻稿》，清刻本。

7. 汪琬：《堯峰文抄》、《鈍翁類稿》，康熙間刊本。

8. 施閏章：《施愚山先生學餘詩文集》，乾隆間刻本。

9. 陳維崧：《湖海樓詩集》、《陳迦陵文集》、《迦陵詞全集》，康熙刻本。

10. 丁耀亢：《丁野鶴遺稿》，康熙刻本。

11. 王崇簡：《青箱堂文集》，康熙十五年刻本。

12. 周亮工：《賴古堂集》，康熙間刊本。

13. 杜濬：《變雅堂遺稿》，光緒二十年黃岡沈氏刊本。

14. 顧貞觀、納蘭性德：《今詞初集》，康熙原刻本。

15. 聶先、曾王孫：《百名家詞鈔》，康熙綠蔭堂刻本。

16. 王士禛、鄒祇謨：《倚聲初集》，康熙刻本。

17. 王士禛：《漁洋山人合集》，康熙刻本。

18. 冒闢疆：《同人集》，道光間冒氏水繪園刊本。

19. 高士奇：《清吟堂全集》，清刻本。

20. 朱彝尊：《曝書亭集》，康熙刊本。

21. 彭孫遹：《松桂堂全集》，乾隆刻本。

22. 毛先舒：《潠書》，康熙刻思古堂十四種書本。

23. 徐釚：《南州草堂集》，康熙刻本。

24. 吳偉業：《吳偉業全集》，上海古籍出版社，1990年。

25. 李漁：《李漁全集》，浙江古籍出版社，1991年。

26. 陳廷焯：《白雨齋詞話》，人民文學出版社，1959年。

27. 《古本戲曲叢刊》編輯委員會：《古本戲曲叢刊三集》，文學古籍刊行社，
    1957年影印本。

28. 趙爾巽等：《清史稿》，中華書局，1976年。

29. 巴泰等：《清世祖實錄》，中華書局，1985年。

30. 錢儀吉等：《清代碑傳全集》，上海古籍出版社，1987年影印本。

31. 李桓：《國朝耆獻類徵初編》，光緒十年李氏刊本。

32. 李銘皖等修、馮桂芬等纂：《蘇州府志》，光緒九年刊本。

33. 王豫：《江蘇詩徵》，清刻本。

34. 吳修：《昭代名人尺牘》，光緒三十四年上海集古齋石印本。

35. 紀昀：《四庫全書總目提要》，海南出版社，1999年。

36. 卓爾堪：《明遺民詩》，中華書局，1961年。

37. 毛奇齡：《文華殿大學士太子太傅兼刑部尚書易齋馮公年譜》，康熙五十
    九年刻本。

38. 王崇簡：《王崇簡年譜》，民國間抄本。

39. 王熙自編：《王文靖公年譜》，民國間抄本。

40. 沈起編、張濤、查穀注：《查東山先生年譜》，民國間刻本。

41. 顧軾編、顧思義訂：《吳梅村先生年譜》，清光緒三年重刻本。

42. 周在濬編：《周櫟園先生年譜》，民國間硃絲欄抄本。

43. 歸曾祁編：《歸玄恭先生年譜》，民國七年藍格稿本。

44. 趙經達輯：《汪堯峰先生年譜》，民國間刻本。

45. 方苞考訂、楊椿重編：《湯文正公年譜定本》，清乾隆八年重刻本。

46. 彭定求編、彭祖賢重編：《南畇老人自訂年譜》，清光緒七年刻本。

47. 楊謙：《朱竹垞先生年譜》，清刻本。

48. 沈德潛：《沈歸愚自訂年譜》，清乾隆二十九年刻本。

49. 翁方綱：《蓮洋吳徵君年譜》，清乾隆三十九年刻本。

50. 丁傳靖編：《張文貞公年譜》，清光緒三十一年刻本。

51. 吳懷清編：《天生先生年譜》，民國十七年刻本。

52. 顧嗣立：《閭邱先生自訂年譜》，民國二十五年鉛印本。

53. 陳垣編：《吳漁山先生年譜》，民國二十六年刻藍印本。

（二）工具書、研究著作類

1. 鄭鶴聲：《近世中西史日對照表》，中華書局，1980 年。

2. 震華法師編：《中國佛教人名大辭典》，上海辭書出版社，1999 年。

3. 楊廷福、楊同甫編：《清人室名別稱字號索引》（增補本），上海古籍出版社，2001 年。

4. 李靈年等主編：《清人別集總目》，安徽教育出版社，2000 年。

5. 上海圖書館編：《中國叢書綜錄》，上海古籍出版社，1982 年。

6. 柯愈春：《清代詩文集總目提要》，北京古籍出版社，2002 年。

7. 董康等校訂：《曲海總目提要》，人民文學出版社，1959 年。

8. 北嬰：《曲海總目提要補編》，人民文學出版社，1959 年。

9. 傅惜華：《清代雜劇全目》，人民文學出版社，1981 年。

10. 莊一拂：《古典戲曲存目彙考》，上海古籍出版社，1982 年。

11. 齊森華、陳多、葉長海主編：《中國曲學大辭典》，浙江教育出版社，1997 年。

12. 趙景深、張增元：《方志著錄元明清曲家傳略》，中華書局，1987 年。

13. 唐圭璋：《詞話叢編》，商務印書館，1933 年。

14. 《中國古典戲曲論著集成》（十冊），中國戲劇出版社，1959 年。

15. 鄭振鐸：《清人雜劇初集》，民國二十年（1931）長樂鄭氏影印。

16. 鄭振鐸：《清人雜劇二集》，民國二十三年（1934）長樂鄭氏影印。

17. 盧前：《明清戲曲史》，商務印書館，1935 年。

18. 青木正兒：《中國近世戲曲史》，商務印書館，1936 年。

19. 鄭振鐸：《中國俗文學史》，作家出版社，1958 年。

20. 蔡毅：《中國古典戲曲序跋彙編》，齊魯書社，1989 年。

21. 吳毓華：《中國古代戲曲序跋集》，中國戲劇出版社，1990 年。

22. 施蟄存主編：《詞籍序跋萃編》，中國社會科學出版社，1994 年。

23. 吳梅：《顧曲麈談·中國戲曲概論》，嶽麓書社，1998 年。

24. 錢仲聯主編：《清代文學家大辭典》，中華書局，1996 年。

25. 薛若鄰：《尤侗論稿》，中國戲劇出版社，1989 年。

26. 譚帆、陸煒：《中國古典戲劇理論史》，中國社會科學出版社，1993 年。

27. 鄧長風：《明清戲曲家考略》，上海古籍出版社，1999 年。

28. 周貽白：《中國戲劇史長編》，上海書店出版社，2004 年。

29. 周妙中：《清代戲曲史》，中州古籍出版社，1987 年。

30. 鄭傳寅：《中國戲曲文化概論》，武漢大學出版社，1993 年。

31. 郭英德：《明清文人傳奇研究》，北京師範大學出版社，1992 年。

32. 郭英德：《明清傳奇史》，江蘇古籍出版社，2001 年。

33. 李玫：《明清之際蘇州作家群研究》，中國社會科學出版社，2000 年。

34. 葉長海、張福海：《插圖本中國戲劇史》，上海古籍出版社，2004 年。

35. 張敬：《明清傳奇導論》，華正書局有限公司，民國 75 年（1986）。

36. 陳芳：《清初雜劇研究》，學海出版社，民國 80 年（1991）。

37. 曾影靖：《清人雜劇論略》，臺灣學生書局，民國 84 年（1995）。

38. 杜桂萍：《清初雜劇研究》，人民文學出版社，2005 年。

39. 張發穎：《中國家樂戲班》，學苑出版社，2002 年。

40. 劉水云：《明清家樂研究》，上海古籍出版社，2005 年。

41. 孫克強：《雅俗之辨》，華文出版社，1997 年。

42. 張仲謀：《清代文化與浙派詩》，東方出版社，1997 年。

43. 劉世南：《清詩流派史》，人民文學出版社，2004 年。

44. 嚴迪昌：《清詩史》，浙江古籍出版社，2002 年。

45. 嚴迪昌：《清詞史》，江蘇古籍出版社，2001 年。

46. 李康化：《明清之際江南詞學思想研究》，巴蜀書社，2001 年。

47. 王兆鵬：《詞學史料學》，中華書局，2004 年。

48. 謝正光：《清初詩文與士人交遊考》，南京大學出版社，2001 年。

49. 汪龍麟：《中國 20 世紀文學研究‧清代卷》，北京出版社，2001 年。

50. 張慧劍：《明清江蘇文人年表》，上海古籍出版社，1986 年。

51. 章培恒：《洪昇年譜》，上海古籍出版社，1979 年。

52. 蔣寅：《王漁洋事迹徵略》，人民文學出版社，2001 年。

53. 孟森：《心史叢刊》，遼寧教育出版社，1998 年。

54. 孟森：《明清史講義》，中華書局，1981 年。

55. 謝國楨：《明清之際黨社運動考》，上海書店出版社，2004 年。

56. 趙園：《明清之際士大夫研究》，北京大學出版社，1999 年。